汪明生 李淑聰 著

倫理與衝突

Ethics and Conflict

汪明生 李淑聰 著

倫理與衝突

Ethics and Conflict

序

二十年前筆者曾經與數位學界先進好友在環保署等政府單位的項目支持下將研究成果整理出版「衝突管理」專書。主要係基於當時台灣對以環境議題爲主的衝突調處與紛爭化解社會需求，然而也反映了台灣社會在已然民主選舉下的轉型與變遷。

二十年後所增加對於台灣與其他社會地區的重要認識與對衝突管理的主要補充，即在於社會條件與發展階段等存量情境對於課題形成與對策化解的支持或制約。例如在台灣，雖然面積幅員稱不上廣袤卻存在明顯的地區差異：台北的部分已達後現代社會、新竹以北大致對應現代社會、濁水溪以南大致對應傳統社會；在國際層次，則西歐部分與北歐大致已達後現代社會、美日新港大致對應現代社會、拉美非洲大致對應傳統社會；在大陸地區城市，則上海成都的部分已達後現代社會、沿海與城市至少在基礎建設大致已達現代社會、其他地區部分則大致對應傳統社會。

不同發展階段的社會與地區之間，當然存在差距與矛盾；而這些差距與矛盾是否會在社會地區之間與本身內部產生衝突爭議，則主要取決於這些社會與地區所處的發展階段、這些社會與地區本身與之間的體制結構、與這些社會與地區倘若存在的上位管理者。以公共事務與公共管理學界的一般觀點，則傳統社會對應統治、現代社會對應管理、而後現代社會對應治理。統治係以穩定和諧（是以往往形式表面）爲宗旨、管理係以發展效率（是以主在個體私領域）爲宗旨、治理係以水平私公與個群兼顧（是以需經現代階段與文化移轉）爲宗旨。

以公共事務與公共管理核心基礎的人的本質認知檢視解讀，則事實部分的認知判斷所對應的，在傳統社會的係因果信念、在現代社會的係知識理性；而價值部分的認知判斷所對應的，在傳統社會的係是非善惡（即道德）、在現代社會的係效率公平（即私公）；而人際部分的認知判斷所對應的，在傳統社會的係倫理（然需有自律的道德）、在現代社會的係體制（然需有他律的監督）。至於後現代社會的事實、價值、與人際，則可謂個群兼顧和諧聯結，「從心所欲（個）不逾矩（群）」，庶幾情理法自然兼顧、眞善美同時達致、天地人合而爲一。

固然發展與現代化的啓動關鍵主要在於經濟與產業所帶來的產值、就業與稅收，然而所需配套同步的教育與傳播在道德倫理的傳承與體制監督的建構上似乎更形基本與重要。大陸原本既有社會主義的群體凝聚與有效動員體制，經調適轉型後作爲銜接資本主義菁英領導後之社會治理導引菁英工作之所需，似乎較爲平順合理；反觀台灣則在經濟市場與政治民主的形式已然具備，而社會體制與認知本質卻因已然解體世代斷裂亟待重建而較爲困難。這其中筆者一直認爲長處所在的南台灣雖表面和諧穩定，然已成爲台灣自身與兩岸大局能否正常發展以至脫胎換骨的癥結與關鍵地區。

此係因爲五十年來諸多原因形成的台灣自身明顯差距，並未在二十年來全球化下努力把握契機眞正歷經現代轉型所需的市場開放與調整建構。如今當地政府在選舉掛帥選票考量下更是無心無力勇敢面對，多數基層民眾與年輕族群內視保守、對外脫節、習於現狀、無知無感，然在週期動員民粹當道下幾又成爲顯性多數的肉票棋子。

殷憂啓聖意謂不斷地淬鍊成長，化解艱困難題的經驗尤其可貴。兩岸本身因應變局的體制縱有差異，挑戰不同發展階段的經驗其實更多趨同，是以如衝突分析、風險溝通、協商談判、與危機處理等現代衝突管理的治標內容儘皆予以涵括，而人己、忠恕、功過、賞罰等傳統做人處事的治本道理更是不可或缺。

當前兩岸仍存形式上的主權僵持，外顯的衝突固不可能，潛在的矛盾不易化解。較爲積極正面的運作與解讀，可視台灣爲整個中國的發展實驗田，正面經驗幾可不必費心原樣照搬，反而是台灣想做在做而不順利不成功的，則尤其值得兩岸合作探討、共同努力。在地區城市層面圍繞民生與發展的種種議題原本不難，然當加上了民主選舉與民意參與則勢將不同；而若欲以兩岸聯手再造中華相互期許，則西方經驗如何參酌取捨，更可在地區城市的有限範圍內實踐檢驗。這是筆者自1987年返台推動跨領域課題導向的環境管理、與市場導向城市發展的都市行銷等公共事務管理教育的一貫秉持，與自1998年起由南台灣開啟兩岸交流並主張寬面合作的深層涵義，本書的著作宗旨亦然。

書中部分章節資料蒐集與內容撰寫，主要係由李淑聰完成。淑聰是中山大學公事所澎湖班的畢業生，除了在對於互動管理的主持與推動上厥功甚偉，更常自發協助公共事務教育的各項工作，可謂同學中的標竿表率。

汪明生

謹誌於高雄西子灣畔中山大學

2014年5月

目　錄

第四章　風險與管理　149

圖表目錄

圖目錄

表目錄

第一章　衝突管理與公共事務

過去兩百年來，世界各國爲了發展經濟，多著重於民生層面的發展，造成環境汙染、全球暖化等公害問題之公共事務衝突事件層出不窮，經濟與環境之間的拉鋸，即屬於一種衝突事件。

衝突的發生來自於認知的不同，爲個體與個體之間，在其互動的過程中，價值觀念不同或利益分配不對等所引起的表現行爲，其形成原因需要倒推分析影響人們的認知及價值判斷。其影響形態須先從經濟面之市場競爭著手，進一步從公共政策管理方面，檢視政府的行爲，而更深層的分析顯示，政治會影響政府決策過程與結果。但隨著社會質變的發生，在風險產生時，影響決策的因子，從只在乎個體損失轉而重視社會全體共識及福利。最後，牽涉層面最廣，人們互動也最多的，即是社會面。即當事人個體的認知所產生之事實、價值判斷與個體在群體間所從事的人際判斷之本質認知有所差異，是衝突管理與公共事務理論架構的探討核心，亦是所有衝突型態的主因。

本書將以台灣與大陸所發生的數個事件，分別爲台灣的證所稅、台灣進口美牛問題以及油電雙漲等政策；大陸發生的富士康科技集團危機事件、廣東烏坎村事件、紫金礦業的汙水洩漏、郭美美引發紅十字危機等，分別簡述個案，並以PAM爲架構，進行案例分析。

故此章從第一節公民治理參考架構論述公共事務管理整合參考架構（Public Affairs Management，PAM），範圍涵蓋區域科學、管理科學及政策科學等公共事務管理基礎領域，係解決衝突管理與公共事務之系統性工具。它可有效描述、解釋、預測與管理公共事務問題的本質、內涵與類型，並得以有效解決與改善，進而改善公共事務管理的核心—公民治理，提昇公民社會得以實現與貫徹的能力。亦能幫助規劃者、執行者或決策者等能更清晰地了解「事實」與「價值」判斷的各種方法應用之步驟與要領，檢討構思適切方案，提升管理能力（汪明生，2010）。

而第二節社會發展與公共衝突中敘述在人類文明社會發展階段，區分爲三個階段，穩定和諧，而非追求發展的「傳統社會」；力求發展開創的「現代社會」；不再強調經濟效率、菁英領導、科層威權與科學理性，轉而重視個體自主、包容差異與多元發展的人性化的「後現代社會」。依據公共事務管理與社會發展矩陣中，各階段的「條件面」、「本質面」、「現象面」均不相同，公共事務的問題如影隨形的存在各階段。在研究分析公共事務時，除必須注重時間背景的氛圍外，尚需注意「基盤－載體」、「認知－本體」和「行爲－主體」之間如何相互影響，社會的發展所帶來總體資源型態的轉變，是公共管理學者應探討的課題。

最後第三節跨階段與跨領域的衝突管理中，任何公共事務議題皆是衝突的因子，衝突管理不僅是點、線，而是全方位的跨越不同的社會發展階段及不同領域，並無固定標準模式可言，舊的傳統尚未結束，新的現代已經交融並陳，彼此的火花激盪出更新穎的衝突型態，跨空間、時間、區位、複合領域的專家共謀協商，已是現今社會的常態，學習包容尊重「專家有能、民衆有權」之涵養，已是終身學習的主要課題。

第一節　公民治理參考架構

產生於1990年代後期之「公民治理」的概念，由美國Box. Richard C.等學者提出，Box著有'『公民治理：引領21世紀的美國社區』（孫柏瑛等譯，2005），認爲要將以往行政官僚體系以政府爲主的觀念轉變以公民爲中心來訂定與執行策略。主張「公民治理」模式應該建立在最基層的社區上，其基本設計就是通過設立必要的治理機構，如「公民委員會」（Citizen Boards）與「協調委員會」（The Coordinating Council）來協助公民參與公共事務的擬訂過程，而專家爲顧問諮詢的角色非控制者，以形塑出積極參與公共事務的公民，並實現非透過代議政治之強勢民主。公民治理的核心機制是公民參與，因爲21世紀將是公民治理的時代（Box. Richard C., 1998）。

壹、前言

筆者於2006年起，即以判斷決策分析與理論爲基礎，參酌歐美等先進國家之公共領域課題事務經驗與觀點，並加上1991-1998年間實際推動都市行銷的感受與觀察，發展出公共事務管理PAM整合參考架構。其中篩選整理了涵蓋區域科學、管理科學、政策科學及認知科學等之公共事務管理基礎領域，其所必須具備的「區域分析」、「專案分析」、「政策分析」、「判斷分析」與「跨域分析」等學域之精要部分，且在多元複雜快速變遷的現代與後現代社會中，單一知識專業已無法回應處理各種各類公共政策議題。隨著多方當事人、公共管理者與複合領域專家間，觀察和關切範疇之複雜化與多元化，跨域分析則顯得格外重要與深具意義。超越學科甚至學域之新觀點不斷產生，試圖探討並解決經濟、社會、政治與人文價值間複雜結構關係，如欲根本掌握人類發展的問題，尙需眞正說明公共管理此一學域中多項學科（專業）、多元價值、多重目標及多方當事人間的交錯綜整結構與需求（汪明生，2010）。

公共管理最基本分析單位爲個人，其中個體認知所涉及的事實判斷、價值判斷與人際判斷分別對應科學、民主與倫理等現代精神，以及求眞、求善與求美的人生追求（汪明生，2011）。

公民科學之概念架構，應以對應個體偏好之價值系統及與群體連結之人際系統爲主，並與以理性、信念爲其寬泛內涵之知識系統爲其前提。析言之，個體認知系統中，需以對應效率與公平、私與公、及物質與後物質的價值判斷爲其目的，而以對應知識專業之學習掌握，並以科學技術爲標準之事實判斷爲其手段。而在人際系統部分，則以既有傳統長期積澱，並以個體價值規範標準之道德爲其基礎之倫理，及在社會變遷發展中，應逐漸必須形成制約規範之體制（需有監督）；如此並行不悖之倫理與體制，方可確保個體與群體、個體與其他個體間介面部分的合理與順暢，而其區別在於倫理需有道德作基礎，體制則與監督密不可分。

因而，若個體能以科學專業轉化爲「價值導向」的知識系統，則爲「理性」的形成；進而運用公共（時間、空間與公開）辯證之釐清與確認及群體行爲公評彼此價值，所轉化的公民觀點信念目標與公共關注，即爲「善意」（利己利人）的形成；終而連結兼顧個體與群體的倫理體制中，即能自上而下或由下而上，走上具眞正「公共性」的人際「水平」（汪明生，2013a）。

貳、PAM分析

PAM則以現代社會而至後現代社會的過程爲主，後現代社會的個體本質面是由各個多方當事人及專家，參考開放的傳播媒體所提供呈現的數據與資訊，以系統分析、邏輯推理之事實判斷，言論自由和多元觀點之價值判斷及自我約制和相互尊重之人際判斷，經由各個主動與被動個體角色之互動聯結，影響與決定群體的行爲。

後現代社會的群體行爲中，「經濟」由市場經濟（供需競爭）的次級產業升級爲以高科技產業與三級產業（服務業、文教業）爲主的後市場經濟（市場均衡）；「社會」由菁英領導、階層分工的理性自利現代社會，移轉爲導引菁英、功能分工的多元成熟後現代社會；「政治」由兩黨制衡、黨派動員的現代型態，轉化成爲多黨協商、認知動員的後現代型態；「政府」由科層體制、地方分權，及顧客導向的現代效能政府，再造爲公私協力、政策參與及公民導向之後現代服務政府；「公共政策」由黨派協商、形式論壇提升爲政策參與、批判多元的後現代政策制定；「公共管理」由重視績效、任用專業、部門分工及實質任務的現代管理，轉型爲主動預應、任務分工及創造公共價值的後現代管理，如圖1-1-1。

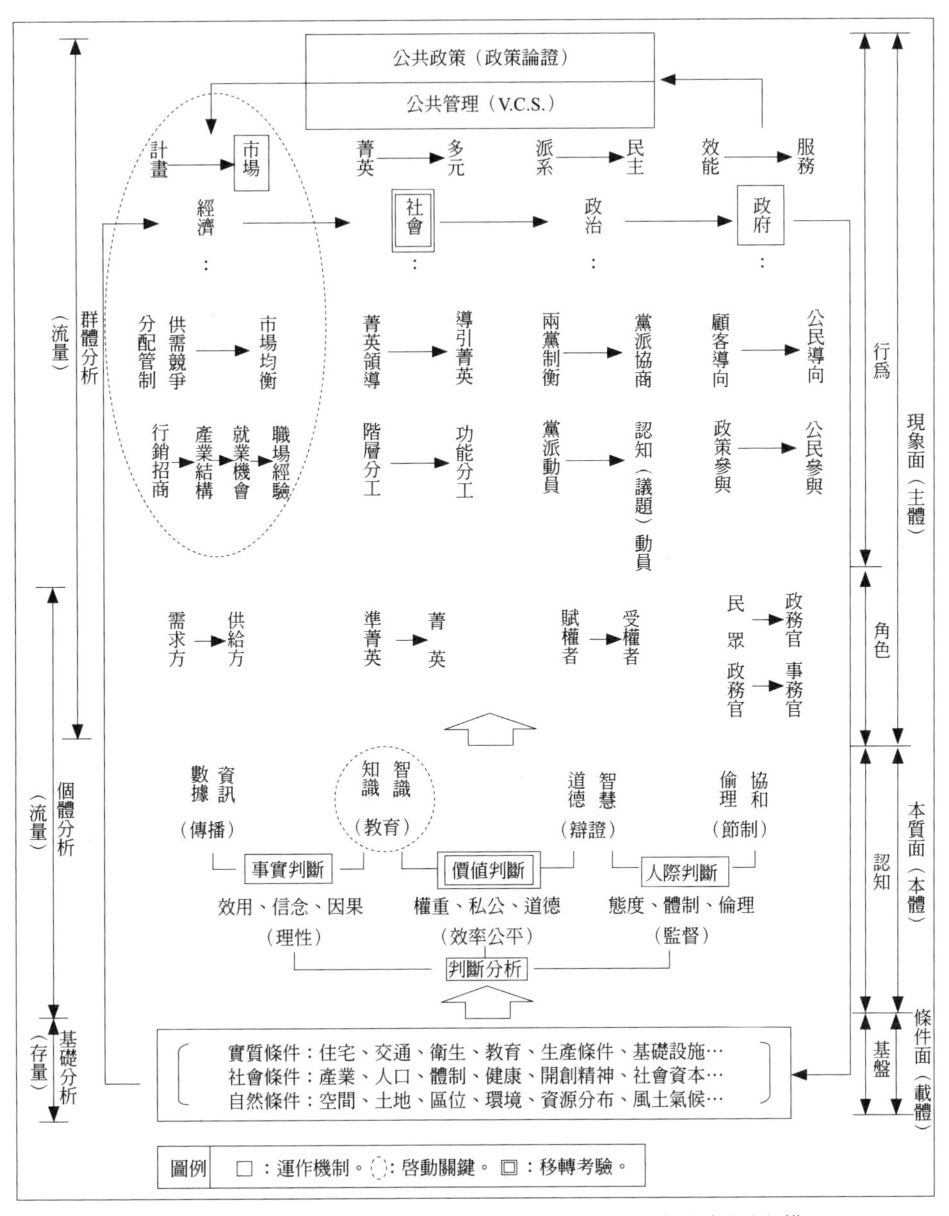

圖1-1-1　公共事務管理（Public Affairs Management, PAM）整合參考架構

資料來源：汪明生，2013b

參、小結

在民主多元的社會中，總體現象與政策的形成，是個體認知進而選擇的結果。故以個人認知爲基礎的決策與判斷分析領域，即成爲公共事務管理的主要分析方法（張寧，2004）。

PAM整合參考架構係由現象面（主體）、本質面（本體）與條件面（載體）等連結整體的系統，係以公民爲核心，其養成是先經濟、繼之社會、然後政治。公共管理的主軸是VCS來創造價值，公共政策是理性論證構築，其精髓是批判多元論，並以公民社會爲核心結合公共政策理性論證與公共管理創造價值，而形成一個結構循環。基本結構對應分析方式爲基礎分析、個體分析及群體分析，課題範疇廣及經濟發展、環境管理、社區營造、公民社會、政治倫理、政府再造、永續發展與全球化等領域，共同形成了公共事務管理的整合參考架構。而其中爲求兼顧發展與民主，使經濟發展與公民教育在整體架構中扮演啓動關鍵的重要地位，爲謀求公民社會所具備充實條件，以因應公共事務之公民治理之先發條件。

第二節　社會發展與公共衝突

社會發展階段不同，更演繹多元化的公共衝突，如傳統社會中多以農業爲主，爲一強調群體團結，著重人際關係與層級意識之尊重長老社會，一般呈現穩定和諧的表象，但個體的潛藏蓄積的自我無從發揮，尋求自利之滿足的衝突一觸即發。現代社會中多以製造業爲主，爲一強調開放競爭、賺取盈利爲主，著重規範、標準與品質、專業之社會，一般常呈現變化與發展。但適者生存，不適者爲求生存目的，不擇手段的叢林法則定理，已矇蔽著雙眼，致黑心食品的衝突頻仍發生。後現代社會中多以服務業、研發、教育等爲主，爲一已具現代化發展基礎，多數個體的私領域需求價值已獲確保，開始自發性的關注、參與公共領域，強調內在價值理念的轉換，而能夠關心弱勢生活品質，可見陳情公害環保之團體常出現於街頭，呈現自主與多元公利發展之社會。

壹、SDM分析

自十八世紀啓蒙運動、工業革命、地理發現與殖民擴張以來，歐美先進國家開啓了近現代的人類發展，並於1990年代全球化趨勢下達到頂點，以市場經濟、科技創新、多元社會與民主政治作爲標記的現代化發展，成爲模型範式席捲全球多數國家與地區。亞洲的情況則除了日本、新加坡與香港等早開發國家地區外、以大陸作爲主體的中國，亦於1990年代開始迄今，歷經了快速的工業化、市場化與城市化，然與臺灣一般來說，則於近20年來形成了較爲明顯的地區差異與社會變遷。

將如此趨勢格局作概括性剖析呈現，將有助於治理結構中的個體角色，在面對課題事務時，以跨階段的時間軸，納入個體與群體的決策判斷觀點，作較爲完整周全的分析考量。此因係不同發展階段的社會與地區，可能同時存在於有限的地理空間，以至多數成員的價值意識中，一方面彼此激盪衝撞，成爲向外開拓的動力與契機，一方面則也形成了本身內部穩定和諧的隱憂與挑戰。

現代公民核心素養的由私（效率）而公（公平）、化暗爲明、表裡如一，以及耳濡目染、潛移默化的獨立思考、理性論辯、多元觀點、導引菁英等群體慣性應是關鍵。儒家君子的仁恕之道（將心比心）以及若能從小培養的禮敬習性（弟子規），其實即是在從價值（道德）與人際（倫理）等個體本質層面打好基礎（汪明生，2013b）。

以PAM爲基礎加入發展階段（時間）的分析則爲社會發展矩陣（Social Development Matrix, SDM）如圖1-2-1，從發展階段、時間軸（天）計分：傳統社會（前物質主義）、現代社會（物質主義）、後現代社會（後物質主義）；基礎分析（存量）：條件面（載體）「自然、社會、實質」（地）；個體分析（流量）：本質面（本體）「資訊、知識、價值、人際」（人）；群體分析

社會發展矩陣（SDM） 汪明生等 2014.2.25

	基礎分析（存量）			個體分析（流量）			群體分析（流量）							發展階段		
	條件面 ⇨			本質面 ⇨			現象面 ⇨			現象面				國家、地區		
	自然	社會 地	實質	資訊	知識	價值	人際	經濟 人	社會	政治	政府	政策	管理	國外	台灣	大陸
後現代社會	天人合一	公私聯結	多元多樣	客制共享	理性論辯	水平私公	個群融合	三級產業	導引菁英	認知動員	公民導向	政策參與	公共價值	西歐、北歐	台北部分	上海部分
現代社會	人定勝天	開創精神	供需均衡	公開流通	尊重專業	實質效率	個體凸顯	次級產業	菁英領導	黨派動員	顧客導向	利益團體	績效專業	美國、日本	新竹以北	沿海、城市
傳統社會	物競天擇	穩定和諧	物質匱乏	管道較少	經驗直覺	形式公平	層級關係	初級產業	長老領導	家族政治	集權萬能	寡頭決策	層級威權	非洲、拉美	濁水溪以南	其他地區

社會主義（後物質） 資本主義（物質）
社會發展階段 — 時間軸 ◎ 天

圖1-2-1 社會發展矩陣（Social Development Matrix, SDM）圖
資料來源：本研究綜合整理

（流量）：現象面（主體）「經濟、社會、政治、政府、政策、管理」（人）。

一、傳統社會（前物質主義）

傳統社會的主要呈現係爲穩定和諧，而非發展。此階段的條件面資源較少、積累緩慢、隨遇而安、聽天由命；在本質面資訊管道較少、對知識學習不積極、習於經驗直覺與形式公平、私公界線不明、群己講求關係層級；在現象面，經濟爲初級產業、社會爲封建長老、政治爲威權家族、政府爲集權萬能、政策由少數決定、管理爲層級掌控、不重實質與程序。當前在亞洲（日本、新加坡、香港除外）、拉美與非洲及台灣濁水溪以南與大陸除沿海較發達省市外仍多數爲此。

二、現代社會（物質主義）

現代社會的主要面貌即是發展開創，其啓動與工業革命、地理發現、市場體制、及重商主義等密切相關，由東方亞洲的角度看待，現代化亦大體等同西化。此階段在條件面，強調人定勝天、開創精神與建設發展；在本質面，資訊快速流通、重視知識專業、追求實質效率、凸顯個體意識；在現象面，經濟爲次級產業、社會爲精英領導、政治爲黨派動員、政府爲顧客導向、政策爲利益團體、管理爲績效問責。當前的國家與地區包括美國、日本、新加坡、香港，台灣的新竹以北，與大陸沿海發達城市多數爲此。

三、後現代社會（後物質主義）

後現代社會爲不再強調經濟效率、菁英領導、科層威權與科學理性，轉而重視個體自主、包容差異與多元發展的人性化社會。在條件面，天人合一、共建共享、多元多樣；在本質面，客製共享、理性論辯、水平私公、個群融合；在現象面，經濟爲三級產業、社會爲開放多元、政治爲認知動員、政府爲公民導向、政策爲多方參與、管理爲公共價值。當前的國家與地區包括西歐、北歐各國，台灣係台北部分，大陸係上海、蘇杭與成都等部分。

貳、小結

以公共事務管理與社會發展矩陣而言：

傳統社會（前物質主義）是以農、林、漁、牧業爲主的自然經濟並以「生存」的價值爲特性，著重三餐飽足，強調親族血緣及區域地緣連鎖的人際關係，並以封建長老爲馬首是瞻，公共事務以政府集權萬能，訂定政策的執行，並較易層級掌控民衆參與與發言的機會。

現代社會（物質主義）是以工業爲主的市場經濟，並以「安適」的價值爲特性，著重實質效率的提昇，重視個體能力，凸顯強調專業技術的發揮及有公平競爭的意識，並造就出顧客導向，以黨派動員及菁英領導來引領社會的演變。

後現代社會（後物質主義）是以高資訊技術與知識的全球化經濟並以「和諧」的價值爲特性，著重天地人合一、共建共享的大自然環保觀念及生活品質、精神與心靈的文化層面等需求之滿足，強調以人治與法治，相對等法律基礎上情感的人際關係，重視多元的開放個體與關懷群體融合，並鼓勵民衆多方參與及理性論辯並包容岐見，來參與公共事務的籌謀，臻求公共價值的提升。

從傳統社會到後現代社會的轉型，不管在經濟基礎到政治體制及公共政策和意識型態的整個社會的變化，重點是已把民衆提昇至最顯著的地位。

後現代社會文化的轉型與後物質主義價值觀移轉，促成民主體制成型與鞏固，民主政治的演進，間接導致公民性政府的演進與效能政府的提升。公民素質的提升，需從事公民文化知識的養成，而藉由文化移轉（culture shift）來達成。所謂文化移轉包括：1.由重視個體轉變爲重視群體，並由重視私領域轉變爲注重公領域；2.由重視物質主義轉變成後物質主義，由外在物化的需求轉向心靈空間的填補；3.由重視階級族群轉變成重視功能分工，水平互持；4.由人心複雜轉變成人心簡單。文化移轉需經由移轉考驗（shift test）來檢視，若移轉成功，治理有成，則經濟邁向高科技產業、商業、服務業等三級產業；社會可以蛻變爲導引菁英，多元社會；政治建構爲民主化，認知動員；政府可以形成有效能的治理，顧客問題導向，服務型政府；公共政策可以尊重民衆的意見參與，多元民主的理念，涵養人民獨立思考、理性論辯、公開表達，藉以清楚適切地釐清界定公共問題，大家可共同來政策論證；公共管理鼓勵自動自發，主動積極，創造價値，營造心靈成就，創造最受肯定之公共價値（汪明生，2013a）。

第三節　跨階段與跨領域的衝突管理

所謂跨階段及跨領域的衝突管理，其中「跨階段」所指社會發展階段，可分爲傳統社會、現代社會與後現代社會，而因應社會發展階段不同，其對話的焦點亦不同，容易造成格格不入的衝突狀態。「跨領域」所指問題的產生非單一的，而是複雜的系統且橫跨不同之領域。不同專業領域即是PAM現象面中經濟、社會、政府、政策領域與本質面所包含之事實、價值、人際判斷及條件面蓄積存量。跨階段及跨領域的衝突管理將針對問題發生之現象與領域來解釋，置於社會發展的脈絡下，必須抽絲剝繭釐清造成問題之前因後果與影響因素之癥結所在，才能確實解決問題。

本節試從公民治理參考架構的本質面切入，談論公共衝突的特性。首先，透過造成衝突的主要成分因子：事實、價值、人際判斷分析來看，衝突因子有其規範的標準一旦違背就會產生問題，其中主要的癥結即爲「衝突」。次之，本文就衝突的主要型態做分析，邏輯思考需要有脈絡的推演，衝突的形態須先從經濟面談起，究其衝突問題倒推分析，進一步檢視公共政策管理問題，此時必須回頭看政府的行爲，而政治會影響政府決策過程與結果。就更深層的分析，可看出社會面是所有衝突型態的主因，也是衝突管理與公民治理參考架構的探討核心。

壹、衝突管理與公民治理

一、公共衝突的特性

現代社會前著重於民生層面，故造成經濟發展與環境汙染等公害問題之衝突。俟後隨著個人意識高漲，對於公共事務管理的核心課題予以關注，因而本質認知有差異而產生了事實、價值和個體與群體間的人際判斷的衝突。因爲公共衝突與一般爭論不同，其中特性人、程序、內容實質問題都不容易圓滿解決，說明如下：

（一）人

人的部分，一般分屬不同黨派團體且其組織架構規模不相同及意識形態強烈衝突時，專家意見與大眾之認知看法差距甚大時，其代表性裁決與協商授權等，因組織不同而可能出現新的利益團體。

（二）程序

程序的部分，因尚未有統一認知爭論程序，僅能依現有狀況隨機處理，對爭執取得之協議無法核定監督，且其監測的標準及執行過程，多必須自行制定，故應建立司法權和法律解釋。

（三）內容實質問題

內容實質問題的部分，爭論事實陳述可能多樣複雜化及不完整或相互矛盾且無法確認有無長遠的影響，社會和科技的數據資料論點解釋，可能相互衝突致關聯生命和死亡的判斷結果，但決定後無法再恢復。

二、公民治理理論意涵

公共管理者在面對公共問題時，應主動充分了解與處理問題，而非在環境壓力下或應付心態下，只想模糊與迴避問題，在管理層面所界定與處理的問題，往往多數旨在治標，其優勢特點在於較能具體操作與立竿見影。而在治本層面上，應培養公共事務管理教育中，學習者所被期許兼備的「大處著眼－知」與「小處著手－行」（汪明生，2010）。

貳、衝突的主要成分因子

一、不必要的衝突及真正的衝突

公共衝突成因可分爲不必要的衝突及眞正的衝突，分述如下：

不必要的衝突包括：1.過於激烈的情緒；2.資訊缺乏；3.錯誤的資訊；4.以偏概全；5.溝通不良等原因而發生。眞正的衝突包括：1.問題（goal）：未提供溝通及討論中足夠所需的資訊及解說；2.利益（interest）：政府機構常只發布一般民眾較不理解之文件資料；3.價值（value）：許多公司只提出政府規定之報告，而排除法律未要求，但對民眾權利影響大的資料；4.程序（procedure）：輿論經常以非難和尖銳方式的立場表達其論點，而使資訊失去其具正面引導之功能。

二、社會發展本質面的衝突成因

跨階段與跨領域的衝突管理其核心成分因子，即爲當事人個體的事實、價值判斷以及個體與群體間的人際判斷。價值判斷在傳統社會的規範標準爲層級道德，在現代社會的普遍適用則爲水平私公。在公共政策分析、決策與判斷，乃至政策哲學等領域，均需將事實與價值明確區分，而其區隔之關鍵乃在於個體之認知。群體決策乃由個體認知所累積而成，進而形成人際間之判斷，故事實、價值與人際判斷爲公民治理之關鍵。

參、衝突的分析與型態

一、群體與個體分析

個體認知之主觀流量會型塑群體行爲之客觀流量，而個體認知之主觀流量則取決於載體條件之客觀存量。個體認知主要包括事實判斷、價值判斷與人際判斷三個部分，個體認知對應與反映對公共事務管理最基本單位的分析與了解，群體行為亦從而由此得知與決定。

群體為大我屬公，個體為小我屬私，如何能在大我與小我之間兼顧，首先要使多數的個體私領域，確保其需求價值能夠獲得充實，也就是說要把經濟先顧好讓老百姓不會為生活而煩惱，白領階級以上的民眾才會開始自發性的關注並參與公共領域，才能成為已完成現代化的社會，才會有公民治理的發展階段。

二、社會發展脈絡下之公共衝突型態分析

經過數十年來的經濟發展與政治開放，台灣建立舉世矚目的「經濟奇蹟」與「政治奇蹟」，在此過程中台灣社會產生相當大的改變與轉型。回顧過去60至80年代的經濟突飛猛進；80代末期至今的政治開放與民主化；90年代的混亂失序。21世紀後的台灣政治變化，在此時重新檢視、分析、研究與解釋在台灣的發展歷程中所產生的、前所未有的現象與目前的種種問題，應具有其相當重要之價值與意義。

在分析台灣發展的過程中，不可忽視的是，台海兩岸關係的動向會影響經濟發展又影響社會民生，進一步影響台灣未來的命運。因此，衝突管理有關公共議題的討論存在於不同的社會發展階段脈絡進行討論。例如：經濟方面的鎖國政策與ECFA；政府方面的核四議題、教育改革、自由廣場、莫拉克風災政府的因應態度、美國牛事件、兩岸政策以及毒奶事件；政治方面的政黨輪替、紅衫軍事件以及意識形態的操控與群體與個體間取得之平衡分析。

三、減少衝突的因子——知識專業簡化普及

公共政策本應以理性的方式進行辯證、規劃及推動有利於人民的政策，但多年的政治亂象使得許多原先應以理性態度來討論的政策議題，往往淪為口水之戰，這些現象都顯示公民素養有待提升。故應透過知識結構來擴大社會階級裡的中間階層（中間階層涵蓋的主要範圍，屬於白領階層服務業以上的知識產

業），將知識專業在社會面簡化普及，公民甚至應該更積極地，藉由論理思辯來表達其對於法理政策的見解與標準。畢竟，公民自覺意識是民主國家展現公共價值最主要的場域以及減少衝突最重要的元素。

四、跨階段與跨領域的衝突管理解決之道

就衝突管理解決之道而言，可分爲治標、治本兩種：治標是管理的層面立竿見影解決「眼前」的處理方式；治本可從教育著手，考量的是「未來」的層面。化解公共衝突的方式沒有標準答案，利用問題解決方式來達成雙方可接受的協議、減少破壞性之影響、避免不必要之衝突事件及界定實質爭議之內容，以取得實際具體之解決對策。

在解決衝突管理所採用的技巧方法，可分爲爭議雙方團體或第三方及主要對第三方之影響。當主要衝突管理對象爲爭議性的雙方團體或第三方時，可透過安撫策略、衝突管理的規劃、談判等開會技巧來解決衝突管理之問題架構之資訊；當對象是針對第三方之間的影響時，可利用媒體傳播的運用來化解衝突，並以階層式循序漸進來執行解決衝突的事件，相關衝突管理理論技巧。

了解並對照西方的公民教育與東方的倫理道德教育，希望找出化解衝突管理的方法，提供讀者在面對社會的多元衝突時，能有更多的思考及解決方式。

肆、小結

本章所呈現的治理結構與議題管理，勢必涉及經濟、社會、政治、政府、政策與管理，事實、價值與人際，乃至傳統、現代與後現代等廣域全面的相關知識，以及「中國傳統社會下公共管理者所必須期許具備的意識素養：比氣長」（汪明生，2010）等可意會不可言傳的竅門心法。這些也或許是「事無艱難，何來人傑」（唐浩明，1993）對個體公共管理者的期許，與中國在跌盪起伏、蹣跚百年後，勢將大國崛起的主要原因。

第二章　衝突管理與發展階段

衝突是價值觀念和利益分配所引起實際或想像的反對表現行為，並可以衝突解釋社會不同現象面的各種問題，如經濟方面，因開放競爭市場爭權奪利之盈利衝突；社會方面，因意識型態的社會分歧及公義調和不均之間的爭鬥；政治方面，可能是指不同政黨之政治理念，意識型態的糾纏而造成政局不穩定；政府方面，專斷獨行漠視民意的政策，窒礙難行之糾紛。因社會發展階段之不同時代背景而衝突的狀態，群體間比個體間其影響層面更深且廣，為了避免衝突事件引發經濟的崩盤和社會的分裂，以及政局的動盪與政府的瓦解，故針對衝突之差異型式，必須給予適當的安排或調解。

衝突是人際影響的必要條件，也是群體行為的一種關係形式及現象，也因此了解人際影響及導引人際合作，對於公共事務有其必要性（陳碧珍，2006）。

在SDM的概念中，社會的發展階段是由傳統社會進步到現代社會，再從現代社會進步到後現代社會，而所謂的「傳統」與「現代」的區分法，通常是按照某種特定的標準，將歷史上曾經有過的社會或目前世界上的許多國家劃分成「傳統的」與「現代的」兩種類型；因此，現代化的過程，也就是傳統社會向現代社會及後現代社會邁進的過程。

現代化（modernization）的標準共有八項：(1)城市日益成為社會生活的中心，人口相對高度集中；(2)使用非生物能源，商品流通和服務設施的頻率增高；(3)社會成員對經濟和政治事務可以廣泛參與並大幅度地互動交流；(4)因公社性和世襲性集團的普遍瓦解，造成社會中個人的活動領域有更大的流動性及多樣化；(5)個人廣泛普及文化知識，以通過對環境的世俗性和日益科學性的判斷；(6)一個不斷擴展並充滿滲透性的大眾傳播系統；(7)大規模的制度存在，而其科層管理組織不斷成長，如政府及商業和工業等；(8)在一個單元（如國家）控制之下，大量人口不斷趨向統一，在一些單元（如國際關係）控制之下，日益增長的互相影響（Black,1976）。

第一節　傳統社會的衝突管理

傳統社會的屬性一般都認爲是自然的經濟發展、農業的社會型態、菁英領導的政治氛圍、官僚權威的政府運作、一元化之政策訂定而欠缺與民互動及封閉性的人格特質等環境系統形態。

此節以鄭和下西洋及晉商之案例探討傳統社會下所產生的衝突及管理的策略。

壹、傳統社會的特性

涂爾幹的《社會分工論》：傳統社會是機械團結的社會，因爲其生產方式以農業爲主，生活所需多是以物易物方式處理，而且供需分工及協作都少而簡單，所有成員只靠相似性團結起來，有共同的生活方式、習慣、感情和信仰而形成的社會（渠東譯，2000）。

孔德的《實證主義哲學》：傳統社會是用神學性思維及軍事統治的時代，人們對於神明宗教信仰懷有崇高的敬意，領導者爲了區地爭權奪利，經常使用暴力、軍事及宗教革命的手段征服來遂其所願（孔德，1830-1842）。

麥克維爾的《社會》：傳統社會是一元化的社會，特徵是家族關係的成員有其等級特權階層明顯之嚴密組織存在，自成一套宗法規範和制度的組織（麥克維爾，1961）。

綜上，傳統社會的屬性是：自然經濟的、坐寇性國家的、官僚權威的、缺乏社會福利的、鄉村性的、機械團結的、農業的、信仰性思維流行的、一元化的一種社會形態（張曉群，2004）。

筆者認爲，傳統社會是著重倫理節制的社會，「家」占了關鍵性地位，個人身處家族的規範框架下，家庭倫理是傳統社會中最具特色的價值系統，具有社會安定及安撫民心之功能。

貳、傳統社會的特性—SDM

以SDM三個面向的說明：

一、傳統社會的條件面

自然條件的階段，在處於低度開發的環境型態下物競天擇，生態問題較不受到破壞；社會條件下的居住型態，多屬於部落族群的聚合，在內部互動關係著重，在於穩定和諧及忠誠，故共識的凝聚成效大；實質條件下，由於供需不流暢，只求能以物易物的經濟型態來滿足基本的三餐溫飽及日常生活所需。

二、傳統社會的本質面

事實判斷上，較缺乏科學與法律概念且資訊取得不易，故多以直覺經驗或祖傳秘方來傳遞知識；價値判斷上，以重視家族之長老之認知判斷爲首要，而忽視當事者的意見傳遞；人際判斷上，重視組織間的層級高下與倫理關係，著重於群體間的團結性與人際協和。

三、傳統社會的現象面

在經濟上，以農、林、漁、牧、礦爲主之初級產業，其供需以物易物並能應付三餐自給自足溫飽即可；在社會上，封建層級的觀念下，爲了統合階級族群的融合，賦予長老有維持社會秩序之領導能力；在政治上，在神權崇拜下之威權專制，且具有家族政治的傾向；在政府上，職權屬於中央集權，指揮型萬能政府，且對事務防弊重於興利；在政策制定上，屬於寡頭決策，由少數菁英握有決策制定權限；在管理上，爲了穩定掌控民衆，以高壓威權的手段來實施公共管理。

參、傳統社會的衝突

在傳統的社會中，由於文化價值及社會結構等因素輻輳，而形成個體性格封閉性的成長，著重私領域的家族利益，忽略公衆的群體利害，『富有人情味，但欠缺公德心』是最佳寫照。在人際互動上缺乏公衆意識，社會空間亦欠缺議論公共事務的能力。個體意識表裡不一，只注重表面功夫而不注重事情的本質意義，以家族爲本位，非常強調宗法長老之規範，對個體的壓制傾向且造成形式主義，爲了維繫族人的生命家計，跨越本家族外搶田奪地之衝突日以繼夜的衍生。

肆、傳統社會的衝突管理—PAM.SDM

在傳統社會下產生之衝突分析如下：

一、衝突的事由

從條件面言，以自然經濟的原始產業爲主，但其資源產出深受外在因素所干擾和牽引，故形成物競天擇及搶錢、搶糧的窘態；從本質面言，在宗族倫理固步自封，因人治大於法治，長老封建層級之領導統御，形成以輿論宗法之力量，鞏固團體的凝聚力，致形成道德認知不同而私刑不斷的狀況；從現象面言，個體意識薄弱，無暇顧及萬能型政府操控之寡頭政策，致民怨難伸。

二、衝突管理的策略

（一）教育啓動人權

在重男輕女且識字率不高及文盲嚴重之傳統社會中，人權低微。以教育灌輸倫理道德規範中，其宇宙天理人性關懷之合理性，並加強在公共事務上，切身權利義務對等之利國益民政策之對應能力。

（二）實踐驗證真理

傳統社會敬奉天地與自然萬物，氛圍中滿溢著純樸習氣而三餐需要飽足即可，較無科學之資訊數據供參照。故任何議題衝突皆以領導者「摸著石頭過河」、「做中學、學中做」來實踐驗證眞理，以揣摩並力求事端之圓滿平息，以圖社會和諧。

（三）加強公務道德

加強公務員專業訓練，及在官僚體制依法行政下，能夠形成科層政府人飢已飢、人溺已溺之爲民服務，彈性因應的空間，以提昇其視民如親的公務行政道德。

伍、案例—鄭和下西洋

自1405年（明永樂3年）鄭和奉明成祖之命至1433年（明宣德8年）止，歷經七次下西洋，其規模之龐大震古鑠今，而其所率領之船隊約二百多艘及船員約二萬多名，拜訪了30多個在印度洋及西太平洋的國家和地區，從事宣揚國威並尋找建文帝，發展海外貿易並擴大邦交版圖，進而解決軍事問題等，其貢獻「前無古人、後無來者」。鄭和創下航海技術之指引標的，並更新繪製各大洲地圖經緯等，更留下不可抹煞的歷史軌跡。

一、前言

在中國近代史中，因國內政戰與國外交流，因觀點不同故衝突頻繁，從1405年明朝的鄭和下西洋、1729年清朝的傳教士進入、1839年鴉片戰爭、1900年八國聯軍、1911年的辛亥革命、1949年中華人民共和國成立、1978年的「對內改革、對外開放」的戰略決策、1992年鄧小平的「南巡講話」，演繹出中國勵精圖治改革開放的實踐與毅力。

明成祖派遣三寶太監鄭和於西元1405年七下西洋，其船隊到達三十幾個國家，如東南亞及東非等，其背後的意義在於開啓了海上絲路的盛況及當時造船技術之發達，並促進海外貿易的興盛。其航海之時間甚至早於哥倫布近80年，在經濟和外交上皆爲創舉，致朝威遠播，而各國朝貢及貿易也絡繹不絕。

明成祖朱棣派鄭和下西洋的動機，主要歸納有三點：1.明成祖爲尋找建文帝之下落；2.至異域宣示中國之富強；3.可以發展海外貿易，促進商業資本的繁榮。

二、衝突的事由

將鄭和下西洋之衝突其事由如下：

（一）行為衝突

朝廷大臣並不贊同及認爲不應違背祖訓，力勸明成祖派遣鄭和下西洋，其政策致國庫空虛耗資費糧及採朝貢外交之經濟外援的方略，並無實際有用的效果，故明成祖死後之繼任者及大臣，因與其理念衝突致中斷。

（二）價值判斷衝突

明成祖因靖難之役篡位稱帝，其合法性受到朝廷大臣及百姓的置疑和攻訐，藉由派遣鄭和下西洋，花費鉅資興建造船廠等，除明朝可在國際間建立威望，且可使帝位正統性取得更多的認同。

（三）屬性衝突

1. 明成祖朱棣進行鄭和下西洋的大規模航海活動，與明太祖朱元璋因盜賊餘黨流竄海上，爲阻止沿海百姓入海爲盜，故重申「片板不許入海」之海禁政策相衝突。

2. 在鄭和下西洋遠洋航行活動中，船隻二百多艘及船員約兩萬餘人，多數是罪犯且海上茫茫前途、變數未測下，其衝突與管理皆是一種艱鉅的挑戰。

3. 第一次下西洋（1405年），鄭和的船隊抵達蘇門答臘東南部時，遭遇海盜陳祖義搶劫的衝突，而機智化解並將其人等押回南京問斬，致樹立海上權威。

4. 第三次下西洋（1409年），鄭和的船隊歸航時，遭到錫蘭山國的發兵攻擊及誘騙國內。但其趁賊兵傾巢而出時，生擒國王和家屬，並遣送回南京及另立錫蘭山國王，是以海外諸番益服天子威德取勝。

5. 第四次下西洋（1413年），鄭和奉明成祖的命令，協助蘇門答臘國王鎖罕難阿必擊敗境內反對勢力蘇干剌，並將其送京伏誅，是以軍事外交建立良好邦誼。

三、衝突管理的策略

因應衝突而產生的管理策略如下：

（一）計畫周詳

鄭和下西洋工程之巨大和其成功之道在於事前模擬測試，其中爲能抵禦驚濤駭浪，加強船體的穩定性，更採用種種創新設計且不斷地反覆試航，以增加其適航性和操縱性的巨型寶船、航海技術的羅盤、過洋牽星的導航及針位圖的定方位等等奠下成功的基礎。

（二）經濟貿易

明成祖朱棣即位後，爲實現「帝王居中，撫馭萬邦」、宣揚明朝之國威的雄心壯志，故以富厚的國庫資源來擴大明代官方貿易市場，求得海外貿易的主動權，而將整個印度洋的國際貿易置於納下。

（三）政治交涉

明成祖朱棣爲建立皇位正統性，故利用鄭和下西洋的政策，除與海外有更多的貿易往來外，且間接取得國內大臣及百姓的認同與支持。

（四）朝貢通商

明太祖朱棣考量整體主客觀環境後，於1370年頒行「海禁令」嚴禁遠洋帆船的海外活動。但因爲「朝貢貿易」是對外貿易的唯一合法途徑，因此把「朝貢」與「通商」合而爲一，並只侷限在官方的外交、政治、軍事行動。鄭和下西洋的大規模航海活動雖可適用，但人民仍須遵循朱元璋的「海禁」政策來禁止民間的海洋活動。

（五）禮儀外交

明成祖朱棣派遣鄭和下西洋的使命爲「宣教化于海外諸番國，導以禮儀，變其夷習」，鄭和以柔軟協和之態度，傳播中華禮儀和儒家思想、曆法和度量衡制度、農業技術、制造技術、建築雕刻技術、醫術、航海造船技術等，在交流史上寫下了新的篇章。

（六）精密確實

鄭和下西洋對海陸行程實測詳繪，鄭和航海圖是第一幅最早越洋跨洲至亞非遠洋的地圖，其具備了當時最高水準的航海指南功能。

（七）船隊管理

組織嚴密的海上軍隊利用機動性高的戰船來保護雁形船隊的航行，彼此間彈性運轉空間大，其利用標準流程，確保所有船隻在最短時間內收到一致號令。

（八）政策管理

重大事件必經約六十位太監所組成的核心決策之合議商討且著重溝通橋樑，期使降低決策失敗的風險。

四、小結

鄭和七次下西洋創下時間最早、規模最大、航程最遠之歷史紀錄，鄭和在面對朝內大臣的質疑及牽制時，仍以智勇兼備之才能，帶領團隊披荊斬棘及過關斬將並勇往直前，探索語言溝通障礙之人群、前途乖舛變數之事務、蠻荒叢棘未開之荒地與浩瀚波浪無根之海洋。其成功之處，對內乃前置事宜之計畫階段能充分傾聽並信任核心隊伍所組成之決策能力，不顯于剛愎，能善納建言並充分授權，機動因應行事之才智，對外敦親睦鄰及懷柔感化，恩威並濟其他之族民，並擴張海外經濟、外交、貿易版圖，遠播中華優良傳統文化，同時以有濟無引進特殊奇人異事來開拓國人視野。在其歷次行程中調和鼎鼐及曠古絕倫中，更留下彌足珍貴的資訊，其史蹟數據及資訊之重要事蹟如鄭和航海圖、造船與航海技術等豐功偉績，都足堪後世留下至深且鉅之影響。

陸、案例—晉商

在明清時期中國出現了許多商幫中如晉商、徽商、閩商、潮商、粵商等，晉商是最大的商幫之一，其中晉商、徽商支配中國的金融業，閩商、潮商掌握海外貿易（楊湧泉，2005年）。

一、前言

晉商蓬勃興起的原因，主要是朝廷爲北邊鎮籌軍糧而推行開中制外，其山西地理條件位居要衝地帶，且自然資源豐富形成物資交流的中心，更因人文薈萃、誠信勤儉的民風及建立良好的體制規範是居功不可沒的要素。從明初到清末，晉商以其誠義信用活躍了五百多年，在清代創立票號，而經營項目從原有繁多的民生生活商品擴展到金融匯款項目，其活動區域除中國各地外，尚延伸到西伯利亞、中東、歐洲等國家。直至晚清時期，戰爭的動盪不安，致經濟岌岌可危與社會的信用破產，遭連帶波及而終告瓦解，但晉商所產生之影響無遠弗屆，更形成後來市場供需交易的曆法宗師，成爲中國商業歷史上的萬古流芳。

二、衝突的事由

將晉商之衝突事由，說明如下：

（一）行為衝突

自明代中葉到清朝前期，其活躍的商品貿易帶動繁榮復甦，但因全國及地方性的市場交易活絡，致跨區的現金匯兌與債務問題頻密，致衝突不斷。

（二）價值衝突

晉商因股東、經理等上層決策階級，其思緒轉念無法跟上時勢潮流及適應外在環境的變革，另外更受到外國資本主義盈利獲益之價值認知侵蝕，因此失去了優勢而沒落。

（三）標的衝突

1. 在經濟方面，晉商的傳統經營運行秩序，受到列強侵入而打破，因邊疆戰爭及各偏遠地區間的商業聯繫需求，而擴大了國內外貿易市場，致形成供需競爭而改變交易型態的衝突不斷。

2. 在社會方面，商人爲抬高社會地位以財求官的方式，雖滿足了其名譽的提昇，卻亦逐漸權謀腐蝕，染上官僚習氣，喪失誠懇樸拙的善意本性，致社會上形成不良風氣。

3. 在政府方面，晉商在明朝時幫邊疆重鎮籌集軍餉而崛起，是封建統治階級的附庸，在清朝時因幫助代墊和匯兌軍協等而享有商業特權等，都亦造成利慾薰心與明爭暗鬥的狀況。

4. 在管理方面，為取得貿易優先權，左右政府所制定會影響商人的經營活動與營利目的的政策，故官商合謀，以借款及捐款來影響官場定位，致政府部門在管理上礙手礙腳而效率低落。

三、衝突管理的策略

因應衝突而產生的管理策略如下：

（一）創新應變

清朝末期，因貿易的拓展需金錢流通，但因幅員遼闊需要長途跋涉與應付強盜威脅，故成立全國分行票號制度，亦成為中國銀行制度之前身。晉商針對票號流通在全國設立分行，便利資金靈活，因而創造出防止偽造或盜領之優良技術。

（二）教育啓蒙

晉商認為人才是貿易的根本基礎，故戮力在教育的養成。在外地經商之掌櫃或伙計為應付對外貿易之需求，都必須學習各式外語、蒙語、俄語等。

（三）倫理植根

晉商的經營模式深受儒家影響，其家族概念更反映在山西戲曲上，且大多以倫理戲為大宗。而為讓外地商人不忘本根源及舒緩思鄉情愁，故成功的商人常出資請戲團表演，以懷念家庭的劇碼來傳遞忠孝仁義之五倫思潮。

（四）經濟管理

因應經濟型態改變，晉商為了加快自然經濟解體和商品經濟發展的進程，故建立了「經理負責制」及「人身股制度」，造就了理財管理人物並辦理專業訓練。

（五）信用貸款

為因應資金周轉所需中國票號，採人民的信用為信用貸款之信物，不若外國銀行採實物為抵押貸款之信物。晉商嚴格管控考核以人為根本之信任動機，並鼓動人民認眞負責的良知善性。

（六）合夥營利

晉商的合夥營利，是指資本雄厚的晉商與當地商人的合作營利活動，以契約簽訂雙方權利義務之分配，期能充分利用在地資源的優勢，創造共謀互利環境之合作形態。

（七）金融匯兌

為了開拓國際地區貿易發展，傳統經濟結構必須要開始轉變為專業化的金融流通方式，晉商從早期錢莊的基本條件下，開創了跨區域的票號制度，並首創了民間匯兌業務、轉帳和清算中心。

（八）社會管理

晉商於各地商幫創立山西會館，並使其充分發揮功效並擬訂條約，達到聯絡鄉親情誼交流之處及形成各式慶典活動的演戲戲台，以共同營造良好之文化風氣。

（九）勞資結合

晉商不論是商品經營或貨幣經營資本，大都屬所有權與經營權分離，並鼓勵員工入股，把企業和職工的利益結合，以提高經營效益。

（十）公共管理

晉商爲因應貿易的急遽拓展及快速累積財富，對政府從事融資或捐贈，希藉由商轉向政治及官位來影響政策製訂的方向。財政上對於國庫補實效益甚大，有助於政策執行之資源，管理上採從源輸入，了解商業生態溝通協商，擬訂出符合環境系統之所需，期將阻力化成助力，促進投資並創造更大就業空間。

四、小結

山西人常年漂泊在外經商，各晉商商號規定，從業人員包括經理伙計，都不得在商號所在地攜家帶眷或結婚納妾，探親每次三到四個月分爲十年、六年或三年一次，故有一諺語流轉：「悔不該嫁給買賣郎，丟下俺夜夜守空房，要嫁還是莊稼漢，一年四季常做伴」（新浪讀書，2013）。唐朝詩人白居易琵琶行「商人重利輕別離，前月浮梁買茶去，去來江口守空船，繞船月明江水寒」。

晉商的商業規範如財務收支和人事管理及營運計畫等，其經營權、管理權、所有權的建立，組織慎密、層級分明的體制，在人員佈署中，在「疑人不用，用人不疑」的承諾中給予專業訓練的培育，使適性發展潛能，並鼓勵入股投資，增加員工的凝聚力。其對於分散全國各分號，訂定統一的「號規」，制定齊等公平的權利義務及獎懲標準，並給予突擊考核以避免弊端。

晉商認爲經商雖以營利爲目的，但凡事以道德信義爲標準而誠信不欺，此爲長久取勝的基本因素。全國幅員廣大的晉商首創中國歷史上票號匯通天下，對近代中國歷史的影響顯赫一時。

晉商傳承歷史永垂不朽，其鐵腕執行之嚴格號規，實功不可沒。但所有從業人員是以犧牲家庭倫理來換取職場道德，並且還能夠重視信義、敦厚品性和實踐忠誠，皆爲商場不可或缺之資產。

第二節　由傳統社會至現代社會的衝突管理

美國社會學家帕森斯認為，對於傳統社會與現代社會的區別，可以用五組模式變項來進行描述，這五組模式變項是：關係類型的判準為情感性與非情感性、互動類型的判準為特殊性與普遍性、認同的判準為先賦性與自致性、社會地位的判準為集體取向與個人取向、分工的判準為擴散性與專一性。帕森斯指出，在前面的項目代表著傳統社會的基本模式，後面的項目則代表著現代社會的基本模式，任何一個社會的行為模式和社會關係都不可能是純粹「傳統的」，或是純粹「現代的」。

大致而言，傳統社會的個體，其社會地位在出生時即決定，對於家庭社會具強烈的認同感，彼此間互動藉由義務、責任、信賴感緊密相連；現代社會情感中立，人際互動較疏離，鼓勵個體的發展，追求專業品質和規範。

表2-2-1　傳統與現代的五組模式變項

判準	傳統社會	現代社會
關係類型	情感性的： 一個人式的、情感式的、面對面的關係。	非情感性的： 一非個人式的、疏離的、間接的關係。
互動類型	特殊性的： 一人們彼此間藉由義務、責任、信賴感緊密相連；每個成員皆有其特定角色，且為所有其他成員所熟知。	普遍性的： 一人們經常與陌生人互動，而互動的原則與規範則是放諸四海皆準的。
認同	先賦性的： 一忠於所屬的家庭、社會、部落。	自致性的： 一人們被鼓勵去發展自己的興趣、天分與身份個性。
社會地位	集體取向的： 一一個人的社會位置與生命歷程，是出生所決定的。	個人取向的： 一對於個人的評價，視其所達到的成績而定。
分工	擴散性的： 一一個人通常會有許多角色。	專一性的： 一每個人擁有較為嚴格定義下的角色。

資料來源：帕森斯（T. Parsons）（1966）。

壹、傳統社會至現代社會的特性

麥克維爾說：所有當今的現代社會的文明，都是從這一早期社會發展來的。這中間經過了種種征服和擴張，產生了種種財富和階級的分化，孕育了種種藝術形式，經歷了種種導致思想解放的習俗和信仰的衝突，積累了種種科學知識及其運用性成果，這一切都導向了現代文明，這就是歷史發展的主要線索（麥克維爾1961；張曉群，2004）。

貳、傳統社會至現代社會的衝突

從傳統社會至現代社會的遞嬗，經濟上以農牧民轉變爲資本主義工業革命起飛。社會上，以鄉村純樸轉變都市化市儈人口；政治上，由自掃門前雪的冷漠轉變參與動機誘因強烈之議事殿堂；政府上，由權威官僚的高壓體制轉移爲百姓是老闆的顧客至上觀念。利益的揚帆已造成血緣的疏離和信仰的崩裂，舊體制傳統之堡壘正步步捍衛抵禦或融合接納新文化不知覺的纏繞揉搓，爲因應多方專業、精細分工及品質保證之社會變遷型態的分分合合，則弱肉強食的掠奪衝突已屢見不鮮。

一、傳統知識的傲慢化

受儒家士農工商的社會分工狀態，重義輕利及食以農爲本的觀念，仍然認爲以自然市場經濟規律的農業爲主要經營型態，卻阻擋很多可提高就業機會，創造合理利潤及改善生活品質之工業及商業的環境生存空間。

二、自我的合理化解讀

在低度發展中的社會釋放下，爲了遂行個人鑽私營利的目的，羅織及選擇性用例證來合理化其手段，且常是表裡不一、假公濟私或以私害公的心態來創造商場的巨賈。

三、菁英份子難以尋覓

爲迎接環境遽變之更艱鉅挑戰，應積極籌建質量俱佳的經濟環境，且必須明確未來之主力產業，而「人才」是企業最重要的資產，其研發及技術之菁英人員難以訓練與培養，導致就業市場供需失衡及成長停滯。

四、彈性應變的法制化

社會現象問題的滋生，一觸即發並層出不窮更鑽研精進，形成利用已產生之犯罪型態來引導法制化修訂與養成教育訓練，公部門組織的彈性應變預防能力嚴重不足與法規訂定實施緩不濟急，致衝突無法即時平弭又衍生另一波衝突。

參、傳統社會至現代社會的衝突管理

此轉變階段應注意之衝突管理如下：

一、蓄積能量蓄勢待發

從傳統社會中族群力量，可操控生、老、病、死之社會事務階段進展，爲個體突顯講求專業品質規範之競賽盈虧的資本革命洪流中，解放舊有束縛，迎新送舊並挑戰開發，汲取更大的自我展現能量，是衝突中創造正面的管理厚度的最佳方式。

二、時間管理創造利基

從「什麼都不可能」進展到「沒有什麼不可能」的社會中，時間即是金錢，停下腳步，眼看世界、耳聽八方的學習方法，反芻思索、腦力激盪後運用得宜是最佳寫照，時間管理良善是創造利基秒殺的手段。

三、在地文化世界工廠

在有形及無形圍牆已倒下時，人流、物流、資訊流及資金流的穿針引線中，其轉速與迴響超快於社會發展階段之交接，以在地文化「家庭即工廠」的精神來對接世界工廠的市場，才能一併達至經濟穩定繁榮之境界。

四、豐碩優良社會資源

從與大地為伍、看天吃飯的農業社會進展至工業革命、資本主義的機器科學運轉中，確實創造無限財富並改善了經濟就業及生活水準，但亦產生了廢棄物及環保崩塌之社會資本，故應透過教育軟實力及法令體制之硬實力，使豐碩優良正向的社會資源的經營方式，才能永保安康。

肆、案例—留美幼童

中國歷史上最早的官派留學生稱留美幼童，公元1872年到1875年間，曾國藩、李鴻章接受容閎倡議計畫，以15年為期，先後派出四批共120名學生（平均年齡只有12歲）赴美國留學。但於1881年因計畫夭折，全部學生被召回國，歷經約10年，亦栽培了不少改變清朝國運之青年才子。

一、前言

容閎為中國第一位接受美國高等教育的青年，其提出「留學教育計畫」獲得曾國藩和李鴻章贊同而呈上准奏，派遣10至16歲幼童出國主要學習科技、工程等辦洋務急需的學科，祈「吸取西方文明之學術以改良東方之文化」，回國建設就可以「一變為少年新中國」。從公元1872年至1881年約10年，派120名留學生前往美國，於1881年原定15年的幼童留美計畫因故停止，全部學生被召回國。

回國後的留美學生參與了中國最早的電報、礦山、鐵路等新興產業的建設，又歷經了1884年中法戰爭和1894年中日甲午戰爭。直到20世紀初，運用所學，紛紛成為朝廷重臣或各界佼佼者，尤其在外交協商上屢締佳績。留美幼童對中國各領域之建設貢獻巨大，且達到以夷制夷之初衷。

二、衝突的事由

（一）違反中國傳統文化

幼童在美國接受西方教育其耳濡目染下，容易「美國化」，對西方教材如自然科學知識、人文社會科學文化、宗教文化的影響、資產階級啓蒙觀念、個人權力、自由、民主等十分嚮往，因認知改變而不願穿中式服裝、剪掉長辮子，並喪失學習四書五經等儒家經典的興趣，不願意遵守繁瑣的封建禮節等，中西文化衝突不可避免，但清政府的官僚將之視為大逆不道，且遭到社會輿論的譴責。

（二）判斷分析錯亂衝突

幼童們來到了千萬里以外的新大陸，撲面而來的是語言、飲食、宗教信仰、學習等價值判斷問題，除了補習英文尚要學漢語，但因中國人刻苦耐勞的天性克服困難並成績優異，更有3位因積勞成疾客死美國。

（三）守舊創新矛盾衝突

清朝政府宗旨，希望官派的120名留學生，在美國可以學習西方科技技術來幫助國運，但又希望幼童能維持中國傳統封建文化。對於十來歲的孩子來講非常困難，且長於斯、教育於斯，融合是不知不覺的蛻變，故政府官派人員不時處於守舊與創新的矛盾衝突中。

三、衝突管理的策略

（一）強化洋務運動政策

清朝強盛之道，唯有辦理洋務運動，如設工廠、開礦冶、修鐵路、造輪船、傳通訊等。但工欲善其事必先利其器，故急需懂得現代科學的新型技術人才，於是派遣幼童至美國接受教育，學習新穎的技術和本領，再回來學以致用，提供專業建設祖國。

（二）中斷留美幼童計畫

清朝政府因無法忍受留美幼童的「美國化」，也認為即使回國亦和傳統社會格格不入，難以成材，故將幼童全部撤回中斷計畫。在120名中除病故和逃跑者餘94名返抵，撤回者皆被關押在上海一處學堂。

留美幼童雖未完成學業即被迫返回中國，但大家力爭上游後大多成為中國鐵路、外交、郵政、電報、海關、海軍等行業的先驅者。

四、小結

留美幼童在出國前，從傳統社會中禮義廉恥的內化教養下，希能融入現代社會典型的美國文化之開放競爭與充分自由的自我之都會中。其需面對內心的恐懼，並從懵懂無知和無所適從到適應調解的心路歷程著實不易。

有了國際觀的幼童歸國後，其「師夷長技以制夷」、「知己知彼、百戰百勝」的精神成為引領中國進入現代化進程的關鍵人物，有中國傳統文化之底蘊，輔以西方科學專業技術的薰陶，培養獨立思考佐證所學，敘事論證言之有物，包容乃大之格局，成就了中國電報業、鐵路、礦業等之歷史建樹。

伍、案例—再讀辛亥

辛亥革命是中國歷史上思想啟蒙運動之民主革命，推翻了中國久存的封建皇權政府制度，顛覆三綱五常之君臣尊卑層級關係，更衝擊了傳統孔孟觀念以儒家為主的價值觀，而建立了亞洲第一個新的政治體制之民主共和國-中華民國，其三民主義之民族共和、民權平等、民生樂利之價值認知，更形成後世的圭臬。

一、前言

辛亥革命是指公元1911年10月10日自武昌起義爆發後，所產生連續推翻腐敗政府統治，而爭取民主及國家存在為目標的運動。

清朝末年，由於閉關自守且思想陳舊，朝廷關在象牙塔內而洋洋得意，無視外在環境的瞬息萬變，但因其內地豐厚資源，確引起周圍國家的覬覦，都想分一杯羹致戰雲密佈。在歷經自強洋務運動的困境和戊戌維新變法的失敗，在經濟形勢上，公部門產生財政嚴重危機，而加稅取糧使百姓民不聊生、無以為濟；政治形勢上保守及創新兩派內鬥，致吵嚷不斷併排擠政事推動；社會情勢上彌漫著紛至沓來之傳語耳言，使得民心動盪不安；文化思想情勢上，因西學的傳入，大民族國家的知識亦改變革命者的奮鬥目標，由消滅滿清之「驅除韃虜」轉為各民族「五族共和」的口號；外交情勢上，更是孤立無援、捉襟見肘且列強進逼致災禍頻仍。

種種不利情勢，仍無法讓滿清了解而改變現況，故孫中山等革命人士興起起義推翻政府的一連串計畫。

二、衝突的事由

（一）經濟解體

滿清末年，歷經戰敗之後的種種不平等條約，傳統經濟結構的自然運行已解體了，外國資本主義的勢力狂湧而瀉，如貨品的傾銷、資本的傾入、機器的生產、財政權的掌控等，已造成本土經濟型態難以為繼，而逐漸受外力控制致難以自拔。

（二）社會崩盤

自鴉片戰爭與甲午及辛丑等戰敗的賠款，遭受列強蠶食鯨呑的中國，唯有對外舉債及對內加重課稅來應付，導致百姓們認眞勤奮所得都化爲烏有，無法維持基本生活所需，加劇了社會的多元分化的複雜性。而下層民衆對政府的互動管道即成民變，整個封建社會結構形成崩盤，難以家族統治力量來凝聚，致社會秩序衰微穩定不足。

（三）文化衝突

清代時的統治階層及一般社會要融入西方文化，因歷史傳承的禁錮並非一蹴即成，其內化的矛盾與價値行爲之衝突，常處天人交戰中，以致形成吊詭的文化盲點，便不斷產生。

（四）民變叢生

辛亥革命前十年因政府的醬缸無能，使社會嚴重的分化，導致民變四起，更爲革命蓄積群衆基礎與能量。據統計1902年到1911年，全國各地此伏彼起的民變多達1300餘起，張振鶴與丁原英等在《清末民變年表》中，整理了清末人民群衆各種鬥爭的概況，爲抗捐抗稅、搶米風潮、爲求食而導致的城鄉騷亂、會黨和農民起義、罷工鬥爭、兵變、學潮、反對教會與外國侵略者的鬥爭、反對「新政」以及其他反對壓迫的鬥爭共十類。

三、衝突管理的策略

（一）思想解放

民衆歷經辛亥革命及西方國家的觀念催眠而洗心革面了，架構在中國帝制之道德體系下之中華民族的傳統文化受到徹底地推陳出新，解圍自己的命運更開放了心智，尋找在世界潮流中有一席之地是智仁勇之表現。

（二）民主共和

辛亥革命推翻專制與肇建共和，完成歷史上不可能之任務，終結了中國兩千多年的封建君主專制制度，使人民利用民主程序來獲得基本的權利，可以當家作主的政權而建立起民主共和體制。

（三）經濟重整

辛亥革命創造資本主義的契機，而中小產業的投入產出更以市場供需計畫進行，招商引資、提高就業人口、改善經濟產業結構屬性，農業不再是首要據以生存之項目，推翻了「第一無用是商人」之諺語，各地爲追求有利產值，呈現蓬勃發展的景象。

（四）殖民解放

辛亥革命的成功，對其他殖民主義的國家呈現警鐘效應，而紛紛起而效仿，爲爭取人權而奮戰不懈。解放運動在全球被壓迫民族形成波濤洶湧，對帝國主義的侵略擴展亦產生抑制作用。

四、小結

摘錄自何星亮（2011），「孫中山的互助思想與當代社會[1]」：孫中山1917年在《建國方略》言，人類進化與物種之進化不同，物種以競爭爲原則，人類則以互助爲原則；社會國家者，互助之體也；道德仁義者，互助之用也；有道德始有國家，有道德始有世界；以王道文化代替霸道文化；利用互助來解決區域、城鄉、行業、貧富、收入差距等問題；人類順此原則則昌，不順此原則則亡。

風起雲湧的辛亥革命成功之主要靈魂人物係孫中山先生，在提出人盡其才，地盡其力，物盡其用，貨暢其流之革新失敗後，認爲唯有革命才能救中

1 來源：人民政協報，作者：何星亮，2011.09.26

國。其菁英領導群體以互助為基礎，共尋王道之政權，再用軟實力的思想啓蒙，如民族、民權、民生的三民主義；中央與地方的均權制度；人民有權而政府有能的權能區分；立法、行政、司法、考試、監察五權分立的五權憲法等，共謀發展互助合作理念和政治現代化建設架構，都影響後世源遠流長且歷久彌堅。

第三節　現代社會的衝突管理

在新舊社會的文化轉移下，對思想的衝擊、接納、反芻及立新，是如臨深淵而忐忑不安的創舉。此章重點筆者從PAM及SDM的角度，來看待現代社會的特性及多元開放下易茲生之紛擾，如何因應時勢，運用良好的管理來弭平衝突，案例為解嚴及交鋒。

壹、現代社會的特性

涂爾幹的《社會分工論》指出，現代社會是有機團結的社會，是以工商業為主多元發展且注重專業，透過分工協作，互相依賴地各取所需而結合而成的社會（涂爾幹，2000）。

孔德的《實證主義哲學》，現代社會是實證科學性思維及工業化時代的社會，充分利用科學實證研究之精神並以工商業生產的手段來滿足需要（孔德，1830-1842）。

麥克維爾的《社會》，現代社會是多元化的社會，自由競爭的關係下其任務分配已形成功能多樣化且結構複雜，共同性信仰的道德壓力已經減輕，注重知識經濟的產出而導致利益多元化的社會（麥克維爾，1961）。

綜上，現代社會，大概是市場經濟的、資本主義的、民主化的、福利主義、城市化的、有機團結的、工商業的、科學思維流行的、多元化的一種社會形態（張曉群，2004）。

筆者認爲，現代社會是菁英領導及知識經濟的社會，複雜需求多元產出下的個體才能如雨後春筍的湧現。以知識前瞻研發所創造的經濟產值與社會成本無以量化，價值的重疊和矛盾，已是品格教育中強化之主角。

貳、現代社會的特性—SDM

以SDM三個面向的說明：

一、現代社會的條件面

自然條件由於資源已大量開發，但分配不均致衝突頻繁，相信人定勝天，改變大自然原貌，致生態環境遭汙染破壞；社會條件下，強調自我發展的開創精神，人際變動趨向競賽爭利致計較紛擾不斷，社會規範監督薄弱，在面對生活型態的高度轉變上也將受到更多的法律規範；實質條件下，隨著人口的成長，因而對於各式各樣的物品需求量也隨之增加，進而發展出更快速的生產工具，以滿足消費者的需求，供需能夠達致平衡，民衆不只講究基本需求，更要求品質的提高。

二、現代社會的本質面

事實判斷上，由於互動更爲頻繁資訊的普及化，公開管道訊息容易獲得，尊重專業知識並鼓勵創新擴散，品質標準規範的提昇並保障智慧財產權。價值判斷上，私意識雖然高於公意識，但能夠區分水平私公之間，每個參與者需要更具備充分的能力，從立足點公平開始，各憑本事各顯神通。人際判斷上，層級轉向水平，接受個體意識凸顯，訂定體制（法治）、講究誠信承諾、社會群體共同監督。

三、現代社會的現象面

經濟上屬於次級產業（工業、製造業），視條件決定市場經濟（供需競爭）或計畫經濟（分配管制）；而社會上屬於少數菁英領導，適者生存不適者淘汰之優勝劣敗法則；政治上屬於執政黨與在野黨共同協商、派系共治，黨派動員；政府上屬於地方分權的體制文官，以中立的態度依法行政，並以顧客導向爲優先來達致效能政府，且興利重於防弊；在政策制定上，已著重利用公聽會或論壇方式，來取得政黨或利益團體協商的妥協或共識；而就管理上來說，重視技術專業及績效的良窳，爲使運作更具效率，更重視部門間的分工。

參、現代社會的衝突

現代社會中，工業革命以科技電器、自動化生產流程，代替傳統手工之製作，致供給與需求失衡，因此產生市場失靈與通貨膨脹及高度失業的窘態。資本主義之興起，勞資雙方權利義務之落差，已衍生全世界員工爲爭取福利而街頭抗議、罷工之連鎖效應。道德誠信淪喪爲奪權霸利之配角，價值核心之錯亂是非曲直，已無公平正理或衡時度量之標準可供遵循，只要我喜歡又有什麼不可以，亦形成影響社會善良風俗及秩序穩定之催化劑。都市化的高度集中，已造成人口大量搬移，致人際關係和諧磨合之挑戰不斷，故現代的社會衝突是經濟增長與社會成本之拉鋸戰。

肆、現代社會的衝突管理—PAM. SDM

在現代社會下產生之衝突分析如下：

一、衝突的事由

從條件面言，在百業鳴放強調競爭並人定勝天的理念下，過度開發生態資源，致環境浩劫污染嚴重，致聖嬰效應天災人禍頻密。而基礎設施因欠缺綜合規劃且本位主義濃厚，淪爲亂民聚衆糾結之蚊子館；從本質面言，在尊重專業創新研謀，凸顯個體能量知識經濟的世代，「網路如馬路四通八達」的資訊確實掌握與運用得宜是弱肉強食之重要關鍵，故智慧版權及網路駭客之紛爭不時展現於媒體平面；從現象面言，企業以取得巨額利益爲前提致添加不明物而枉顧全民食品健康安全故經濟倫理已形成奢談。因核心價值的錯亂及人口搬移迅速，其個體的認知由純樸信義趨向勾心鬥角降低人際互動之信賴致社會秩序已無常軌可供遵循；因政黨意識型態迴異，族群撕裂嚴重，致議事殿堂藉故鬥毆空轉，致政治運作浪費資源已蹶然不振。事關國計民生之公共事務議題，確以專家學者意見爲主，而形成傲慢，故政策擬訂實施和需求脫節，政府所創造之公共價值已背離民意甚遠致抗爭流血事件不斷。

二、衝突管理的策略

（一）用體制法治規範現象面

鑽營爭利的現象面，已形成自我感覺良好即可，而罔顧自然運行之道的亂法章序，所以必須隨時更新及即時回應推陳出新之犯罪型態，以避免空窗期，及時制定保障人民生命財產安全之體制規範。

（二）理性論辯造就公民治理

知識多元的教育型態來蓄積民衆的學識涵養，以激發潛能，了解世界宏觀的理念，營造現代社會公民，針對繽紛複雜跨域之公共事務議題有更深層之解套，以利害當事人之角度來衡時度量，並以理性自利適切論辯來成就公益之治理績效。

（三）符合社會公平正義決策

在個體知識經濟萌芽之社會中，爲求利益而不擇手段雖是人之惡性，但啓思動念必須顧及社會責任的公平正義，已是不可或缺，除故利用道德勸說和法律制裁，青山常在才能飲水思源並永傳子孫，唯有符合多數社會觀感之益善良策，才能產生正面流量創新永續美質之環境。

伍、案例—台灣解嚴

攸關台灣最重大決策爲解嚴，因爲民心思變的力量形成民主改革的聲浪，已對執政黨構成重大的威脅，爲提升符合國際民主潮流的印象，且戒嚴是剝奪與限制公民權的威權行爲，有損國際形象，因時勢所趨，國民黨內部也有新興力量，支持民主改革。

一、前言

蔣經國先生於民國76年（1987）7月14日明令宣布：臺灣地區（包括台灣本島和澎湖地區）自15日零時起解嚴，開放黨禁，報禁。結束長達近38年的戒嚴統治，同時，「動員戡亂時期國家安全法」開始生效並公告廢止30種與戒嚴法相關的法規。

短期方面來看，立即有60多個政治團體申請註冊成立政黨（其中20個獲得審查通過），200餘家新出版物向當局辦理登記。而1.軍事管制範圍縮減，行政、司法機關職權普遍擴張，山地管制區由119個大幅減爲61個。2.平民不受軍法審判。3.出入境及出版物的管理由軍方警備機關移交警察機關及新聞局負責。4.台灣地區人民可依法組黨結社、組織參加集會遊行及從事政治活動。5.解嚴後許多事項，政府不再實行管制，各主管機關的行政裁量權，必須以法律爲依據等方面的變革，大幅度的維護了受到憲法保障的人民基本權利。長期方面來看，解嚴對於後來持續推動的政治民主化，尤以「開放組黨」、「國會全面改選」、「總統直選」等作爲的落實，不僅使得我國於1996年以後，即爲美國「民主之家」（Freedom House）列爲民主國家之林，更可以說，也成爲促成2000年政黨輪替的契機（隋杜卿，2007）。

這是台灣民主發展的重要里程碑，恢復人民的各種基本人權，而且允許國民黨以外的政黨成立，台灣整體的現象環境系統，大幅朝向民主開放奔騰自由的方向發展。

二、衝突的事由

將解嚴之衝突其事由如下：

（一）行為衝突

1. 於1984年10月15日發生之江南案，是促使台灣解嚴的關鍵事件之一，爲華裔美籍作家劉宜良（筆名「江南」）在美國遭到刺殺身亡，致引曝兩國關係緊張衝突。

2. 解嚴前，由於教育的啓蒙，帶動知識增長、宏達的判斷能力與就業生活水平的飛漲，臺灣人對於結社[2]、集會遊行、言論、出版、新聞等終日戒慎恐懼，毫無人權及自由可言，已忍無可忍，故街頭充滿抗爭事件，也展開民主奮鬥的一頁。

（二）文化衝突

1. 1949年創辦了以五四傳統之自由中國雜誌，隨時針砭政府的施政策略而引起當局高度重視。

2. 1975年成立之台灣政論，其重點在挑戰社會問題，不斷衝擊國民黨的威權體制，僅5期便被迫停刊。

---

[2] 結社通常分爲以營利爲目的的商業結社（如公司，企業）和以非營利爲目的的政治、宗教、學術、慈善等結社（如政黨，教會，協會，慈善組織）。現代大多數國家憲法明文保障的結社，主要指以非營利爲目的的各種結社（結社自由—維基百科）。

3. 1979年發行美麗島雜誌，宣揚民主理念並不斷舉辦群衆集會。

（三）標的衝突

1. 在經濟方面，戰後初期，1945年軍隊及官員陸續到達台灣後，大量掠奪、破壞、變賣各地的物資或工業設備，致產生嚴重通貨膨脹與社會衝突。

2. 在社會方面，1979年黨外人士舉辦民主餐會，而警備總部得知後，以涉嫌參與匪諜叛亂逮捕，黨外人士因此舉行政治性示威遊行，引發「美麗島事件」。

3. 在政治方面，1977年的地方公職人員選舉後，黨外人士取得四名縣市長與二十七位省市議員席次，顯示台灣人民自主意識抬頭。1986年成立，通過組成「民主進步黨」，台灣政治走向多元政黨競爭的新里程。

4. 在政府方面，國民黨一黨獨大時期，其政治生態爲專制政體，時時干擾行政政策，卻無法容忍及傾聽異議，致怨聲載道和哀鴻遍野。

三、衝突管理的策略

因應衝突而產生的管理策略如下：

（一）本土化政策

爲了融合族群，任用了大批的台籍菁英，逐漸提高本省人在國民黨中常會的比例，有效打造了本土化政策的基礎。

（二）集會言論自由

民主潮流勢不可擋，爲進行政治改革而設立政治革新小組，解除戒嚴令、黨禁、報禁，終於得到集會結社與言論等自由。

1. 開放報禁

解嚴後，政府開放報紙登記與張數，而國內出版與傳播業在數量或內容上均大有改觀，頓時各家新報紙百家爭鳴，使得新聞報導出現更多樣化及多元化的言論闡述。

2. 開放黨禁

1987年國民黨主席蔣經國表示：「時代在變、環境在變、潮流也在變；因應這些變遷，執政黨必須以新的觀念、新的作法，在民主憲政的基礎上，推動革新措施。唯有如此，才能與時代潮流相結合，才能和民衆永遠結合在一起。」因此國民黨必須革新以本土化來因應時代的變遷，方能走向更民主的政黨。

臺灣地區在解嚴前組黨活動，受到動員戡亂體制和軍事戒嚴的限制，解除戒嚴後，戒嚴法第11條中戒嚴地區之最高司令官有權「停止集會結社及遊行請願」的規定，也隨之解除，政黨政治才獲得萌芽成長的機會。

四、小結

國共抗戰撤退來台下，不可否認戒嚴的實施，提供台灣的經濟發展與政治清明和社會穩定的基礎，而人民的生活所得與知識水準均顯著提升。但一黨獨大下造成貪贓枉法，無以稽核管考而監守自盜之情勢頻仍，使百姓苦不堪言。

解嚴對台灣的經濟、社會與政治等面向產生很大的影響，就經濟面來看，台灣在解嚴前的經濟體制爲黨庫通國庫的經營型態，國民黨掌控公營企業並有許多黨營事業。解嚴之後市場自由化，加速並逐步開放壟斷之公營事業的轉型民營化的政策，且追討國民黨黨產的議題亦備受矚目；就政治面而言，台灣的政黨體系，從國民黨的一元堂的壟斷局面，發展到多黨並存而多元辯證的競爭性民主政黨體系；就社會面而言，台灣也從解嚴前遵從戒嚴法及動員戡亂等種種軍事嚴厲法規的壓抑型社會，隨著解嚴後威權體制瓦解，轉型爲對抗型社會，多目標之社會運動與日俱增，呈現於社會各角落，並激起同仇敵愾之民權戰場。

解嚴是開啓了潘朵拉盒子的最底層『希望』，言論自由及思想解放營造無限想像的夢想，致社會充滿生機盎然的驚喜及生態百花齊放和生活安和樂利，有了希望則進步繁榮都垂手可得的。

陸、案例—大陸交鋒[3]

一、前言

1966年到1976年，由毛澤東帶頭發起的政治運動，史稱文化大革命，中國歷經「十年浩劫」，幾乎耗光了元氣。

而中國自1978年至1997年三次思想改革，第一次爲思想的解放、經濟的突破及政治的改革，第二次將重點放在社會主義及資本主義的探討及十四大的影響和推動改革的深化，第三次則探討著公與私的所有制歸屬等。

二、衝突的事由

摘錄自劉河（2013），以毛澤東發動和指導「文化大革命」的理論，並根據馬克思列寧主義的基本原理，總結了中國無產階級專政的實踐經驗，在1964年7月14日提出了系統的理論和政策，從理論中演繹出俟後衝突之蛛絲馬跡。

(一)必須用馬克思列寧主義的對立統一的規律來觀察社會主義社會。

(二)社會主義社會是一個很長的歷史階段，仍存在著階級和階級鬥爭，存在著社會主義和資本主義這兩條道路的鬥爭。

(三)無產階級專政，是工人階級領導的，是以工農聯盟爲基礎的。

(四)社會主義革命和社會主義建設，必須堅持群衆路線，放手發動群衆，大搞群衆運動。

(五)不論在社會主義革命中，或者在社會主義建設中，都必須解決依靠誰、爭取誰、反對誰的問題。

(六)必須在城市和鄉村中普遍地、反覆地進行社會主義教育運動。

(七)無產階級專政的基本任務之一，就是努力發展社會主義經濟。

(八)全民所有制經濟與集體所有制經濟的兩種形式。

3　本例改寫自馬立誠、凌志軍（1998）。

(九)百花齊放、百家爭鳴的方針，是促進藝術發展和科學進步的方針，是促進社會主義文化繁榮的方針。

(十)必須堅持幹部參加集體生產勞動的制度。

(十一)絕不要實行對少數人的高薪制度。

(十二)社會主義國家的人民武裝部隊，必須永遠置於無產階級政黨的領導和人民群眾的監督之下，永遠保持人民軍隊的光榮傳統，軍民一致，官兵一致，堅持軍官當兵的制度。

(十三)人民公安機關必須永遠置於無產階級政黨的領導和人民群眾的監督之下。

(十四)在對外政策方面，必須堅持無產階級國際主義，反對大國沙文主義和民族利己主義。

三、衝突管理的策略

因應衝突而產生的管理策略如下：

第一階段思想解放於1978年以「實踐是檢驗眞理的唯一標準」而戰勝「兩個凡是」：凡是毛主席作出的決策，我們都堅決維護；凡是毛主席的指示，我們都始終不渝地遵循。

第二階段思想解放於1992年破除姓「社」姓「資」的迷思，鄧小平南巡演說才爲改革奠下基礎：計畫多一點還是市場多一點，不是社會主義與資本主義的本質區別；計畫不等於社會主義，資本主義也有計畫；市場經濟不等於資本主義，社會主義也有市場；計畫和市場都是經濟手段。

第三階段思想解放於1997年破除姓「公」姓「私」的解放，公有制和私有制之競爭，於江澤民「五、二九」講話才解除。

（一）第一次思想解放

1. 解放思想

鄧小平提出「解放思想、實事求是、團結一致向前看」，「不打破思想僵化，不大大解放幹部和群衆的思想，四個現代化就沒希望。」，解放思想是當前一個重大政治問題，是實施民主的基本條件。當前迫在眉睫要務，在管理方法上，要克服官僚主義及適時地研究新情況和解決新問題；在管理制度上，要注意加強責任制；在經濟政策上，先富裕部份人和地區來帶動其他地區和單位的示範力量，如此才能使全國人民都能進步富裕繁榮。

2. 經濟改革

1982年1月1日，中共中央發布「全國農村工作會議記要」及「七五號五件」文件，促進了中國的經濟改革。改革主要部份，在人民公社上，爲三級所有以隊爲基礎的人民公社體制，於1985年土崩瓦解，進而顯示出了推動生產力發展的彈跳性。在鄉鎮企業異軍突起上，因農村改革中，鄉鎮利用商品經濟之各種小型企業，產生家庭聯產承包責任制，故對改善農村經濟貢獻很大。在特區的概念上，利用臨近港澳的有利條件，擴大開放來發展特區，作爲技術、管理、知識和對外政策的窗口。

3. 政治改革

政治體制改革的起步，在十一屆三中全會公報指出：爲了保障人民民主，更要加強社會主義民主制度的法制化，在民衆的政治思想中，不能採取壓制及打擊手段，期發展社會主義民主政治，健全社會主義法制，建設社會主義法治國家，正是政治體制改革的核心內容。

（二）第二次思想解放

1992年1-2月，鄧小平在南方談話中，精闢地分析了國內外局勢，科學地總結了十一屆三中全會以來社會主義現代化建設基本經驗，爲中國經濟體制改革確定了市場經濟的目標模式，且建設有中國特色社會主義理論走向成熟。在第二次思想的解放中，主要在社會主義與資本主義的探討、十四大的影響以及推動改革的深化。

1. 社會主義與資本主義

在第二次思想解放的過程中，「左」的代表性觀點，認爲社會主義的計畫經濟與資本主義的市場經濟不可混淆，而應該要維護計畫經濟的統治地位，反對社會主義市場經濟。

而鄧小平從1979年到1990年，在十次講話中指出，市場經濟只存在於資本主義社會，只有資本主義的市場經濟，這肯定是不正確的，社會主義也可以搞市場經濟；計畫調節和市場調節相結合；主要在於提出發展社會主義商品經濟新方針，社會主義和市場經濟之間不存在根本矛盾，深化綜合改革而應該走向小康社會的宏觀管理；我們必須從理論上搞懂，資本主義與社會主義的區分不在於是計畫還是市場這樣的問題。社會主義也有市場經濟，資本主義也有計畫控制；故社會主義可利用市場經濟來創造奇蹟。

2. 十四大的影響

十四大政治報告以南方談話為靈魂，對鄧小平建設，有中國特色社會主義理論，從九個方面作了新的概括，使之構成了比較完整的科學體系。

(1) 在社會主義發展道路問題上，強調走自己的路，以實踐作為檢驗眞理的唯一標準，解放思想，實事求是，建設有中國特色的社會主義。
(2) 在社會主義的發展階段問題上，作出了中國還處在社會主義初級階段的科學論斷，因此不能脫離實際，超越階段。
(3) 社會主義的本質是解放生產力，發展生產力，消滅剝削，消除兩極分化，最終達到共同富裕。
(4) 在社會主義的發展動力問題上，強調改革也是一場革命，也是解放生產力，是中國現代化的必經之路，僵化停滯是沒有出路的。
(5) 在社會主義建設的外部條件問題上，提出和平與發展是當代世界兩大主題，強調實行對外開放是改革和建設必不可少的。
(6) 在社會主義建設的政治保證問題上，強調堅持社會主義道路，堅持人民民主專政，堅持中國共產黨的領導，堅持馬克思列寧主義毛澤東思想。
(7) 在社會主義建設的戰略步驟問題上，提出基本、實現、現代化三步驟，首先要抓住時機、爭取出現數個發展速度比較快、效益又比較好的階段。並允許和鼓勵一部份地區及人先富起來，以帶動其他地區的共同富裕。

(8) 在社會主義的領導力量和依靠力量問題上，強調工人階級爲社會主義領導重心。

(9) 在祖國統一的問題上，提出「一個國家、兩個制度」的創造性構想。

3. 推動改革深化（軟著陸）

統合社會安定和解放思想與實事求是，既要加速發展經濟且避免失去平衡、引發動盪，故採取有力的宏觀調控措施，盡可能保持經濟發展趨勢，以穩定和諧中推動改革，深化改造之軟實力。

（三）第三次思想解放

1997年，江澤民的「五二九」講話，解除了姓「公」姓「私」的疑惑，中國由此開始第三次思想解放。

第三次思想解放，主要在探討公與私的所有制以及從思想解放到理論解放。

1. 公與私的所有制

公與私的所有制上，在所有制結構的變動中，爲使社會主義公有制有效益的變化，故黨中央決定恢復經濟私有制；在階級關係的變化中，私營業主和個體生產經營者，隨著私有制經濟成分的恢復和發展，又重新出現；在社會意識的變化中，在理論方面，資產階級自由化的主要表現，是否認公有制與私有制，是社會主義同資本主義的根本區別。其主張通過股份制和產權量化，使國有財產轉化成私有財產，並全面否定四十年來社會主義建設成就，和以毛澤東爲首的中國共產黨對建設社會主義道路的探索；在執政黨的變化中，黨員思想發生了重大的私有制變化。

2. 從思想解放到理論解放

1997年，江澤民「五、二九」講話：關於鄧小平建設有中國特色社會主義理論、關於社會主義初級階段、關於經濟發展和經濟體制改革以及關於黨的建設，其要旨為高舉鄧小平的旗幟及堅持社會主義初級階段的理論，是故帶來了理論的解放。

四、小結

摸著石頭過河是個隱喻，反映出中國領導班子展開新中國所抱持的態度。僵化的方向和目標不再，這個心態讓整個國家能找出自己的道路，透過試驗、不斷摸索、勇於冒險尋找可能辦法，並且從「實事求是」的過程找到最好的方法（侯秀琴，2009；葉俞亨）。

中國在改革開放中，已經有過三次思想解放，衝破了個人崇拜、計畫經濟崇拜和所有制崇拜，每一次思想解放，都要解決阻礙，力求改革。不管在理論上還是實踐中都步履艱鉅，但亦都帶給群眾擺脫桎梏的解放感，也給沈睡的巨龍有扭轉頹勢之強勁力道，故可在建設中贏得了成功和希望。

第四節　由現代社會至後現代社會的衝突管理

由現代社會至後現代社會中進展元素是全球化，市場競爭因全球化產生效益無限，導致「資本流向世界，利潤流向西方」，亦加劇了國家間的貧富差距的懸殊，跨國公司向成本較低的國家投資，期提高競爭力，造成負成本的留置及正面能量的抽離，更肇建了資源不公平的景象。更因資產過度擴張致國土版塊的搬移，地球不堪負荷，形成滿目瘡痍的山光水色等惡化，致嚴重影響民眾生命財產危急存亡的關口，形成生態環境的夢魘。而全球化更是多度空間的共存、時間的停格及地球的壓縮，已造成地理疆界的消失，而空間距離遠近已不成問題，彈指間腦波接受之訊息，不知覺中可改弦更張，社會化的生活形式，亦可完成「與世界潮流同步進行」、「只有遠傳沒有距離」之壯舉。

壹、現化社會至後現代社會的特性

從現代社會的物質化進階至後現代社會之精神化，其特性蛻化的演練條件之飽滿，雖說「愚公移山」可創造經濟的奇蹟和社會的多元及政治的理辯，但亦忽視順天應時和天人合一的宇宙自然運行之理（天時）；過度的資源耗竭應喚醒注重修補生態，養成節能減碳之環保概念（地利）；並轉折武力批判自以爲是之自戀情愫、教育個體包容尊重民主多數決之歧見認知和異中求同兼顧融合之能力（人和）。

貳、現化社會至後現代社會的衝突

衝突的事由：

一、計畫經濟的供需失調

全球經貿體系產生金融危機，與產業供應鏈外移及區域經濟合作的被邊緣化，導致就業不易、科技人才失血、通貨膨脹與民生困難等供需失衡之現象，經濟調控機制無法迅速因應及深根在地化，並滿足民眾的同理心與庶民感。

二、M型社會的貧富懸殊

金融海嘯危機衝擊經濟的動態，首先波及中小企業及中下階層的藍領勞工，其無薪假及被革職之恐慌，更瀰漫社會各階層，亦加劇了金字塔兩端因貧富所得差距拉大，呈現M型分配，因而導致民心不定與家庭紛擾之社會秩序混亂，使得庶民痛苦指數居高不下。

三、多黨政治的意識形態

依據五權憲法之宗旨，國家的政策法案，須經民意機關的通過，始由行政機關來落實，但長期朝野的對立及多黨意識衝突與民粹操弄已「泛政治化」，形成社會衝突的最大因由，其摒棄了民衆的託付及政務的正向發展與溝通協商之機制，致產生選民的政治冷感。

四、主流文化的虛假詭辯

在此社會中將多數人所接受、認同、倡導、參與及傳承的文化視爲主流文化，已形成核心價値錯亂、違反基本社會認知的邏輯規律，並做出似是而非的混淆論點之虛假詭辯的推理。

參、現化社會至後現代社會的衝突管理

此轉變階段應注意之衝突管理如下：

一、悲天憫人關切情懷

個體從著重物質生計轉型至後物質的精神層次，其心智的調整和認知的改變，都必須再予品格教育並置入道德宣導、以理性共利的柔軟心態、謀求社會多數公平正義的福祉良策等悲天憫人關切情懷，都是此階段急於管理的要點。

二、第三部門發揮大愛

在公部門（第一部門）依法行政欠缺彈性達變，私部門（第二部門）以盈利爲目的，欠缺對公益性熱心付出的前提下，其政府失靈與市場失靈的空間，正需要公益性的社會組織（第三部門）來彌補因過度經濟建設造成生態浩劫及人類災難。其中許多跨國際性公益組織提供多元社會公共服務，對於撫慰人心、人道關懷及安定社會，具有舉足輕重之顯著地位。

三、精益求精創造品牌

在經濟已開發下，生活物質條件充裕富足，但爲延續在地產品的生命週

期、因應市場變幻莫測及消費者的需求，更應精益求精，研製其品質細緻、特殊、優越之處，獨創品牌揚名於國際，方能立於不敗之地。

四、倫理道德填補疏離

「遠親不如近鄰」、「天涯若比鄰」、「出外靠朋友」等諺語在形容彼此除了家人外尚有朋友可依靠，可是在競技和開拓快速的轉型社會中，人際間只剩下猜忌和懷疑，及爲追求目的不擇手段之明爭暗鬥。唯有依賴中國五千年孔孟歷史傳統文化之誠信、忠孝、仁義之道德規範，來修護疏離的人際關係並營造信任和依賴的群體社會化。

肆、案例—台灣大埔事件

政府常以強化經濟發展及充實財政稅收，和提高社會福祉與擴開公共建設之理由來採取「公用徵收」之手段而處理民眾的土地，發生原屬私有人民財產權被侵犯情形之抗議事件屢見不鮮。

在苗栗大埔事件中，力阻不當的土地徵收制度之公民團體與自救會，受到國內外的聲援及媒體報導與輿論批判，激起決策階層針對土地所有及徵收尺度之策略對應籌碼的變化。

一、前言

大埔事件（亦稱大埔毀田、大埔圈地、大埔爭議、大埔案），是一起發生在苗栗縣竹南鎮大埔里居民反對政府區段徵收與強制拆除房屋的抗爭事件（大埔事件，2014）

苗栗縣政府爲解決原新竹科學園區竹南基地專用區已達飽和狀態，顧及整體都市規劃發展，並獲內政部2004年1月7日核准新訂擴大都市計畫並規定以區段徵收方式來開發竹科竹南基地及其周邊土地進行整體規劃，期以涵養環境公共設施的能量及創造高科技產業的生機和整合產業型態的殊異質別，以及群聚白領階層社區完善生活機能的提升。

故2010年苗栗縣政府爲執行「新竹科學園區竹南基地暨周邊地區特定區」都市計畫案，徵求98%地主同意即進行整地工程，但對未同意者逕行以怪手剷除被強制徵收的農地上將收成的稻田直接執行整地工作，而影響民衆賴以爲生的經濟基礎，更激起各界及自救會一連串爭議，且延續至今仍餘波盪漾。

二、衝突的事由

大埔事件從2009年演變至今，以兩階段形容，第一階段是2010年的20幾戶農民農地強制徵收爭議，第二階段是2013年4戶處於交通用地強制拆除爭議。

（一）規章訂定難符民意

2000年頒布之土地徵收條例，已不符合社會發展階段之民性的質變與需求，抵價地以公告現值僅市價的四成徵收，而換地是100%農地僅換回20%的建地且不適合耕作的土地；苗栗縣府依現行土地徵收條例之規定，對未繳土地權狀而希望留下務農之民衆，認爲已經依法將補償金提存到未交權狀的地主帳戶，故已完成徵收程序而縣府有權來處理，導致認知差異。

摘錄自蘋果日報內政部土徵審議小組4位委員的公開信（2013），在土地徵收條例中受到質疑處，如僅明定於申請徵收前，由需用土地人自行評估，徵收程序中，卻未設被徵收土地所有權人或利害關係人之參與機制；司法院釋字第709號解釋宣告：都市更新事業計畫之審議過程，因欠缺聽證程序而違憲。而區段徵收影響範圍更大，在法條中卻欠缺徵收審議過程應舉行聽證或公聽會的機制。

故籲內政部及行政院承諾再修土地徵收條例，避免炒地皮之嫌疑。

（二）傷害稻穗影響經濟

區段徵收範圍內爲遂其強制執行之力道與績效，而無睹農民賴以收成的稻穀和養家活口的經濟來源，民眾強烈抗爭的訴求，遭縣府冷漠以對，民眾亦不同意劃地還農的解決方案，期能原屋原地繼續耕種，維持生計，以免工作權無保障而迫於停止農作且無力轉業。

（三）政策行銷失當偏頗

縣政府以整合竹科、竹南基地擴建所需用地需求，利用於科學園區，期以創造優質產業與生活環境爲訴求，作爲區段徵收的主軸。但國科會澄清稿釋明：科學園區是苗栗縣府行爲與其無關。縣政府辦理說明會無法引起民眾共鳴，所規劃住所地點不佳，爲較不宜人居之地段，徵收動機疑點甚多，政策行銷被質疑之處不少，有假借公共利益之名、行炒作土地之實的猜疑，因此產生衝突。

（四）組織職掌疊床架屋

苗栗縣政府強行徵收竹南大埔農地，引發農民強烈反彈，行政院長吳敦義宣布將「劃地還農」，大埔農民不領情，仍堅持「原地原屋」、反對換地（范正祥等，2010）。

苗栗縣長劉政鴻說，大埔區段徵收開發，屬縣政府職權，與副總統吳敦義、內政部無關，「我自己該扛的責任會來扛」（中央廣播電台，2013）。

新聞報導有關大埔用地區段徵收案，常有人將之誤稱爲「新竹科學園區竹南基地擴建案」，國科會澄清如下：該地雖鄰近竹科管理局所轄竹南科學園區，但並非竹南科學園區範圍，亦非竹科管理局所開發，實爲苗栗縣政府之開發計畫，與科學園區無涉，本會亦無將大埔納爲竹南科學園區擴廠之規劃（行政院國家科學委員會，2013）。

大埔事件激發出政府機關組織職權劃撥難分的現象，易使民眾認知及申訴對象混淆，無法即時獲得回應而降低民怨的滋長。

三、衝突管理的策略

（一）溝通層級直達天聽

大埔事件自2009年至2013年約5年時間，其縣府動用公權力執行區段徵收案，引發官逼民反，以死諫言之激憤手段，在犧牲掉人命後，更惹起最高層級矚目，在民衆於地方政府求助無門後，只能向中央吶喊並祈求行政、立法、司法給予公平正義之溝通管道與水準。

（二）監察御史事實判斷

在大埔事件中，監察體制居於最後仲裁之責，並能以確保人權，鞏固民主法治下，從事司法旁徵博引的偵辦事務，力求判斷爲符合事實眞相及民衆需求。

2012/11/8最高行政法院101年度判字第953號判決書指出，內政部土地徵收審議委員會第210次會議初審意見表及會議紀錄，未落實就各該徵收案件之具體情形，核實審議需用土地人於申請徵收前，已否確實踐行協議價購之程序？該土地徵收案件之徵收範圍是否爲其事業所必需？是否就損失最少之地方爲之？興辦事業所造成之損害與欲達成目的之利益有無顯失均衡？審議程序，即難謂適法，「因本件尚有如上事實未明，本院無從據以判決」，將原判決廢棄，發交原審法院（臺中高等行政法院）重爲審理（大埔事件，2014）。

2013/7/25大埔自救會4戶不服臺北高等行政法院101年度訴字第391號判決被駁回，提出上訴，經最高行政法院102年度判字第469號判決敗訴，因行政院都市計畫合乎「劃地還農」，4戶位於交通用地的部分須拆除（大埔事件，2014）。

2014/1/3張藥房等4戶和其他拆遷戶，認爲內政部區段徵收違法，提起行政訴訟要求撤銷徵收，經臺中高等行政法院判決，內政部區段徵收審議過程不合法規要求、苗栗縣府拆遷違法，張藥房等4戶勝訴，其他的原告敗訴，中央與地方政府皆放棄上訴（大埔事件，2014）。

監察院對苗栗縣府相關人員處理大埔徵地事件認爲確實有瑕疵提出糾正案，以「未依內政部都市計畫委員會決議向民眾充分溝通協調，亦未從優從寬補償，威逼地主配合賤價徵收，損害人民生存權、工作權及財產權」爲由，通過糾正案。

（三）傾聽民意修法闢規

土地徵收條例於2000年2月2日公布施行，但在2010年因苗栗大埔科學園區案激辯下，已難以爲繼時勢潮流所需，故內政部傾聽民意修法闢規邀集專家學者及中央及地方政府進行修正事宜。

土地徵收條例修正案於2011年12月13日經立法院三讀通過，於2012年1月4日修正公布實施，修正內容重點爲需用土地人興辦事業徵收土地時，應依社會、經濟、文化及生態、永續發展等因素評估興辦事業之公益性及必要性；被徵收之土地應按照徵收當期由直轄市、縣（市）主管機關提交地價評議委員會評定之市價補償其地價；徵收公告一年前有居住事實之低收入戶或中低收入戶人口經查訪屬實者應訂定安置住宅、購置住宅貸款利息補貼、租金補貼等安置計畫。

（四）專家媒體針砭時宜

刊登聯合報2010年4月20日，地政及不動產學界建言「土地徵收公共利益誰衡量」，我國土地徵收制度有嚴重缺失，屢屢引發民怨及社會抗爭，亟需政府及社會各界關注，趕快改正，以臻人民權益之保障及社會祥和（民意論壇，2010）。

台灣農村陣線發言人蔡培慧解釋，浮濫的土地徵收，造成中央與地方政府不思解決財政問題，只靠賣人民祖產坐吃山空。從政府、財團到個人皆沉迷於土地投機，不思實業生產，台灣發展的未來何在？（王思涵，2013/8/19）。

2012年1月修正《土地徵收條例》已規定主管機關內政部收受徵收申請後，「視實際需要」得會同利害關係人進行現場勘查。但修法以來，主管機關完全認爲「不需要」，致規定形同具文。徵收小組委員審議案件時，不知被徵收土地所有權人等之看法，也不知實地情況，如何能僅憑需用土地人單方意見，即憑空判斷徵收具有公益性及必要性而核准？（蘋果日報，2013年08月20日）。

地政系教授、台灣農村陣線理事長徐世榮希望在制定公共政策時經濟發展和基本人權同時兼顧且應該融入更多不同的價值選擇及多元主張，才叫公共利益（鄒景雯，2013/9/2）。

四、小結

孫文遺訓．建國方略中，何謂革命之建設？革命之建設者，非常之建設也，亦速成之建設也。夫建設固有尋常者，即隨社會趨勢之自然，因勢利導而爲之，此異乎革命之建設者也。惟民國開創以來，既經非常之破壞，而無非常之建設以繼之。此所以禍亂相尋，江流日下，武人專橫，政客搗亂，而無法收拾也。

依此方略言，要有非常的破壞才有非常的建設，我們不禁問？大埔事件中破壞了什麼？建設了什麼？破壞了利害當事者三餐賴以裹腹的糧食、奠基多元發展自存共惠社會的穩固秩序和對政府的信賴保護原則，但建設了公共事務以公民社會運動爭取不符社會公平正義的公民治理模式，更蓄積社會資本的能量與廣度。

伍、案例─台灣食安事件

國父孫中山先生在建國大綱內認爲「建設之首要在民生」，而在民生主義部分首重民生問題的解決，即是食、衣、住、行四大需要。政府當與人民協力，共謀農業之發展以足民食，共謀織造之發展以裕民衣，建築大計畫之各式屋舍以樂民居，修治道路及運河以利民行。

但在現代社會中食衣住行育樂，每日充斥著光怪陸離的食品危機中，雖是民以食爲天而食以衛生爲主，但種種報導的民生問題，已被不肖廠商以賣相漂亮、降低成本、盈利高漲爲由，毫不受道德良心譴責，滲入工業用化學物品，致犧牲掉民眾的健康。

食品衛生管理法罰則輕處不足以抑制奸商的機關算計，而防不勝防之經濟民生問題，皆讓消費者「病從口入」，造成身體機能難以排除，日積月累的毒素使病患求診量增，造成醫療健保資源的嚴重耗竭。

如何讓民眾「食在安心」的食品管理，政府要與民眾通力合作而應重新思慮，是公部門應切合建國大綱內新的公共價值。

以下用パン達人及大統沙拉油爲例。

一、前言

パン達人（胖達人）是一家連鎖麵包店，2010年12月開幕，成立不到兩年就在港台及中國大陸有多家分店及據點。該店常利用藝人名人代言廣告且標榜「天然、無添加防腐劑、無人工香料、健康養生」，並主攻高價市場而生意絡繹不絕。2013年8月17日，經檢舉後衛生局稽查發現9項人工香料及外購酵母中含乳化劑。針對其「『使用天然食材製造的香料（香精）』及不添加使用「化學製造的人工香精」』等不實廣告詞句，已查證屬實，連自製的「天然酵母」也拿不出天然證明或製作到發酵連續9天的品管紀錄（ETtoday 新聞雲，2013）。該公司先前聲明使用天然食材製造不符，涉及廣告不實，故依食品衛生管理法罰則20萬元，並要求業者對消費者3倍懲罰性賠償。俟後引起顧客不信任的心理矛盾以退費及拒買手段來抵制廣告不眞。其後遺症致業績嚴重受創，胖達人因此走進歷史。

大統油品造假事件係2013年10月16日大統長基公司的食用油、沙茶醬及相關產品也爆出假造事件。標榜特級橄欖油100%西班牙進口，卻摻入低成本葵花油、棉籽油及有害身體健康的銅葉綠素等，以牟取暴利，彰化地檢署依違反《食品衛生管理法》及涉及《刑法》詐欺取財等罪嫌起訴廠商。彰化縣政府依據行政院衛生福利部十月廿六日決議，開出重罰大統長基公司十八．五億元的裁處書（吳爲恭等，2013）。因油品事關全國民眾食品安全至鉅，且緊繫民生經濟詐欺因由，處理管控與賠償訴訟等問題廣爲大眾關注，更推翻了消費者對大統多年來之食用信賴原則，致其信用毀於一旦。

二、衝突的事由

（一）廣告不實矇騙顧客

麵包及食用油等日常民眾溫飽之食物，誇大的置入性行銷廣告技倆，已左右民眾的購買動態及心理認知成效，導致認知盲從、事實判斷失眞而喪失探勘品質良窳的動機。在天花亂墜矇騙顧客的情境下，致商譽毀謗跌落萬丈深淵。

（二）名流代言誤導視聽

食品廣告廠商都喜歡找演藝名流來宣傳，更是吸金的萬靈丹。透過傳播媒體之遠送，其能見度顯著且影響力深鉅並負有社會教育功能，但若查證敷衍、宣導偏頗，致誤導消費者的選擇，其傷害範圍既廣又大。

（三）廠商吊詭表裡不一

欺騙訛詐是不實廠商最佳寫照，股東間以盈利爲目的，枉卻了顧客的健康消費權利。因與其利益相糾葛，表面言行上的仁義道德而實際上執行不仁不義的市場供需運作法則。表裡不一之價值認知，是企業賺錢的不二法門行爲最高準則。

（四）GMP認證信賴崩潰

後物質時代講究有機養生天然飲食哲學，是消費者爲維護身體健康的保養手段，由經濟部工業局主導之GMP（優良製造標準）認證標章，產生內部控管嚴重疏失，而任由廠商以化學工業原料添加物，造成薄利多銷的不良食品之競爭型態，在長期使用卑劣食品下，殘害國民健康使亮起紅燈，以致病態彌漫，並對政府行政效率產生信任崩盤。

三、衝突管理的策略

（一）修訂食品衛生法規

立法院於2014年1月28日舉行臨時會，三讀通過《食品衛生管理法》部分條文修正，更名爲《食品安全衛生管理法》，修改重點如新增基因改造食品的用詞定義、新增由中央主管機關公告食品業者衛生管理檢驗相關事項、並召集食品安全、營養學、醫學、毒理、風險管理、農業、法律、人文社會領域相關具有專精學者組成之成立諮議會、加強食品標示及廣告及輸入查核及管制管理注意事項、增加罰款金額上限等。

（二）吹哨者窩裡反條款

摘錄及整理自林倖妃等（2013），台灣食品形象經一連串食安管理漏洞而重創，民意潮流建請修改《食品衛生管理法》明訂窩裡反條款，鼓勵上下游廠商及內部員工檢舉增加「吹哨者」（whistleblower）保護機制，並提撥罰鍰的五％作爲獎金，國際上，已有美國、英國、澳洲、印度等超過十國，針對吹哨者給予立法保護，提供舉發的管道協助弊案調查的機制，藉助衆人之監督對食品製造共犯結構形成牽絆稽核的功效。

並於103.02.05修正公布「食品安全衛生管理法」，中央主管機關爲保障食品安全事件消費者之權益，得設立食品安全保護基金，並得委託其他機關（構）、法人或團體辦理，其基金用途三、補助其他有關促進食品安全及消費者訴訟協助相關費用。中央主管機關應設置基金運用管理監督小組，由學者專家、消保團體、社會公正人士組成，監督補助業務。

（三）檢驗方法與時俱進

唯有與時俱進之公部門，才能遊刃有餘處理奸商絞盡腦汁及日益求精製造黑心食品之犯罪功力，提高檢驗人員敏銳度及專業知識涵養能力、更新添購測試之醫療器材、研習國內外先進檢驗技術和方法、加強國際溝通協調及訊息互動即時性。

（四）強化GMP認證績效

目前台灣政府以世界衛生組織的促進食品安全的指導原則來將GMP制度（良好作業規範）、HACCP（危害分析重要管制點）為主要食品安全的治理模式並納入政府規範（劉麗雲，2011）。

要強化及發揮GMP食品認證制度，其組成委員會應由公正人士、具有特殊專長的專家學者及消費者共同參與評審，從嚴考核與實地稽察自製造商、批發商、零售商的源頭，管制關卡更應參照產品履歷流程，期以市場經濟物流供需有跡可循，拾回GMP（Good Manufacturing Practice）微笑標誌，所代表的「安全、衛生、品質、純正與誠實」的自主性管理制度。

四、小結

世界衛生組織的宗旨，是使全世界人民獲得盡可能高水平的健康，該組織給健康下的定義為「身體，精神及社會生活中的完美狀態」（世界衛生組織）。

維繫健康之五穀雜糧，因為驚悚的食安危機，已違背世界衛生組織的宗旨。造成民眾身體損壞及精神折磨，造成社會人心惶惶不可終日之氛圍，更激起婦女同胞廚房革命並重新檢視柴米油鹽醬醋茶之來源。在政府失職、法制緩不濟急、市場失靈及廠商唯利是圖下，民眾唯有量力而為之，自力救濟於開心農場等運作，企盼三餐溫飽的健康與衛生。

第五節　後現代社會的衝突管理

隨著時代變遷，昔日所信奉的客觀眞理不再成爲唯一的判準，「後」現代以超越或遠離對現代文化認同之姿興起，由解構主義所主導的「去中心化」方案解放了多元的可能性，於是，變動與多元成了後現代社會的文化特徵（周學信，2003）。

此節重點論述後現代社會的特性、衝突及從PAM及SDM觀點簡述衝突管理，並從案例中台灣反貪腐紅杉軍及洪仲丘事件中，可比較公民運動因社會發展粹鍊而引展出殊異之結果。

壹、後現代社會的特性

後現代社會的主要特徵，即是個體群體得以兼顧連結，以西方觀點與現實發展而言，北歐國家多已進入此發展階段，其具備文明程度較高、各方均衡和諧、自我約制相互尊重，適足以建構如歐盟般的前瞻共謀體制。

後現代性的特徵爲政治的民主化、經濟的自由化與靈活性、社會的開放化、價値的多元化、科技的資訊化、文化的融合、國際觀的全球化、確定性的消失、組織方式和管理方式的流動性、無邊際的自我、高科技模擬世界、時空的濃縮等方面（隨意窩Xuite日誌，2006）。

學者認爲高度現代化走向後現代的關鍵因子是「傳媒變革」，而美國後現代學者詹明信就提出因傳媒特質的後現代的特徵：「平面感（深度模式削平），斷裂感（歷史意識消失），零散化（主體的消失），複製（距離感消失）」（陳韻琳）。

1960年後新事物產生，如電腦軟硬體的再度發展（晶元、人工智慧、自動化科技、網際網路）、光電科技的突破（光纖、通訊科技）、生命科技的突破（人類染色體基因解碼、複製羊），而逐漸形成「新」的社會組織規則，就稱爲後現代社會。有一些後現代的研究者，提出以下約略的描述：1.後現代社會就是後工業社會；2.後現代社會是知識經濟的社會（但，不得不允許多元經濟、外勞乃至雙元經濟存在）；3.後現代社會是資訊革命後的社會；4.後現代社會有「新的」物質觀與行銷通路（所謂差異消費、所謂全球化與地方化並存的行銷）；5.後現代社會有「新的」文化觀（所謂意識形態消費、所謂文化是最後的權力據點）（蔡子遊，2001）。

哈山（I · Hassan） 根據後現代的內涵，爲後現代現象解析並整理出下列的特徵（高義展，1998；古重仁）：

一、不確定性：後現代主義並不確定做何事物，一切事物都是相對的，各種不確定性參透人的行爲、思想及解釋之中，從而建構人類社會。

二、分裂性：分裂性是不確定性的來源，後現代主義相信斷裂的碎片，對於任何形式的總體結合，均持反對攻擊的立場。

三、非神聖化：後現代主義者認爲非神聖化適用於一切教規法典、法律條文、乃至權威結構體制。其目的在使文化非神聖化、知識非神聖化以及使權力、淫慾、欺騙的語言解體。

四、無自我性、無深度性：後現代主義者顛覆傳統的自我，使自我成爲一個既無內容，亦無外表的虛假平面。

五、不可呈現性、不可表象性：後現代學者經常追求一種極限狀態，以各種沉默的形式，進行自我顛覆，並以自我消亡爲榮。

六、反諷：後現代主義的反諷，亦可稱透視主義，具有不確定性、可求明晰、一種缺席的光明，此種特徵說明心靈追求眞理地再創造，而反諷的是，心靈要追求眞理，眞理卻總是逃避。

七、雜交：後現代主義透過現在與非現在、同一與他者的辨證互動歷程，使連續性與斷裂性、高級文化與低級文化混雜交錯在一起，呈現多元融合的景象。

八、狂歡性：後現代主義的狂歡性格包含了上述七項特徵，此乃意味著複調技法、語言的離心力、事物狂歡的相對性、透視主義、喧鬧的生活、荒誕的精神、嘻笑、顛覆等反系統的特殊邏輯。

九、表演性、參與性：無論是語言與非語言的，後現代均強調表演的及參與的特性，要求寫定、修改、回答及表演。

十、建構主義：後現代主義具有強烈的想像性和非現實主義色彩，並以此虛構的本質來建構現實。其主張世界應從一個獨特固定的眞理，邁向百花齊放、百家爭鳴、不斷形塑的多元世界。

十一、內在性：後現代主義的內在性，係指心靈通過符號，概括自身的能力，語言依據其自身建構邏輯，將宇宙重建爲符號，亦即把自然轉變成文化，把文化轉變成具有內在性符號系統。

筆者認爲，後現代社會是天人合一的社會，認爲自然界的宇宙萬象是不可捉摸，講究的是融洽自然之連結，儘量修護人與自然的關係上，呈現出偏向共存共榮的特色。「人與天地萬物爲一體」、「盡心知性以知天」的觀念，人與自然的和諧關係也擴展到社會人群上，成爲人際關係的基礎，注重自我修養「自省、自反」的社會特色是後現代社會維持大體安定的原因。

貳、後現代社會的特性—SDM

以SDM的三個面向：

一、後現代社會的條件面

在自然條件上，爲注重環保生態的維護而講求永續經營的環境，能夠考量資源合理運用的承載度，並利用科技充分開發替代能源；在社會條件上，體制監督明確規範，內化自我約束及尊重歧異之人際互信互諒之互動；實質條件下，爲因應多數個體不同需求而產出多樣多元化之商品。

二、後現代社會的本質面

在事實判斷上，個體從易於擷取且可考證之資訊數據中，獲得其客觀之量度，利便於獨立思考的理性思維；價值判斷上，個體能夠自動自發且表裡如一，以共利著想且能以多元觀點來發表自由的言論，並包容尊重不同的認知；人際判斷上，個體、群體已可以兼顧融合。

三、後現代社會的現象面

在經濟上，著重於高科技及服務文創爲主的產業來提升知識文化的經營趨向；在社會上，因教育知識多元，屬於功能分工，導引菁英主導大衆的公共事務；在政治上，意識型態自由，定位代議政治的互往，以切合認知來動員，而政治生態因兩黨的制衡而趨於平衡；在政府上，以公民導向爲主之服務型施政，防弊與興利自然兼顧且法治人治齊頭並進；在政策制定上，以公共論壇的建立對話平台，力求民衆批判多元和政策參與，化阻力爲助力；在管理上，創造符合民衆最大利益之公共價值（VCS），並利用任務分工職責，確立主動預應解決的民衆需求。

參、後現代社會的衝突

社會學者亦指出，高科技化地「複製與模擬眞實」下的傳媒，加上其他高度現代化因素，會使社會由現代過渡到後現代，其特徵是「思考平面化」、「思考斷裂化」、「缺乏意義感歷史感」、「歇斯底里的崇高感」與「表面興奮的發亮感」、「主體消失」、「零碎無法自我統一」、「沒有自我」。每一特徵，都牽涉到後現代社會下個人的「思維與行爲」，就好比「斷裂感」，是一種「非連續性的時間觀，在後現代人的頭腦中，只有純粹和孤立與永久的現在，過去和未來的時間觀念已完全消失。」（陳韻琳）。

後現代社會的衝突元素，已詭譎多變且捉摸不定了，e化環境下鋪天蓋地之知識及資訊捲入且傳媒的普及，故漩渦蔓蔓日茂且難以置若罔聞。國際人口世界村的經緯串聯，自我無所適從的認知膨脹，眞實與虛擬的交錯夢囈，致造成科技詐騙手段日新月異的全面啓動中，其影響之層面更是無一倖免。

肆、後現代社會的衝突管理—PAM.SDM

在後現代社會下產生之衝突分析如下：

一、衝突的事由

食衣住行的過度豐沛，形成飽暖思淫慾之奢靡行爲及不重視天人合一的禁忌，自由的過度揮霍，平等淪爲選舉口號與人權形成政爭的工具等造成街頭抗議事因。人性的善良與人道的關懷在此光怪陸離和人心叵測的時代中，已煙消雲散，致文明病態叢生民眾無法安頓、安定、安心，多元社會中包容歧見及族群和諧，共謀議事之公民治理能力不足。

二、衝突管理的策略

（一）關懷關切成就公共事務

後現代社會注重關懷人本義道，而公共事務之策訂若能夠抱著「先天下之樂而樂、後天下之憂而憂」的悲天憫人及愛民如子之博施濟眾的情節，則必能擁戴民眾、感動人心、激起共鳴而群起，以善氛圍共謀家園之康樂而實踐大同。

（二）跨域觀點厚植決策寬度

「全球式的跨域治理」的觀點已不知不覺中改變個體及政府之決策思考脈絡，在地全球化的思考模式，已顛覆了自掃門前雪的本我邏輯概念，知悉每日撲面而來之國際事務變動訊息浪潮，是跨域治理線索必須納入的蛛絲馬跡以及決策制訂之重點，以高瞻遠矚宏觀的視野格局，厚植決策寬度來彈奏應變「蝴蝶效應」之撞擊。

（三）公民社群質變蓄積存量

普羅大衆的現象面，是來自人民的自發行爲。培養公民成爲獨立多元的觀點及理性論辯的能力和尊重民主多數福利的態度，致社會群體和諧理事之認知的公民社群，其蓄積正面存量是指日可待的。

伍、案例—台灣反貪腐紅衫軍

2006年9月的紅衫軍運動，是臺灣民主發展史上，相當令人矚目的群衆運動。此運動自2006年8月10日，施明德宣佈發起「百萬人倒扁運動」，至2007年10月30日，反貪腐總部宣布將承諾金全數捐出爲止，歷時約爲一年。期間共歷經四波高潮，分別爲：2006年9月9日的「納斯卡線」、9月15日的「螢光圍城」、9月29日至10月7日「遍地和平開花」環島倒扁行動，及10月10日的「天下圍攻」。這場運動對當時的政局造成極大的震撼，而其所提出「反貪腐」、「超越藍綠對立」、「重構核心價値」等訴求，更對日後臺灣的政治及市民社會發展帶來深刻的影響（吳思宜，2008）。

一、前言

百萬人民反貪倒扁運動（或稱反貪腐倒扁運動、紅衫軍運動、九九運動），因陳水扁總統發生一妻，二祕，三師，四親家，五總管、六顧問、七貴婦等諸多案件，如炒股內線交易、司法關說黃牛、四大金控合併案、財產申報不實、洗錢案、南港世貿展覽館弊案、龍潭購地弊案、高雄捷運外勞弊案、太平洋SOGO禮券並介入該公司經營權之爭以及國務機要費到海外洗錢弊案等，諸多貪污事證激起社會公憤，而由施明德登高一呼，即組成「百萬人民反貪倒扁運動總部」並發芽，「百萬人民倒扁運動承諾金帳戶」接受匯款，從此展開一連串環島遍地開花之紅衫軍大遊行，其訴求要求陳水扁下台及修改相關法規之抗議事件。

二、衝突的事由

（一）貪腐事項層出不窮

貪腐集團利用政府部門的資源公器私用，作爲生財工具且官商勾結買賣官位，更搬移巨款至海外私人帳目，雖然「政策的錯誤比貪污更可怕」，但「貪婪的無度確無限的可惡」無底洞的渴望，變相竭盡各種可能，故形成惡性循環而罔顧百姓的福利社稷，動搖國本民生。

（二）總統罷免案不成立

2006年6月，國民黨與親民黨等人，以「財政崩盤」、「毀憲亂法」爲由，提出「對陳水扁總統提出罷免案」，但未超過立法委員同意之三分之二法定門檻，該總統罷免案不成立，因此依法無法再舉行罷免總統之公民投票（立法院，2006）。

（三）鞏固禮義廉恥核心

貪腐集團給予似是而非夢幻式合理化之解釋，灌輸現今貪婪情由是歷史共業、對付不公不義之正當掠取手段。此舉推翻了中華民族五千年道德倫理文化的價值系統，更激起婦女教育下一代四書五經的金科玉律之憂患意識，故攜兒帶女至現場靜坐，以身教公民運動之臨床課程並驗證倫理道德的眞諦，因其扭曲的核心價值無以形成教育之根基。

（四）要求明訂體制規範

倒扁運動不是只有拉阿扁下台，推動反貪腐立法方面的訴求，如修訂貪污治罪條例增訂「財產來源不明罪」、修訂公職人員財產申報法並擴大財產申報範圍到二等親並提高罰則並可溯及既往、公務人員服務法等法案，這才是反貪腐運動最大宗旨。

（五）媒體名嘴推波助瀾

倒扁活動期間，各家電子媒體24小時反覆播送反貪腐靜坐，整個社會「非藍即綠」，變得空前對立，但媒體分際難以掌控、主播者的意識型態、多元觀點與價值迥異，另衍生形成媒體互不相讓，批駁論斷而對活動產生推波助瀾的效果。

（六）募款帳目衝突亂源

百萬人民倒扁運動募得約1億多元承諾金，由於欠缺會計師簽證及帳務流程沒交代清楚，而引起社會大衆、政府和第三部門對於款項情勢產生質疑，致衍生另一波衝突。

三、衝突管理的策略

（一）體制內改革

倒扁總部從事體制內改革規劃三個方向，包括： 1.施明德主動深入校園與青年學子談民主； 2.推動反貪腐法案；3.連署罷免綠營立委（政治中心，2006）。

（二）傳媒的力量

在社會運動中，透過傳媒的整理及現場轉播，憾動國際民生及關懷參與之民族情愫，故具有無遠弗屆的渲染力。

依據報紙的報導量，將反貪腐倒扁運動的議題生命週期分為四個階段：1.醞釀期（2006年8月7日～9月8日），其訴求與策略：施明德發起「百萬人民百元捐款」，確定「拒絕暴力、超越藍綠」的運動基調，訴求從「倒扁」擴充為「反貪腐」、總部發起寄信給司法施壓的活動。2.流傳與擴大期（2006年9月9日～9月14日），其訴求與策略：總部發起「99凱道靜坐」、提出罷工行動的想法、力促政治協商、與「愛與非暴力」的運動基調。3.關鍵期（2006年

9月15日～10月10日），其訴求與策略：總部發起「915圍城」、重建核心價值、政治協商與政治承諾、總部發起「遍地和平開花」、總部發想罷工與提倡罷免反罷免綠委、總部發起「天下圍攻」。4.衰退期（2006年10月11日～2007年10月），其訴求與策略：總部爲「天下圍攻」後紅衫軍遭驅離之事件道歉、總部宣布紅衫軍回家休息、轉向反貪腐修法、國務機要費起訴後號召群衆「紅螞蟻出洞」、呼籲馬英九爲特別費案辭去市長職務、施明德宣布自囚、2007年再次發起二次倒扁（陳威良，2007）。

（三）推動陽光四法

1. 中國國民黨新聞稿

中國國民黨爲防範貪贓枉法，認爲應儘速推動陽光四法是反貪的當務之急，「政黨法」爲訴求「開大門、迎陽光」，爲健全政黨活動、人員、資源之運用，應受合理規範與保障。明定禁止政黨經營或投資營利事業非法取得之黨產，應返還予原權利人或機關團體等。「遊說法」爲訴求「立制度、防弊端」，讓各種團體向政府機關進行遊說活動時，皆有制度化可循，爲禁止不當的利益輸送弊端，明定民意代表及公職人員離職後遊說條款。「政治獻金法」爲訴求「透明化、懲違法」，爲提升政治人物素質和操守，增加政黨及擬參選人接受政治獻金額度，及禁止非選舉期間，假借政治獻金之名行官商勾結賄賂之實，落實政治人物之廉潔與清明政治目的之實現。「公職人員財產申報法」爲訴求「嚴申報、防規避」，讓公務員受到嚴格規範，爰擴大申報對象、標的物的範圍，申報不實者大幅提高其罰鍰，以期透過監控公職人員財產的變動，期發揮預防貪腐之嚇阻效果（中國國民黨，2006）。

2. 政府的作為

從全國法規資料庫網站查知，「遊說法」於中華民國96年8月8日總統華總一義字第 09600101841 號令制定公布全文 31 條；「政治獻金法」於中華民國97年8月13日總統華總一義字第 09700153221號令修正公布全文36條；「公職人員財產申報法」於中華民國97年1月9日總統華總一義字第09700002341號令修正公布；「貪污治罪條例」於中華民國98年4月22日總統華總一義字第09800097661號令修正公布第 6、10條條文；並增訂第 6-1條條文爲檢察官於偵查中，發現公務員本人及其配偶、未成年子女等之涉嫌犯罪罰則。

四、小結

反貪倒扁運動歷經1年所倡導的精神是反貪腐，以道德爲前提的政治運動。雖然陳水扁仍是在總統任期到職而下任，但民主運動的強烈訴求，震動山岳撩撥民心，亦重新洗刷以前每次政治活動，都必須黨派遊覽車動員，給予跑路工之被動現象，訓練公民有愼思明辯之能力來自主參與民主活動，而累積解決公共事務議題之流量。

陸、案例—台灣洪仲丘事件

新聞台及各大媒體版面強力放送陸軍下士洪仲丘枉死事件，司法雖在積極審判過程中，但無符民衆催討眞相之義憤塡膺的情懷，而由平均年齡不到30歲的年輕人，聚集超過25萬人的集會組成新公民運動，摒除不同黨派之意識型態，共謀合情理之交代。透過網路來串聯公民的力量，加上電視台每日不斷更新的報導，引起國際各國媒體的注目，強大的壓力讓主政者得正視此抗議事件，亦創下行政、立法、司法三權分而立再合爲一的通力合作之公共事務案例，讓軍法審判走入歷史，讓民主改革注入了活水，公民得到勝利的果實。

一、前言

預定於2013年7月6日退伍之陸軍下士洪仲丘，退伍前參加542旅離營座談會中，針對他所服役的旅部連上士管理問題發言，而內容遭到外洩，造成營內人士不滿。俟後並假借其攜帶有照相功能手機及MP3隨身碟，認爲其違反軍隊資訊安全保密規定而對其施以關禁閉的處罰。在懲罰過程中，利用關係加速體檢流程、無視關禁閉並非士官法定處罰種類、略過告知患有幽閉空間恐懼症及室外溫度超過紅旗警戒等的合法性，致洪仲丘因269旅的禁閉單位對其施以不當強力操練，在2013年7月3日中暑送醫，造成橫紋肌溶解最後引發瀰散性血管內凝血DIC，分離出鉀離子，造成細胞及肌肉的破壞、熱衰竭而亡。

二、衝突的事由

（一）軍事審判管轄權

洪仲丘家屬無法信服軍事檢察署於7月31日的偵結結果，4名被告全部交保並無法提出禁閉室16支監視器之畫面，因此對於軍事檢察署雖具有對軍人的專屬管轄權，但官官相護之文化引發社會高度關注軍中人權之議題。

（二）新公民社會運動

因洪仲丘案軍法檢察黑箱作業，公民1985行動聯盟於2013年8月3日號召「萬人白T凱道送仲丘」，25萬白衫軍手持「公民之眼」，要求政府全面檢討軍事審判制度並應修法，在承平時期軍法應該全面回歸司法，而引來CNN及BBC等國際媒體的注意。

（三）導引媒體的方向

政府及軍方欲利用媒體釋放不利於洪家的訊息（如1億元慰問金及入忠烈祠等）來說服高漲的民怨，但強大的民意怒火的延燒，讓媒體警覺並驅策黨派認知動員和團結。

三、衝突管理的策略

（一）啓動軍法改革

普羅大衆因洪仲丘事件質疑軍事檢察與審判機關依法同屬行政權轄下非司法權的權限，爲同享憲法保障之訴訟權，而現役軍人於國家平時犯罪及戰時犯普通刑法者，均應適用刑事訴訟法，而由司法機關追訴審判。

故立法院於102年8月6日三讀通過「國家安全法第8條修正案」及「軍事審判部分條文修正案」第1條、第34條及237條，規定未來承平時期，軍人犯罪僅戰時觸犯陸海空軍刑法及其他軍事相關法令，才會適用軍法審判，其餘由一般司法審判。軍方聲請釋憲，但大法官釋字704號指出，軍法官不具有法官的身分，故不可獨立審判。

（二）利用社群媒體

臺灣的公民1985行動聯盟是因洪仲丘事件而由民眾自動自發的集聚參與，身著白衣是要追求「真相大白」及區隔「藍綠」，故被稱「白衫軍運動」。其聯絡方式主要透過網際網路的傳媒運作，如PTT台大批踢踢實業坊和Facebook社交網站，而其組織進展活動的情形，都隨時透過電視媒體對外即時發射，激起更多圈內圈外人的同心同德的參與情懷，是台灣有史以來，最大規模公民自發的社會運動。

（三）傳承公民自治

因白衫軍運動帶領扶老攜幼的民眾，是教育民主運動的殿堂及萌芽公民理性自治之良好模式，故公民1985行動聯盟將公民運動的經驗傳承於完成2013年8月3日的25萬白衫軍活動後，將「第1次網路公民運動就上手」及運動的緣起、企劃書、經費支出及檢討報告等文件放至網站，供俟後從事公民運動者參考。

四、小結

後現代社會其實是傳媒革命的社會且居於舉足輕重的地位，資訊充塡於腦波並撼動認知及左右行動，因社群媒體的使用者可利用和產製資料等，故其興起使得資訊的轉速更加流通、力量的聚集更加倍增、影響層面如影隨形的滲透等，可載舟可覆舟，端賴使用者的心領神會。

而公共管理者必須注意時勢的變化，且重視機會及威脅的存在和解決，其所創造之公共價值應是接納各種有效的多元機制，並直接面對社會民眾的思維，產出屬於人民的政府。

第六節　結論

當代的衝突理論學家如達連德夫認為，在現代工業社會中，各社會團體間的衝突事件無可避免的，而且在衝突中更能彰顯某種積極的社會意義，所以在現代思潮裡，應該要正視社會衝突的無可避免性、接納不同意見的表達，進而形成更穩定團結的社會（隨意窩Xuite日誌）。

產業界、政府官員、專家學者、民眾、民意代表、企業、媒體、等政策當事人如缺乏公共倫理的規範，及客觀的資料或數據加以衡量，將因本身價值觀對於地方發展目標，產生認知不同、不清、不足之衝突情況（劉陳昭玲，2008）。

在現今社會中，雖貴稱民主社會，對於多元文化變動的快速、資訊的複雜，腳步的飛揚，讓民眾已眼花撩亂、目不暇給，使政策的決定與行政過程不得不過渡倚賴專家的專業技術及知識，無形中已經限縮公共討論的空間，阻礙民眾的對話，也降低了不具專業知識的民眾，參與政策的機會與能力和意願，形成幾人會議小組，經過幾次討論，即可制定出波及成千上萬民眾的措施，也形成專家的操控，知識的壟斷（李淑聰，2008）。

如何在行政決策體制和代議政治及民眾間，提供一個公共論壇對話窗口，讓一般民眾參與政策討論的機會，而這種討論應該建立在「知情討論」、「相互辯論」、「做成結論」、「公告周知」、「而且民眾可以後續追蹤的立場」的基礎上，讓參與者和社會公眾對政策議題有清晰的了解，並透過獨立思考、多方觀點、理性論理的過程來尋求共識的立場，以供政策實施的參考（吳振宇，2009）。

公共政策學者卡門（Gerald Column）曾提出四個論點來支持公共利益的

存在：一個多元的社會中必須存在一些共同的價值觀，才能維持此社會的運作，而此共同的價值觀就是公共利益的基礎。社會成員在大眾表決時，除了支持自己的個人利益外，也會支持建構一個好社會的構想，而這動機就是公共利益的表徵。保障公共利益可減少外部成本及維持必要公共財。公共利益是維持公共政策合理性及社會正義的基礎（吳綱立，1998）。

公共利益是來自個人權益的延伸，雖無法具體量化，但民眾的幸福感可以管窺天。雖說在現代社會中，衝突已成顯學且是社會發展階段中磨鍊進展及蛻變之不可或缺的元素，當然政府及民眾亦必須因應不同階段，給予適合的衝突管理。

第三章　衝突與管理

此章分爲衝突的特性與衝突的管理兩部分論述，公共事務管理參考架構係解決個體與個體之間互動過程中，所產生矛盾行爲的衝突之管理系統性工具。

政策執行本質上是相關政策主體之間，基於利益得失的考慮進行的一種利益博弈過程，政策與利益有著密不可分的聯繫，政策執行主體的行爲從根本上受利益驅動，主體利益矛盾或衝突的客觀必然性，決定了政策執行阻滯現象發生的現實可能性，如果不對利益的本質及其與政策的關係有所了解，就很難理解人們在政策執行過程中的行爲動力，更談不上對政策執行問題進行深入探討（丁煌，2004）。

對於衝突的內容與類型，筆者除了綜納不同的學科及領域外，再加上以PAM與SJT爲主，有別各方觀點之看法，期以尋求衝突之解決。

對於衝突觀念的養成已經由消極性、破壞性扭轉爲有益必須性，而如何透過衝突管理的良益秘方，來確保衝突的激盪增進組織運作之順暢及績效、提高組織成員的向心力，這都有賴管理者的智慧及經驗。

第一節　衝突的特性

利害關係人因爲立場、主觀等評估標準態度不同，而透過語言與非語言的表達方式將歧見說出，因此容易茲生紛爭。衝突可視發展階段不一而造成整個社會結構系統內部的改變因素程度不同。衝突是人類社會中難以避免的現象，關係未必是全然競爭或破壞的，在後現代社會較易接受建設性的衝突意境，強調不應忽視衝突再促進改革的積極角色與功能。

現將依衝突的發展過程，從傳統的觀點1930年至互動的觀點，論述各專家學派針對衝突的定義、原因、類型及筆者參考其他學者及歸納PAM與SJT之衝突型態、簡述Rummel（1966）、Pondy（1967）、Robbins（1998）衝突的過程、及Thomas （1976）和Rahim （1986）和Gareth Morgan（1986）的衝突解決等。

壹、衝突的發展

社會發展階段的不同從前物質、物質、後物質的社會，民衆因生計、生活、生態的改變亦造成價値主從地位的遞變，衝突的觀念由原本認定破壞組織及人際的和諧，已改變爲如何透過衝突釐定議題的界定及促進政策的有效推展，故衝突觀點的演變由傳統、行爲、互動的循序漸進，如下：

一、傳統的觀點：盛行於1930至1940年代

認爲衝突是一種負面及有害並具破壞性的行爲，就等於暴力及強化不合理的內容。管理者的任務著重分析衝突起因，在於壓制、消除及避免衝突。但若衝突的發生導因於管理者的無能，就足以妨礙組織之正常運作，致使最佳績效受到干擾。

二、行為的觀點：盛行於1940至1970年代中期

認爲衝突是任何團體及組織中不可避免的行爲，乃是一種自然會發生的現象，既然不能避免就應該接受它，且視爲正常的行爲並合理化衝突的存在，通常將它導向對團體績效有益的方向。

三、互動的觀點：1970末期～今

是當今最流行的看法，在任何組織形態下，領導者應該維持有正向功能性

的衝突存在並鼓勵員工多方觀點、理性論辯下，以激發部屬的創造思考及組織革新的能力，應維持最小衝突水準，保持組織活力。不應因寒蟬效應而呆化，則有賴於適度衝突之存在，使效率極大化。

貳、衝突的定義

不同的學科及領域各學者對於衝突有不同的定義，例如Pondy（1967）：認爲衝突是一個過程，涵蓋了過程中所有的衝突事件與現象；Wall和Callister（1995）：衝突是一種過程，在這種過程中，一方知覺到其利益遭受到另一方的反對或負面的影響（鄭弘岳，2003）。張金鑑（1957）：「兩個以上的角色（包括個人的和團體的）或兩個及兩個以上的人格（包括自然人和法人）因意識、目標、利益的不一致，所引起的思想矛盾、語文攻訐、權力爭奪「兩個或及行爲鬥爭，謂之衝突。」；張德銳（1995）：「衝突係指個人、團體或組織間，因目標、認知、情緒和行爲之不同，而產生矛盾和對立的互動歷程。」

要更清楚的將衝突定義，則要分辨雙方的差異，如是否爲對立、價值觀的差異、感受如何、是否有接觸；不管個人的認知特殊性如何？重點是若未接觸則不形成衝突。

筆者對衝突的定義：是指兩個（含）以上相關聯的個體或群體，因互動行爲所導致不和諧的狀態。

衝突是一種情況，無論個體或群體皆處在某種認知的威脅下，而威脅可能是眞實，也可能是想像的，而目標通常與個人的欲求有關。

第一，衝突被視爲一種認知的威脅，「認知」是衝突的基礎，可能是假造的或間接的，與個體或群體的利益或目標毫無實際的牴觸，然而卻從「認知」經歷「衝突」。

第二，衝突是在人與人之間的互動中經歷的過程。

第三，人際間衝突原因分析後予以導引或解決，強化個體或群體對目標之認同，激起正向的衝突形成溝通管道，則對社會良善有極大的助益。

參、衝突的原因

衝突之發生原因是由於社會上有形、無形資源有限，議題的界定因爲利害關係人的資訊落差、智識教育不同、道德觀的迥異、目標利益糾葛、價值判斷的自我、宗教信仰差異等認知因素所致，帶來不調和甚至敵對性的互動歷程。

此外，在傳統衝突的原因，歸納多位學者的論點（Hellriegel et al ,2003；Steers and Black , 1994），分以下幾種：

1. 目標衝突（goal conflict）：當雙方對所欲達成的目標（或期望的結果）無法獲得一致性的看法時將導致衝突的發生。

2. 認知衝突（cognitive conflict）：當個人或團體持有的觀念或思維與他人或團體不同時衝突便容易產生。

3. 情感因素（affective conflict）：當個人或團體的感受或情緒（態度）彼此不相容時所導致的衝突。

4. 行爲衝突（behavioral conflict）：個人或團體一些舉止或行爲侵犯他人時，所導致的衝突。

5. 程序衝突（procedural conflict）：對於解決某種事件所採用的方法或程序，雙方各持己見所引起的衝突。

在了解衝突的定義後，我們必須了解衝突發生的背後的成因，而發生衝突的原因十分複雜，過去有許多研究者探究衝突的原因，茲列表整理如表3-1-1：

表3-1-1　衝突的原因

學者	衝突的原因
Sterm and Gorman (1969)	1.角色的不一致性。 2.資源的稀少性。 3.知覺上的差異。 4.期望上的差異。 5.決策範圍的不一致性。 6.目標的不協調性。 7.溝通的困難。
Sterm and Rosenberg (1971)	1.目標的不一致。 2.範圍的衝突。 3.知覺的差異。 4.其他事件。
Kelly (1974)	1.群體目標的不同。 2.個人之間的差異。 3.工作性質及結構的不同。
Thamhain and Wilemon (1977)	1.預估時程的不一致。 2.專案活動的優先順序認知不同。 3.專案成員來自不同的部門。 4.技術觀點的不同。 5.行政管理的程序差異。 6.成本因素。 7.人格特質的不同。
Etgar (1979)	1.態度上的來源：通路成員接收及處理有關環境因素的方式不同，而可能造成知覺差異及溝通不良。 2.結構性的衝突來源：反應組織利益上的對立。 (1)目標的不一致。 (2)自治的追求。 (3)對稀少資源的競爭。
Bowerson et al. (1980)	1.目標的不一致。 2.範圍、地位角色不一致。 3.溝通不良。 4.知覺差異。 5.觀念差異。

表3-1-1 衝突的原因（續）

學者	衝突的原因
Kolter (1994)	1.目標的不相同 2.角色與權力混淆不清。 3.認知的差異。
Barki and Hartwick (2001)	1.工作的互相依賴。 2.不贊同。 3.妨礙。 4. 負面情緒。
簡明輝（2007）	1.溝通不良。 2.結構性問題。 3.個人因素。

資料來源：陳家怜，2008。

肆、衝突的類型—各方觀點

衝突的類型各專家學者看法不一，可從衝突的功能對組織的影響、組織的衝突、衝突主體（人）的衝突、假造的或間接的衝突：

一、衝突的功能：可分為建設性、破壞性

（一）建設性衝突（Functional Conflict）

亦爲良性衝突、建設性衝突，可以避免負面情緒的高漲，因溝通增進成員認知而支持組織的目標並提高其表現與發展。

（二）破壞性衝突（Dysfunctional Conflict）

亦爲惡性衝突、不良善的衝突，會違反組織的目標並妨礙團體的表現與發展。

二、組織的衝突

（一）組織運作的衝突：可分為任務、關係、過程三種，見表3-1-2。

1. 任務衝突：對於執行的任務內容與目標之意見或觀點有歧異，表現出個人情緒上的激動或辯論。

2. 關係衝突：著重在人際之間互動關係上的衝突，是個人在情緒上的負面感受到與他人的關係，是充滿緊張不安或發生摩擦致人際間的不協調。

3. 過程衝突：衝突是成員對工作該如何被執行有不同意見，包括工作的指派、責任的歸屬及資源如何分配運用。

（二）組織結構的衝突

1. 垂直衝突：在組織架構垂直層面的上下部屬間之衝突。
2. 水平衝突：在組織層級中，同階層或跨部門的員工之衝突。
3. 斜向衝突：不相隸屬及不同層級間的衝突。

表3-1-2　組織運作的衝突

內容	影響
任務衝突	1.因為衝突適當的溝通，有助於釐清思緒的整合。 2.互動後可產生共識的產品。 3.腦力激盪助於提高決策的品質與績效。 4.可矯正少數菁英領導思慮不週之處。 5.減少「團體迷思」，引進新觀念的交流。
關係衝突	1.個體間玩諜對諜的工作，無法互信互賴。 2.群體間猜忌阻礙溝通、降低凝聚力。 3.成員的認知功能偏差，降低工作效率及生活品質。
過程衝突	1.分配工作之初，開誠佈公說明成員的特性及配置工作範圍。 2.管理者不因人而異公平論斷，嚴守對組員承諾、了解。 3.彼此可在處理執行的細節進行中互動交流，增加組織的效能。

資料來源：本研究綜合整理

4. 角色衝突：要擔任兩個以上的角色，面臨不同的職務期望與執行的錯亂而引起的衝突。

5. 實作與幕僚式衝突：業務人員負責實務操作執行，幕僚人員從事幕後的協助工作，由於各自不了解對方的工作範圍及屬性，故容易產生衝突。

6. 正式組織與非正式組織之間的衝突。

三、衝突主體（人）的衝突

Dudley Cahn（1990）將人際衝突界定為：「人與人在互動中，存在利益上的不同，或是出現相反的意見。」Bradbury和Fincham（1991）指衝突是一個人的行為干擾另一個人的行動過程。人際溝通技巧的學習重點並不在於如何避免衝突，而是如何面對與管理衝突。

衝突主體可大概分為四類：個體衝突、人際間的衝突、群體與群體間的衝突、以及個體與群體的衝突。

（一）個體衝突

指個人面對選擇進退兩難而無法作決定的困境。常見的個人衝突有三種：雙趨衝突、雙避衝突及趨避衝突。

1. 雙趨衝突（approach approach conflict）

個體被兩個目標所吸引而只可選其一。（如魚與熊掌不可兼得）

2. 雙避衝突（avoidance approach conflict）

個體對兩個目標避之唯恐不及，但仍需選其一。（如讀書與考不上）

3. 趨避衝突（approach avoidance conflict）

個體對於各目標間，具有愛恨交識的矛盾。（如食物與肥胖）

（二）人際間的衝突

人際衝突是指兩個（含）以上成員因認知、目標、利益或角色等不同而產生不協調的衝突對立狀況。

（三）群體與群體間的衝突

由兩個群體因權力、地位、規範等的不相等、不信任或是溝通不妥當而引發的衝突。例如勞方與資方爲了工資之衝突。

（四）個體與群體的衝突

個體對於群體之態度、行爲不滿而產生之衝突。例如僱員因不滿公司管理階層對其請假不准而發生衝突等。

四、假造或間接的衝突型態

表上列出若干假造或間接的衝突型態，這些型態並非衝突強調的重點，見表3-1-3。

表3-1-3　假造或間接的衝突型態

型態	原因
錯誤的團體	當一個團體歸咎於另一個團體的錯誤。
假定起因	當個人在一種權威的體系中被責難，其緣由是由另一種權威體系的成員所引起的。
千篇一律和空談的偏見	當少數民族被責難爲懶惰或無能力者等，此類的問題或許是結構性的。
錯誤認知與誤解	兩人意見不一致而溝通失敗，而事實上卻可能是一致的。
錯誤的謠傳	不顧以權威式的危機衝突責難他人，取而代之的是以較少的權威。
引發衝突	爲獲得擁護者的支持而挑起衝突。（政治人物常用這種方法）
有涵義的衝突	利用「現成的」議題，以攻擊他人來表達自己的敵意，來獲得心理上的滿足。（經常被稱爲「借題發揮」）

資料來源：本研究綜合整理

伍、衝突的類型─PAM

參考及歸納PAM整合參考架構的衝突類型，包括：

（一）利益衝突

當多方欲使用特定資源時，彼此之間所預期之利益及效果不同而引起之衝突。

（二）行為衝突

舉止或行爲侵犯他人致不愉悅時所導致的衝突。

（三）事實衝突

當個人提供的資訊遭受對方駁斥時的衝突，原則上是知識系統，實質上是分析與模式推理或所採用的方法或程序，尊重專家學者之意見，以資訊、知識爲規範標準並以信念和意識型態爲評斷，但較具變動性故易發生之衝突。

（四）價值衝突

彼此的信念或看法不相容時產生的衝突，原則上隸屬於價值系統，將判斷視爲化解問題的目的而非手段，尊重政策利害當事人，以直覺認知、價值做整體判斷，但個體相對主觀穩定而致發生之衝突。

（五）人際衝突：是東方／傳統，西方／現代而有不同

1. 東方／傳統社會中，以道德倫理爲依據來化解人際衝突，對於由個體而群體強調自省、忠誠，互相約制講求人際關係和諧，重視團隊凝聚力。

2. 西方／現代社會中，以體制、承諾、監督爲依據來化解人際衝突，對於公共事務可以透過建立公共論壇來理性論辯、多元批判而致獲得他利之共識。

（六）標的衝突（goal conflict）

在面對問題時最終參考之因素，因主觀不同產生之衝突。

（七）目標衝突（objective conflict）

在面對問題時直接關心與了解欲達成的結果或目標，無法獲得一致時之衝突。

（八）屬性衝突（attribute conflict）

界定或描述替代方案、結果或事物本身之技術性不同時產生衝突。

激發人們衝突的主要動機是利益，且牽扯到價值系統與意識型態之對制，因此可激勵、誘導衝突的演化。但兩者間界線無法很明確的定義，均是信念系統，此系統有引導人們往特定的議題收斂的功效；價值系統反映一個人早年經歷的社會化，主觀的情感成分較多於認知成分，主導行爲根深蒂固的是非觀念且較具持久性。但意識形態和政黨或運動所推廣的行動計畫有關，聯具洗腦和教化結果，可能在經過合理的說明後，被推翻或被接受。

陸、衝突的演變

許多衝突的專家學者，均認爲衝突是動態的階段過程，是不斷的在平衡與不平衡之間移動，最終求取達到平衡。有關組織衝突的形成過程，文獻中常分爲以下模式，將分別闡述：

一、Rummel（1966）衝突的過程

Rummel認爲衝突過程從平衡與不平衡中間移動，達成一種平衡。Rummel認爲社會議題照著循環衝突週期步驟移動後，社會與文化將會循環另一個週期。過程的開始就是衝突的認知，衝突在這個階段通常是潛伏性的，而且會持

續很久。這個階段可視為「痛苦的階段」，一個或兩個團體表達沮喪的情緒，其他的情緒也在認知的階段中更加明顯，例如沮喪、憤怒、焦慮，正經歷著不安；在「現實化的階段」包括權利、地位、知識、技術，與一些實質的因素，例如錢財、跟隨者和生產的設備；在「閃光點階段」，消極的衝突變質成扭曲；在「逃避的反應階段」中，通常是由於缺乏資源（如權利或技術），或者是面臨恐懼；在「調停階段」包括控制衝突的決策；在「政策的挑選和實行階段」，可能反映的挑選是非常寬廣的，包括強制、問題的解決和談判；在最後結果「評估階段」中，來自衝突的結果，可能是好的或壞的。

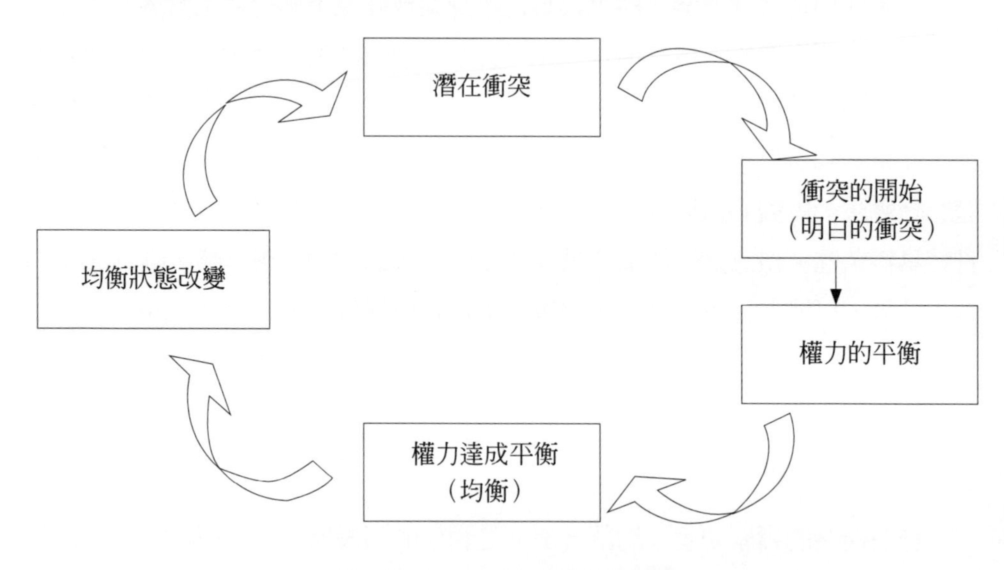

圖3-1-1 Rummel（1966）衝突的過程
資料來源：本研究綜合整理

二、Pondy（1967）衝突的過程

Pondy在研究中，發現衝突並不是一連串的獨立事件，而是一組相關事件；任何衝突只是整個過程的一部分，這次的衝突，部分受到前一個衝突的餘波所影響，此種餘波可說是一種潛在衝突。簡言之，前一個衝突事件，會對下

一個衝突事件產生影響，是互有關係的（吳百祿，1996）。

Pondy衝突的過程分為五階段：

(一)潛藏階段：衝突初期雙方尚未意識到衝突條件之存在，如競爭資源、自主權、次系統目標等。

(二)覺察階段：潛在衝突者覺察衝突條件的存在。

(三)感受階段：潛在衝突者，不僅知道衝突存在，而且感受到此條件。

(四)顯現階段：衝突表面化，當事人尋求方法以解決問題。

(五)餘波階段：衝突事件有了結果，並產生影響。

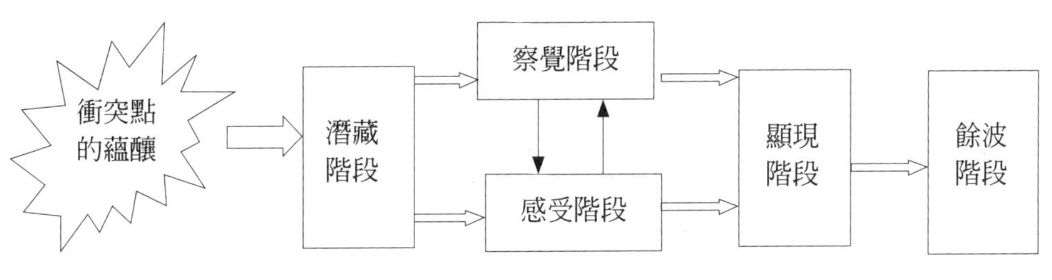

圖3-1-2　Pondy（1967）衝突的過程

資料來源：本研究綜合整理

三、Robbins（1998）衝突的過程

Robbins在組織行為學提出衝突的過程，認為可分為五個階段：潛在對立或不相容、認知與個人介入、意圖、行為及結果等（李青芬等譯，2002）。

（一）潛在對立或不相容

衝突過程的第一步，是製造衝突機會之要件的出現。這些要件（可視為衝突的原因或來源）並不直接導致衝突，卻是發生的必要條件。可歸納為以下三類。

1. 溝通：溝通可能成為衝突的來源之一，它代表了一些反對的力量，包括來自語意上的爭論、誤解，以及溝通管道中的「干擾」。

2. 結構：結構包含的變數有：團體大小、指派給團體成員的任務之專業化程度、權限的清晰度、成員目標的一致性、領導風格、酬償制度，以及團體間互相依賴的程度等。

3. 個人變項：包括每個人擁有的價值體系，以及可以突顯個人特質和差異的性格。

（二）認知與個人介入

若第一階段所提的要件已產生負面影響時，當一方或雙方知覺感受到這些要件不良的影響，那麼對立或不相容的潛在性將在第二階段具體化，而會導致衝突。

1. 知覺到衝突：一方或雙方知覺到製造衝突機會的要件已出現。

2. 感受到衝突：情緒介入衝突中，產生了焦慮、緊張、挫折感或滿懷敵意。

（三）意圖

係指在衝突事件中，決定以何種行動方式的決策。意圖包含兩個向度，即協力合作（一方試圖滿足對方需求的程度）和堅持己見（某方試圖滿足自己需求的程度）。兩兩相配的結果，可定義出五種衝突處理的意圖：競爭、結合、退避、順應、妥協。

1. 競爭（堅持與不合作）：追求滿足於一己私利，而不顧衝突對他人的影響。

2. 結合（堅持且合作）：衝突雙方都希望能完全滿足對方的需求。

3. 退避（不堅持與不合作）：對衝突採取退避或壓抑的態度。

4. 順應（不堅持且合作）：衝突的一方願將對方的利益置於自己的利益之上的態度。

5. 妥協（中度堅持且中度合作）：衝突雙方都願意放棄某些事物的狀態。

（四）行為

1. 行爲階段包括衝突雙方所做的言論、行動和反應。

2. 衝突行爲一般都會明顯地企圖去實行本身的意圖。但這些行爲的一些刺激特性是與意圖分離的。錯誤判斷或拙劣法規的結果，將使行爲背離原本的意圖。

3. 衝突管理是解決及刺激技巧的運用，以達到想要的衝突水準。解決的技巧包含擴充資源、退避、緩和等。而激發的技巧包括傳達、引進外人、組織重整等。

（五）結果

1. 增進團體績效：當衝突能鼓勵團體成員的興趣和好奇心，提供發掘問題和釋放緊張情緒的媒介，增進決策品質，刺激創造力和創新發明，並孕育一個自我評量和改革的環境時，此種衝突即具有建設性。

2. 減低團體績效：衝突若處理不佳，對團體或組織績效的破壞性眾所皆知，因爲失控的對立局勢會衍生不滿情緒，不但不能舒緩團體緊張氣氛，反而會導致團體的瓦解。

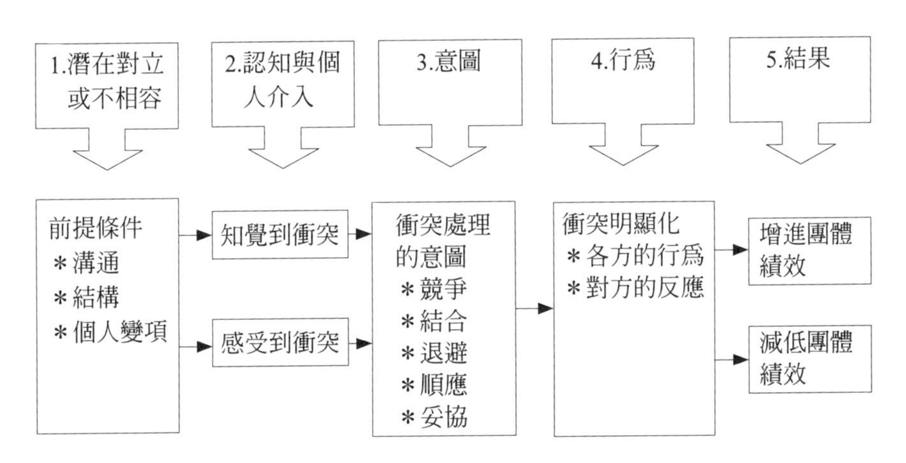

圖3-1-3　Robbins（1998）衝突的過程

資料來源：李青芬等譯Robbins，2002，組織行為學

柒、衝突的化解

歷來有關衝突解決模式的研究者，仍未跳出過去的窠臼，大都採雙向度五風格的模式的解決方式，仍然十分流行，例如，Thomas （1976） 的分法，以積極與合作，建構出五種衝突解決方式，迴避（avoiding）、可容納（accommodating）、妥協（compromising）、競爭（competeing）、合作（collaborating）；Rahim （1986）的分法，以關心自己（自利）與關心他人（他利）兩個向度，區分出五種衝突解決方式爲迴避（avoiding）、退讓（obliging）、妥協（compromising）、統治（domination）、雙贏（integration）；Gareth Morgan（1986）的分法，以確定或合作兩個向度建構出五種衝突解決方式，即迴避（avoiding）、迎合（Cater）、妥協（compromising）、競爭（competing）、合作（collaborating），以尋求衝突之解決。

近年來，議題多元化、複雜化，各派別的解決模式不一，但其有效的方式已不是單一的解決方式能奏其功，必須採取多管齊下的方式，來抽絲剝繭解決因應，且勞方權益日漲，自我意識的提升，亦造成主管與部屬的衝突頻仍，都是尙待解決的衝突。

總之，在衝突解決的方式上，研究者不認爲採取統合的解決方式是最佳的作法，也不認爲單一或多元方式那一種良好？除此之外，衝突解決方式的測量工具仍多樣，何種方式有效，只是視其所處的情境而定。

一、衝突解決方式

（一）Thomas（1976）的衝突解決

Thomas（1976）的分法，以積極與合作，建構出五種衝突解決方式，迴避（avoiding）、可容納（accommodating）、妥協（compromising）、競爭（competing）、合作（collaborating）：

1. 迴避（avoiding）（低積極與低合作）

當衝突之議題雙方無法達成共識，彼此不積極處理且合作性低，暫時以迴避心態擱置議題。

2. 可容納（accommodating）（低積極與高合作）

決策的選擇可容納對方優於自己的意見，或覺得保持雙方和諧狀態更爲重要時，願意消極但保持合作態度來解決問題。

3. 妥協（compromising）（中積極與中合作）

當雙方決策相容性低，歧異很大無法高度合作且堅持已見，只好雙方各退一步，在容許範圍內合作共生，以化解潛在瓦解危機。

4. 競爭（competing）（高積極與低合作）

積極堅持己見，而強迫對方接受自己的看法，彼此無合作的空間，就會以競爭方式爭取所要的利益，毫無妥協的餘地，屬於你輸我贏型。

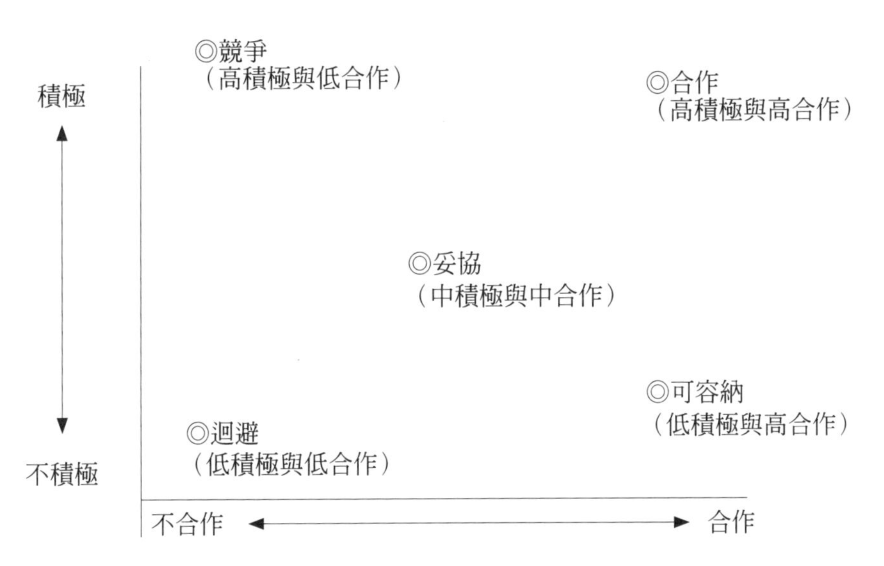

圖3-1-4　Thomas（1976）衝突解決

資料來源：本研究綜合整理

5. 合作（collaborating）（高積極與高合作）

雙方對自己的立場意念積極堅定，又認同對方的意見，且彼此可相容，藉由合作機制發揮整體效益，達到雙贏效果。

（二）Rahim（1986）的衝突解決

Rahim（1986）的分法，以關心自己（自利）與關心他人（他利）兩個向度，區分出五種衝突解決方式爲迴避（avoiding）、退讓（obliging）、妥協（compromising）、統治（domination）、雙贏（integration）。

1. 迴避（avoiding）（雙方皆輸）

對衝突的處理方式採取退縮或壓抑等迴避方式。

2. 退讓（obliging）（己輸他贏）

爲了維持彼此的關係會將對方的利益擺在自己的利益之上。

3. 妥協（compromising）（有輸有贏）

衝突的雙方都必須放棄某些堅持，付出某些代價，同時也有些許獲益，對利益予以定量分配而導致妥協的結果。

4. 統治（domination）（己贏他輸）

衝突時只想到自己的目標或利益，不顧慮對方的影響或損失。

5. 雙贏（integration）（雙方皆贏）

衝突的雙方著重問題的解決會共同尋求對兩方都有利，澄清彼此的異同，獲致雙方可接受之結果。

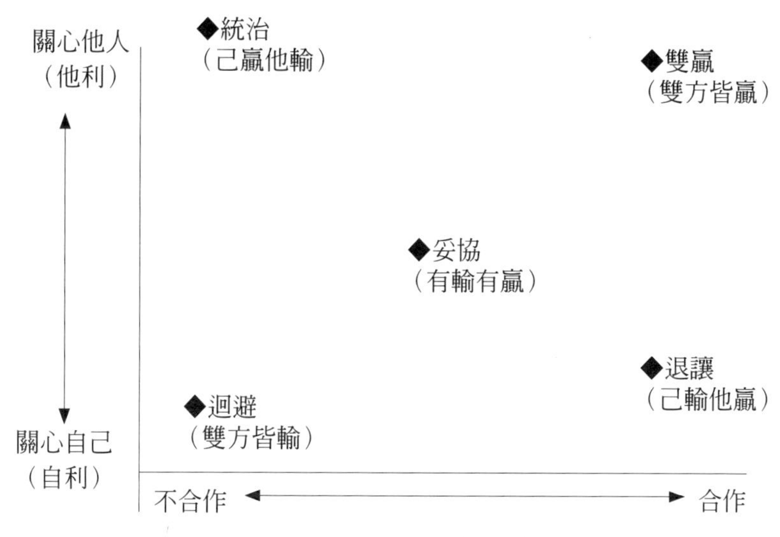

圖3-1-5　Rahim（1986）衝突解決
資料來源：本研究綜合整理

（三）Gareth Morgan（1986）的衝突解決

Gareth Morgan（1986）在他所著的組織印象（Images of Organization）一書中，說明了在一個組織中的管理者在面臨衝突時，以確定或合作兩個向度建構出五種衝突解決方式，以確定或合作兩個向度建構出五種，即迴避（avoiding）、迎合（Cater）、妥協（compromising）、競爭（competing）、合作（collaborating），以尋求衝突之解決。

表3-1-4　Gareth Morgan衝突解決的五種模式

模式	解決
迴避（avoiding）	・忽略衝突並且希望衝突儘快過去。 ・思考問題。 ・以緩慢的程序來平息衝突。 ・以寡言來避免面對衝突。 ・以官僚政策做爲解決衝突的方式。

表3-1-4 Gareth Morgan衝突解決的五種模式（續）

模式	解決
迎合（Cater）	・強迫服從。 ・讓步。 ・順服且屈從。
妥協（compromising）	・談判。 ・尋求交易。 ・尋找滿意或可接受的解決方案。
競爭（competing）	・產生一贏一輸的情境。 ・敵對競爭。 ・利用權威以達成目的。
合作（collaborating）	・解決問題的姿態。 ・面對差異且分享意念與知識。 ・尋求完整的解決。 ・尋找人人皆贏的局面。 ・視問題與衝突為一種挑戰。

資料來源：本研究綜合整理

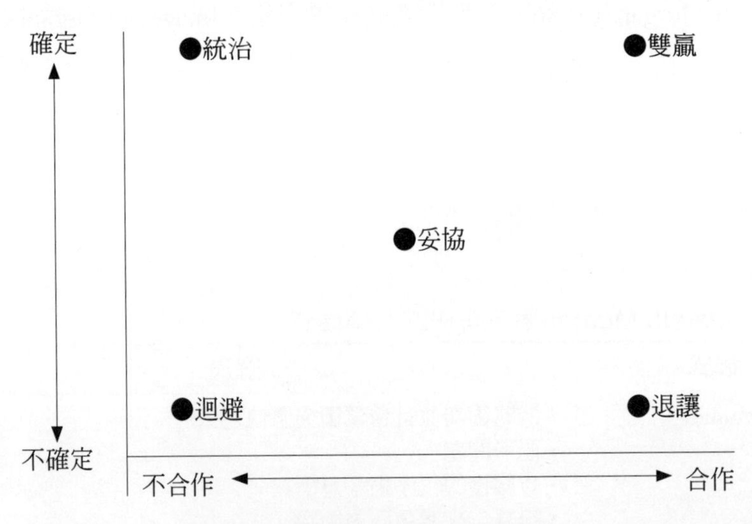

圖3-1-6 Gareth Morgan（1986）衝突解決

資料來源：本研究綜合整理

此外，依據二十八位主管級首長所報告顯示，以下五種衝突解決模式與其適用的情境。

表3-1-5　管理者衝突解決的五種模式

模式	解決
競爭	・快速、決定性的行爲是必須的。 ・強制重要但執行不受歡迎的行爲。 ・有關公司或公眾福利的重要議題，是正確應執行的時候。 ・對抗利用非競爭行爲的人。
合作	・當雙方所關心的事太重要，以致不能妥協時，尋求一整合的解決方案。 ・當目標確定時。 ・合併有不同看法的見識。 ・藉著合併股份，使意見一致。 ・往關係相牴觸的地方著墨。
妥協	・當目標明顯，但不值得努力，或潛在瓦解的時候。 ・當勢均力敵的對手致力於互相排斥目標時。 ・爲了能暫時安定複雜的議題。 ・當時間成本具相當壓力時。 ・當合作與競爭都不成功時的支援策略。
逃避	・當議題微不足道，或者有更重要的議題時。 ・當你知道毫無機會可滿足你所關心的事時。 ・當潛在的分裂超過解決所帶來的利益時。 ・爲了讓人們冷靜下來，且有重新的認知。 ・當蒐集資料比立刻決定來得重要時。 ・當別人能更有效率地解決衝突時。 ・當議題與其他議題毫無相關或已有徵兆時。
通融調停	・當發現自己錯誤時，理性去聽、去學習。 ・當議題對別人比自己重要時，保持合作態度滿足別人。 ・爲了往後的議題，建立社會福祉。 ・將損失減到最低。 ・當和諧與安定更顯重要時。 ・允許屬下從錯誤中學習，發展自我。

資料來源：本研究綜合整理

二、Thomas （1976）和Rahim （1986）和Gareth Morgan（1986）的衝突解決。

由表中看出Thomas （1976）、Rahim （1986）和Gareth Morgan（1986）對衝突的解決看法大致是一樣的。

表3-1-6 Thomas（1976）和Rahim（1986）和Gareth Morgan（1986）的衝突解決比較表

學者及年代	衝突解決				
Thomas（1976）	迴避（avoiding）	可容納（accommodating）	妥協（compromising）	競爭（competing）	合作（collaborating）
Rahim（1986）	迴避（avoiding）	退讓（obliging）	妥協（compromising）	統治（domination）	雙贏（integration）
Gareth Morgan（1986）	迴避（avoiding）	迎合（Cater）	妥協（compromising）	競爭（competing）	合作（collaborating）

資料來源：本研究綜合整理

捌、小結

衝突是社會化的一種形式存在競爭與合作的整合關係，同時也瓦解了傳統社會中舊有的規範和風俗制度，刺激本質面的認知及現象面行爲態度的轉變，更在經濟、社會、政府和政策各面向造成波濤洶湧，其量變演繹成質變，不管是積極的結果增進對議題的了解、增加資源與力量、促進組織內部革新、刺激多方的創意、鼓勵表達觀點融合異見、提升決定品質以及矯正團體迷思的弊端強化運作。或是消極的結果會增加敵對，能量的消耗、意氣用事、降低團體凝聚力、扭曲溝通的管道、低品質的決策等。但衝突的強度和結果，都是發展中社會應該歷經並共同學習成長。

第二節　衝突的管理

衝突管理（conflict management）的觀念即是爲因應傳統紛爭處理方式，只是被動的、暫時性的解決不足所產生的，而衝突管理則是希望以管理的角度，運用相關理論來因應及預防衝突事件，包括尚未發生、已發生與無限期進行中的衝突事件。而衝突管理則是以系統、科學的方式來消除事實與價值判斷之認知不同，期以減少傷害，避免浪費社會資源。衝突管理面向包括有：事前衝突預防面、事後衝突處理面。

衝突與壓力是引起人類焦躁不安的根源。世界對於衝突管理比較有系統的研究始於1970年代的區域科學（religional science）。有區域科學之父之稱的Walter Isard並建構了和平科學（peace science）。全球面對當時巨大的政治體制、經濟成長、科技發展、環境公害乃至社會價值的衝擊，如何化被動的等待爲主動的因應及管理，也就是著重於事中事後衝突處理，也重視事前衝突的評估與預防（黃丙喜、馮志能、林立仁，2011）。

壹、衝突管理的理論基礎

衝突理論學派特徵，有強調社會團體之間支配者和從屬者之間對立的衝突現象，要造成社會不斷的變遷，有賴於團體之間利益衝突所引起的權力鬥爭，優勝的團體必會強制要求其他團體配合，而維持暫時的社會穩定和秩序。

衝突管理的理論基礎大致有辯證衝突論和功能衝突論，分述如下（MBA智庫百科，20120412）：

一、辯證衝突論（Dialectical conflict theory）

(一)思想淵源：源自於馬克思（1818-1883）的階級鬥爭，認爲經濟結構可以決定生活的各層面，並且是產生革命與衝突的原動力，將社會份子分資產階級和無產階級，其間隱藏著利益衝突。

(二)代表人物：德國社會學家達倫多夫（R. Dahrendorf），其主要論點爲：

1. 社會在基本上是一種不均衡權力分配的組合體。

2. 正支配角色者與受支配角色者必然相繼組織具有利害關係的利益團體。

3. 針鋒相對的兩個利益團體便處於衝突之中。

4. 每一個社會裡必然含有各種衝突的因素，因此社會衝突是無可避免的。

二、功能衝突論（Functional Conflict）

(一)思想淵源： 源自於德國社會學家G. Simmel的形式社會學（Formal Sociology）；探討社會過程的基本形式，應是人與人之間的互動模式，每一種社會現象，皆包含合作與衝突、親近與隔離、強權與服從等相對關係。

(二)代表人物：美國社會學家L. A. Coser，其主張爲：

1. 批評Parsons對衝突現象的忽視，也不同意馬克思和達倫多夫只強調衝突的破壞性，因此集中注意於衝突功能性的探討。即不只看到衝突的負功能，也指出衝突所可能帶來的正向功能。

2. 認爲法律權威的喪失是引發人際衝突的主因。

3. 認爲要使衝突產生有益團體的功能，取決於兩個因素：a.是衝突的主題（即衝突因何發生）；b.是衝突發生的社會結構或團體結構。

貳、衝突管理的定義

現今的觀點認爲衝突是人類生活中必然發生的現象，透過管理的層次來界定實質爭議之內容，以取得實際具體之解決對策。

各學派對管理的定義爲：「使用某種設計嚴謹的計畫或方案，來使各種事務的結果能在預測的目標內演變。」及衝突管理定義：「使用一套設計嚴謹的可行方案，對組織間『個人內心因慾望或動機不滿足』亦或『兩個或兩個以上個人或團體因目標、認知、情緒和行爲之不同』所造成的對立狀態進行控制，消極面解決衝突後產生的破壞性，積極面則使此對立狀態爲個人或組織帶來革新及其他正面效益。」

筆者對衝突、管理、衝突管理的定義

1. 衝突的定義：是指兩個（含）以上相關聯的個體或群體，因互動行爲所導致不和諧的狀態。

2. 管理的定義：透過一套科學的理論與方法來處理錯綜複雜的事務。

3. 衝突管理的定義：透過一套科學的理論與方法來處理相關聯的個體或群體，因互動行爲所導致不和諧的狀態，期以獲得共利共識之結果。

參、衝突管理的方法

以IM的方法可以解決已發生的衝突和預防未發生的衝突。

預防衝突的產生，若能在發生前將問題找出並解決就能減少衝突，可先從問題的檢視開始，先找出問題的原因、以過去經驗處理、擬訂解決方案、利用最佳方案稀釋問題，再來舖設人際關係，最重要是有良好的溝通管道。

建立良好的溝通管道與途徑，如召開一個對話平台，請立場迴異的利害當事人暢所欲言，以多方觀點、理性論辯議題的衝突點，可有效的溝通來避免的衝突嚴重性並達到預防衝突發生的目的。

面對複雜多變的社會及民意，衝突的解決用迴避、退讓、高壓、統治的方式，已無法達到舒解效果，決策者應視情境變換解決方式。在公共事務的處理上，新政府潮流是傾聽民意之議題後，再來訂定決策，而IM係爲針對複雜事務所開創的管理系統。

筆者引進Warfield於1980年代所發展互動管理（Interactive Management, IM）的方法來應對衝突的解決與預防，其方式系以連續經由一個或多個回合的互動來達成三階段的作用中，包括計畫階段（planning phase）、互動階段

（workshop phase）與追蹤階段（followup phase）。執行步驟有觸發問題、澄清問題、票選問題、兩兩比較。（汪明生，胡象明，2010）。

IM兼具直接互動，其目的系在組織中兼顧公民與專家參與互動學習，有效地凝聚想法，致達成共識且成果明確具體，可對地方重大爭議以及地方發展規劃，提供經驗以及多元社會中的公共事務問題所需的解答與程序，並能獲得化解衝突的有效行動方案。

台灣在10餘年間，IM案例迄今已有高雄及澎湖等地，如柴山開放、加入WTO、博弈產業、第三部門、海西合作、社區警政、健保申報、左營萬年季、ECFA、兩岸政府治理、2012年於大陸福州辦理兩岸民間社團交流及平潭綜合實驗區等，約23餘場重大議題的成功操作，讓參與者暢所欲言、據理力爭，並兼顧多方意見，有效形成共識。

下圖以IM的精神理念來針對衝突的解決與預防，如善意的互動、雙向的溝通、理性的論辯、修正原先的認知與達成一致的共識，則會形成雙方共創雙贏合作的局面；反之若是惡意的互動則會形成迴避衝突、單向的溝通則會退讓到檯面下暗潮洶湧、不理性的論辯則會形成爭吵、雙方不修正自己的認知則會形成假象妥協、共識無法達成一致，只好彼此互相競爭，再演變爲更嚴重的衝突。

IM有完整一套執行步驟，在計畫階段，已收集衝突議題相關爭執點的資料；在互動階段，對話平台上參與的人員含利害當事人、專家學者、政府官員等。從觸發中提出各自的觀點看法，經澄清問題可以舒張自己的堅持，利用民主方式尊重多數的表決，票選問題再經由過半數通過最佳的執行策略；能夠尋求衝突的點，再經由論述票選的方式，有共同參與及共識並達致最大公約數的滿足；俟後追蹤階段的評估稽核。

IM經驗證係較爲有效的社會參與及跨域治理實用方法。爲國際學界在因應與預應當前全球化與在地化下社會複雜系統工程之所需而發展，最大功能在於有效釐清與協助化解錯綜複雜與瞬息萬變的爭議與沈痾（汪明生, 2011）。IM對於衝突的解決與預防是較爲有效的方法。

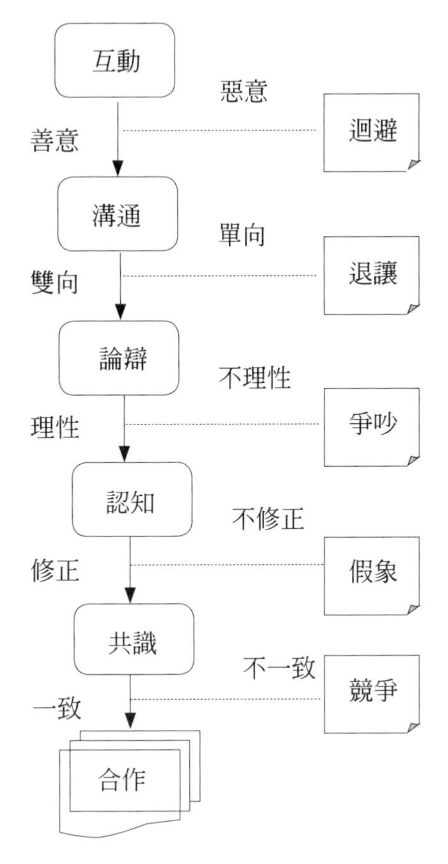

圖3-2-1　衝突管理的模式（以IM為基礎）
資料來源：本研究綜合整理

肆、衝突管理的問題

傳統社會中力求假性和諧，認爲衝突是挑戰權威，壓抑個體的權益訴求與發展，但現今的衝突具有正向導引的作用，管理手段與方法採取彈性、人性的靈活來化解異議，並將其轉化爲正能量的。但衝突管理中仍有一些問題尚待釐清。

學者Raiffa（1968）曾指出衝突管理中有以下幾個重要問題：

1. 是否有多於兩造的當事人？如有，應考慮連橫的可能性與問題的複雜性。

2. 衝突當事人同質性如何？是否有內外團體的區分？

3. 衝突問題是否一而再、再而三出現？如是，應該考慮將未來合作關係納入考慮，協商時也應著重長久信譽。

4. 是否有其他相關的連鎖效應？

5. 衝突議題是否不只一項？如是，則可考慮取捨。

6. 協商協議是否需立定契約？

7. 是否需要與組織成員溝通協議內容？

8. 脅迫手段是否可行？

9. 是否有任何時間壓力？相對成本？

10. 有但書的協議結果應如何執行？

11. 協商是私下或公開舉行？

12. 協商團體的組織規範爲何？

13. 是否有可能由第三者介入協助協商？

伍、衝突管理的步驟與技巧

衝突管理需要一些的步驟及技巧，以供執行時的參謀。

一、衝突管理的步驟

衝突管理的5個步驟爲：1.開始；2.資料收集及分析；3.策略規劃擬定；4.執行策略建立程序共識；5.協議。

重點：每階段必須完成再進入下一階段，以免事端擴大。

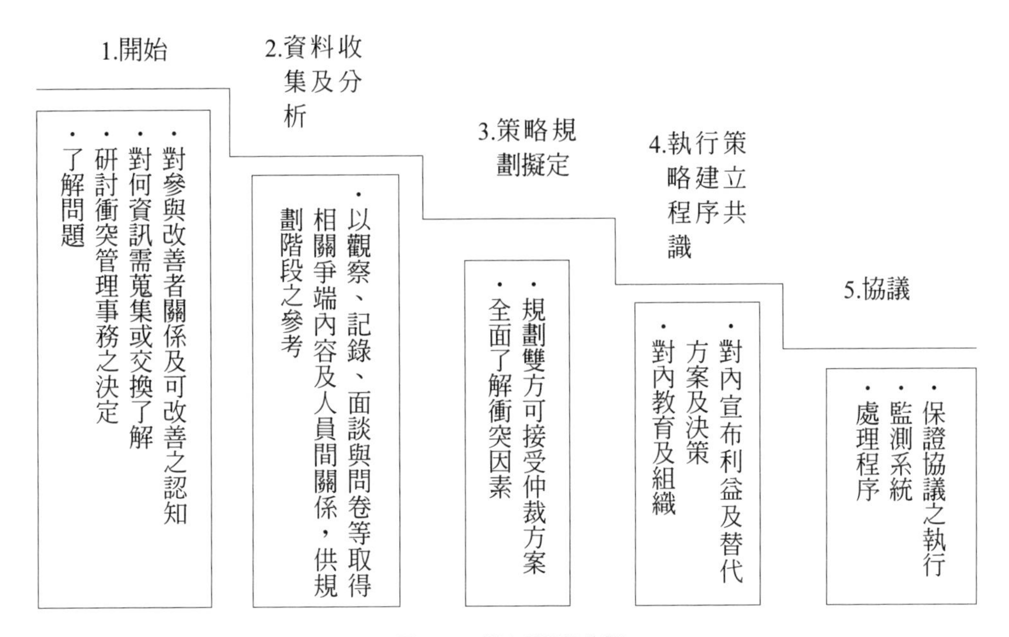

圖3-2-2　衝突管理的步驟

資料來源：汪明生、朱斌妤等著，1999

二、衝突管理的技巧

衝突管理採用之技巧，包括：1.溝通的技巧；2.資料收集及分析；3.衝突管理之規劃；4.談判協商；5.開會技巧；6.調處／仲裁。

1. 溝通的技巧

衝突雙方不亢不卑平等對待，要避免人身攻擊，設身處地站在對方著想，感受彼此的誠意，積極傾聽對方的意見、幽默的回應、適時的讚美、正向的思考、婉轉的拒絕藝術，即會形成良好的溝通技巧。

2. 資料收集及分析

在衝突事件中，了解衝突結構，確實掌握衝突的焦點，亦可利用媒體傳播運用，蒐集與衝突點相關的資訊，並加以分析及討論。

3. 衝突管理之規劃

根據資料蒐集及分析之結果，可知衝突的原因、類型、過程，佐助專家的數據資料，亦應該因應不同的衝突規劃解決的最佳管理方式。

4. 談判協商

談判意味著兩個（或兩個以上）團體為了避免及平息衝突，團體間的關係，建立彼此可接受的規則，依賴此規則來互動及尋求解決之道，並未假借第三團體的協助。

5. 開會技巧

利用公共論壇方式，邀請相關人員、選擇適當的時機、地點、套上適用的操作方法，受過訓練的主持人帶領步驟走向，使衝突點可以發散、收斂並聚焦而獲得共識。

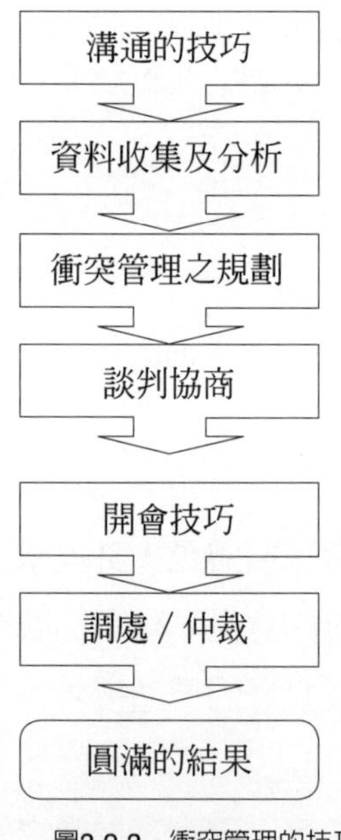

圖3-2-3　衝突管理的技巧
資料來源：本研究綜合整理

6. 調處／仲裁

調處則是中介人或第三團體，負責調解處理各衝突團體的爭議，協助能達成協議。仲裁則是衝突團體必須事先同意接受中介人或第三團體的仲裁及審議。中介人可由各團體指派，或外界的權威代表。

陸、溝通的技巧

身處衝突之中時不能有效地溝通，往往會加速對立，並且阻礙衝突的有效管理。處理衝突最先採行的策略是加強溝通，雙方關係緊繃的時候，產生防衛抗拒之心態人皆有之，有效溝通是需有消息傳輸及接收建立暢通的管道，除了傳達自己的想法或感覺給對方，亦要主動聆聽對方的需求，許多溝通與衝突都與本身價值之認定有莫大的關係，如何調整自己的認知價值？要達至和諧的氛圍溝通技巧的改進，都是在社會中的份子應該要學習與演練。

一、溝通要件

根據美國哲學家John R. Searle（1979）在鑽研理論近五十年之後，更進一步發展的「言語行爲理論」（Speech Act Theory），並且系統化地整理出一套規範，人藉語言文字（含肢體語言）的內容反映以下三種心智態度：(1)信念、事實認定；(2)喜好、偏愛；(3)承諾、保證行爲傾向。也就是人經由溝通傳達自己的信念、價值觀與行爲傾向。

根據傳播理論指出，溝通有六大要件：

（一）來源（source）

溝通傳播來源起始於溝通人或組織，倘若溝通存在有障礙、偏見、誤解或別有用心，將會影響到溝通內容、方式與效果。

（二）編碼（encode）

溝通人或組織將訊息轉換爲肢體、語言、文字、圖片等符號的過程，稱之爲編碼。同樣的內容以不同的符碼表示，溝通效果亦可能不同。

（三）管道（channel）

溝通人或組織透過不同傳播管道（如面對面、電話或信件等），將符碼傳達。不同的管道所能傳達訊息的質與量亦不同。

（四）解碼（decode）

接收者將符碼轉換爲訊息的過程。

（五）接收（receiver）

不同接收者解讀傳播訊息會有不同，如接收者有障礙、成見或別有居心，亦可能曲解或誤解訊息來源之本意。

（六）回饋（feedback）

接收者對於訊息來源的相對回應。

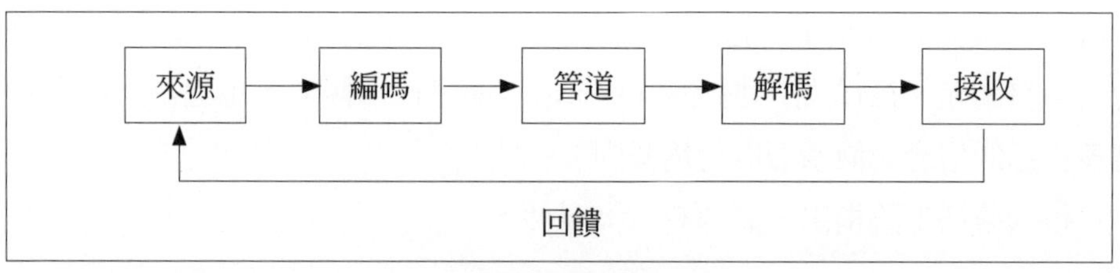

圖3-2-4 溝通的要件

資料來源：本研究綜合整理

除了以上六大溝通要件外，Robert Bolton（1987）在他所著的《人際溝通技巧》（People Skills）一書中列出溝通的十二個障礙。可分成三大種類：評判、提出解決方案以及迴避他人的關心，進一步解釋，爲何這些障礙帶來無效的溝通。

表3-2-1　溝通障礙帶來無效的溝通的原因

分類	障礙	無效溝通的理由
評判	1.批評	不適當且極端的批評常會帶來防衛性或侵略性的反應。
	2.命名與標上標籤	將他人標上標籤使我們先入爲主裡，會造成並帶來彼此的障礙與距離。
	3.診斷	比標上標籤更嚴重的方式診斷爲傷害溝通。
	4.評價式的稱讚	無限制的稱讚往往流於虛僞與空洞，其結果往往會適得其反。
提出解決方案	5.命令	溝通口氣帶著命令，將會遭至反抗和憤怒。
	6.威脅	以威脅的口氣來從事溝通會獲得極差的效果。
	7.說教	在溝通中以炫耀、說教的方式會製造憤怒等問題。
	8.過度或不適當的過問	適度的過問及關心在溝通中是不可避免而且有其價值的工具。
	9.勸告	勸告有時是有價值的，但如果使用的不適當，它會破壞他人的自信心，或者無法加強他人解決問題能力。
迴避他人的關心	10.轉向	轉向通常用來避免不愉快、不滿意或者不舒服的情況。它會帶來一些緊張。
	11.邏輯的爭議	邏輯是必須的，但當情緒高漲時，使用邏輯的爭議卻極爲不適當，因爲會產生疏離感。
	12.一再地保證	當需要提供些安慰時，一再地保證確是避免問題的方法。但在某些情況，一再被保證的人卻會感到沮喪。

資料來源：汪明生、朱斌妤等著，1999

二、溝通技巧

由於溝通包括內容、感受、價值三種層次，各類層次溝通的概念、相互關係與所需之溝通技巧。

（一）內容層次（the content level）

意指事實、資訊或溝通的事情。

表達的方式常常也是造成溝通困難的原因，由於文化習慣的禁忌，如何適當的表達亦是一種藝術，有人充分表達則會讓人認爲過於激動，有人以隱喻的間接方式表達，而含蓄暗喻的溝通方式的特性，就是人們會提出一些象徵性問題的風向球，將導引較多基本或深切的沈痾出來共同分享。

在開放的環境中充滿著各種資訊，專家研擬的數據資料及傳播媒體，在資訊的形成與傳遞上佔有主導地位，不但提供民衆所需訊息，尤其政策行銷更須依賴各式媒體方能達到充分溝通之目的，溝通尚需輔以數據、資料、資訊等爲佐證來論述。

（二）感受層次（the relation / feeling level）

意指人們對溝通訊息時所產生之感受，能夠感覺到自己的想法或感覺是爲對方所了解的。

感受層次的溝通方法，就是接納對方的感受及其遭遇的事實，在溝通的關係上注意相互尊重與信任，人們在表達他的感覺而受到別人認同時，感覺良好也較少攻擊性，亦比較坦誠，其他的感受亦會源源流露，即不論雙方達成協議與否，均不會有不愉快的事情發生。相反地，如果彼此不能互信，則都會造成彼此關係之緊張。

1. 主動認真聆聽（active listening）的做法

衝突管理者的基本技巧——聽比說更重要

聆聽的技巧是最基本的，主動的聆聽更是有用的，因爲它意含聆聽不是被動的。主動的聆聽用言詞表達對訴說人之遭遇與感受的了解，包括：參與及追蹤的技巧，回應對方陳述之技巧。

(1) 參與及追蹤的技巧

a. 表示了解對方之處境及感受可取得好感。

b.對方願意更進一步研討問題，並找出解決方案。

c.若於回應時能掌握對方的意思，對偏差言詞可即時解釋，以建立對方正確了解。

(2) 回應對方陳述之技巧

a.若能掌握對方的問題、立場與背景，可由語調推斷對方意思共複誦，表達己見並應確認對方是否贊同，以確認你的認知是否正確以免誤解。

b.已有明確答案之問題，應妥慎推估眞正意向。

2. 無效的聆聽（ineffective listening）最常見的現象有兩種：

a.未能分辨對方希望你能了解他說的事情，並未寄望你採取任何行動。

b.未能耐心聽完述說以致對訴求主題誤解，感受錯誤的訊息，將可能使對方變得保守而封口，或以更激烈的方式來驗證自己的看法。

3. 適切的回應（congruent sending）

溝通時，易導致對方排拒的三種回應方式有：

(1) 溝通時以處理辦法、建議與忠告來回應，此行爲會使對方眞正感受你自認優越，或輕蔑他人能力，產生反效果。

(2) 溝通時以評審、責難、批評之話語回應，造成階級對立心態產生，對方築起自我防衛心態造成溝通困難。

(3) 以特殊語調、諷刺或不相關之言語或託詞，會使對方誤導不能了解你的意向，以致問題不能溝通。

4. 適切的回應之做法，應該是直接、坦白、有限批評：

(1) 誠實表達自己的感覺，而非表達對他人或事物之批判。

(2) 表達感覺時之用字遣詞，應就自己之感受有感而發。

(3) 就事實說明你的感受而非對行爲批判。

（三）價值層次（the values level）

價值是評論事情或行爲好壞、對或錯、道德或不道德、公平或不公平、公正或不公正的一種內在標準，而價值是從小所接受的教育、經歷及自我反省中蘊育形成，因此，當世事與普世的價值認定不同時，常會有罪惡的感覺。

人與人、自然界、時間等係產生出各種不同的價值認定，個人價值觀受到各種條件及道德智慧與倫理協和及文化等因素所影響；而個人的價值觀直接影響其態度（對世事運作的基本看法）、決策（決定如何表現於外）與行爲（行動表現）。然而價值判斷常隱含在人們的言行中而不是很明顯的表現出來，就有如「母性」給予人們的一種難以抗拒的眞理或信念，它牢牢地規範了我們的生活。

以筆者匯整PAM參考架構的條件面區分爲自然條件、社會條件與實質條件。現象面包含經濟、社會、政治、政府、政策、管理，以及本質面的個體認知判斷，包括資料、資訊；知識、智識；道德、智慧與倫理、協和，而傳播、教育、辯證與節制皆在此基盤上相互連動。PAM條件面、現象面、本質面對應個體價值認知的組成部分且互相連動，而可提升各組成部分的主要機制與管道，進而影響民衆的態度與行爲（汪明生，2013a）。

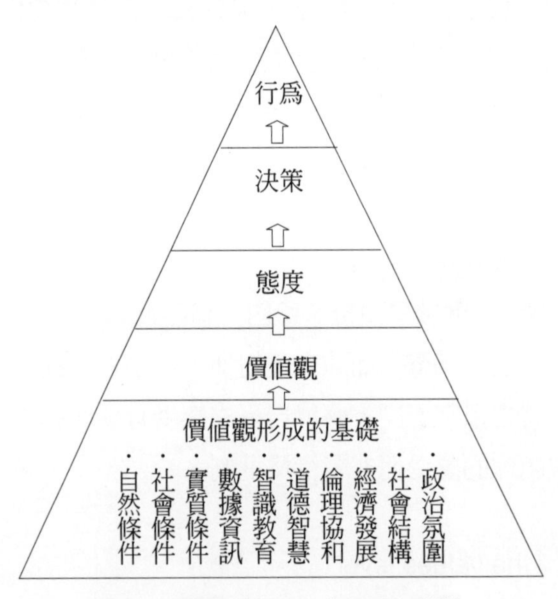

圖3-2-5　價值體系與行為（以PAM為基礎）

資料來源：本研究綜合整理

在衝突時遇到困難的現象就是彼此的感受不同而一直試著改變對方，常以爲對錯是分明的。換言之，在同樣情況下依據其背景（訓練、經歷、價值）不同則感受不同就會有不同的價值反應，即使有相同的背景處理相同的事情因爲想法不一致都會產生不同的反應。或許你曾試圖去改變別人的感受且想證明自己是對的，最妥當的做法接受進而去了解彼此的感受會有不同的體認，由此相互分享經驗、認同及了解之過程可改變個人價值感並拉近差異。

三、良好溝通

要形成良好溝通則不管在語言、非語言、傾聽和回應等方面，提高其技巧與品質和對方的感受，讓參與者感受愉悅，創造出有利的溝通氣氛的技巧。

Hodgetts（1990）陳述良好溝通必須做到以下八點：

1. 檢討溝通的眞正目的。
2. 通盤考慮問題的實質面與人性面。
3. 溝通前澄清重要觀念。
4. 有效處理溝通的障礙。
5. 提供足夠有用的資料。
6. 強調溝通爲雙向進行。
7. 兼顧溝通內容與溝通技巧。
8. 追蹤溝通成效。

柒、資料蒐集及分析

透過資料的收集及分析可以確定衝突的成分、程序進一步解釋其間的因果關係，希望增進理性衝突處理之可能性。

一、資料的收集

由於衝突皆包含特定的人、爭論點的清晰度、競爭的利益及相對可預測的發展動態。對於爭議的問題透過共通的架構來分析是有用的，正確的資料收集受下列因素所影響：1.適當的背景資訊與分析架構。2.資料收集選擇合適的人；3.資料收集選擇合適的方法。

（一）適當的背景資訊與分析架構

資料蒐集時適當的背景資訊與分析架構，使我們能夠了解誰是衝突中的關係人、存在他們之間歷史、現在的狀態、趨勢有什麼關係、什麼樣爭議點的實質的、程序的或情感的利益使其衝突而分離。

透過資料蒐集及分析，希望增進理性衝突處理之可能性。因為多數的關係人、社團及組織間的爭議是極端複雜的，且未建立制度化決策程序。在努力完成任何爭議點的衝突管理，或是選擇一個特定的衝突策略以前，去描畫眞實或潛在的衝突構圖是很重要的。

實質上，無論是衝突管理第三者或是爭議的主要當事人，詳細的資料蒐集與謹愼的分析是重要的，因為經由資料的蒐集與分析，可加強衝突的溝通與協調的力度。

（二）資料收集選擇合適的人

資料收集選擇合適的人，利用衝突的關鍵主角是人、在每一組關係人間的關係分析，與實質內容等三方向來說明應注意的重點。

1. 人

在衝突的關鍵主角是人在利益、價值等之不同而引發，故選擇合適的人之部分，應考慮以下影響因素，包括：利益（或衝突）團體與個人、價值、資訊、權力的來源、態度、知覺、動機、型態。

已進入衝突中團體中哪些？團體中的主要發言人及決策能力？團體性質為

利益、衝突、次級團體及個人。價值使一個人願意去做的有強烈影響的信念，支撐每位關係人爭論點的主要價值標準是什麼？（成長對不成長，資本主義及私人的利益對公眾福祉，複雜對簡單的科技解決方法，短期的對長期的解決方法），有主要的意識型態不同的文化、宗教。關心與需求的解決方式可以建立共同利益。關係人所重視、信賴的資訊來源是否相同或是矛盾。權力的來源如權威、人力資源、技能與知識、無形的因素、物理資源、經許可的（批准的）來分析每一關係人擁有的力量。心智（意志）的態度對於關係人與談判關係人之爭論點，探討彼此態度、期望、敵意。關係人彼此的知覺，都意識到這是一場衝突，認爲對方是不盡責、無情、劣勢者與愚蠢，利益的分配不公平。領導者的利益影響團體的動機爲復仇、希望改變非現實的標的及期望，害怕失去地位、物資財物等。衝突中各種角色的個人或團體基本型態是導致報復的行爲或趨向解決一般性問題的特性。

2. 關係

在每一組關係人間的分析，應著重以下方面：歷史、現在的狀態、趨勢、大體上的評估。分從權力、.溝通、意識、談判四方面著述：

(1) 權力：關係人有哪些潛在類型？關係人是否運用強迫的權力對付其他人已引起怨恨？由於權力的運用是否引起許多花費？對於爭論點各層次（地方、省、中央），官方的意見的最近處理方式爲何？權力正轉變取代衝突的標的嗎？權力的移換是趨於更極端或更溫和？

(2) 溝通：各團體使用哪些內部及外部溝通類型？公開的聲明是否使地位更形穩固？關係人之間的溝通是否有一致性的默契或已經增進對地位與認知的了解嗎？關係人間的溝通只是透過新聞媒體嗎？律師在溝通上有怎樣的效力？趨勢正朝向地位的尖銳化嗎？

(3) 意識（awareness）：關係人是否已意識到衝突的存在及多久了？關係人是否已有避免衝突或假裝它已不存在的趨勢？其他社團（區）成員意識到爭議點嗎？意識正導致危機的感覺及增加衝突強度嗎？

(4) 談判（negotiations）與其他決策的程序：怎樣的談判或其他的決策程

序曾被用過？是否所有的關係人都包含在內？談判是關於核心或周邊的爭議點？雙方正趨向有效力的談判嗎？

(5) 大體上的評估（general assessment）：要協助關係人將解決方法與問題結合在一起，怎樣的行動使得加入或改善談判促成永久或暫時的解決。

3. 實質內容（substance）

在衝突實質內容資料蒐集方面，應著重：核心的爭議點、次要的爭議點、可有的選擇、事件。

(1) 核心的爭議點（main issues）：關係人以相同的方式界定爭議點及描述，並同意中心議題嗎？中心議題如何隨著時間轉換？中心議題有可能成為一個案件的判例嗎？

(2) 次要的爭議點（secondary issues）：除了中心議題外，局外人帶入擴大新爭議點可能影響結果？

(3) 可有的選擇：選擇或方案是否有滿足關係人的利益、需求或關心趨於一致嗎？選擇或方案能細分為更小、更多的管理單位且簡單而可實行嗎？

(4) 事件：是否有某事件足以觸發衝突嗎？及已顯示公眾有衝突存在嗎？

因為衝突是有實質內容（substantive）爭議點的混合體，真相的發現與後來的衝突管理策略等，必須涵蓋個人的因素與最近及過去的關係。許多人傾向認為環境或社區爭議的解決，全然基於「技術上的準則將終止衝突」，然而事實上不是如此。雖然技術程序是重要的，但不會是終止衝突的唯一因素，例如，關係人間共同可接受的標的與達成的方法，但由於溝通不良，而將他們推入彼此敵對的形勢。

全然仰賴技術的解決程序，是治標不治本。因為往往真正爭議的原因未被解決，將來仍會產生衝突。強調技術的解決方法，往往形成另一衝突的根源。

（三）資料收集選擇合適的方法

資料蒐集可用幾種程序進行：直接觀察法（direct observation）、次級資料（secondary sources），以及訪談（interview）。這些程序可單獨或合併使用，以對衝突提供更精確與更完整的資訊。

1. 直接觀察法

直接觀察法指實際觀察爭論者，觀察者客觀的立場可以從會議中觀察得知，觀察的標的，隨爭議的變化而有所不同，但是焦點都在爭論者的行爲或團體間之交互作用以及各關係人的反應與互動。從觀察中，我們經常可以確定社會的階級、狀態、權力與影響力的關係，溝通的模式與團體規範將影響衝突的行爲。

2. 次級資料

次級資料是指由其他來源獲得歷史性的已處理好的資料，可提供有關爭議的資訊題材，但不是直接的觀察或面談。由各種來源或管道收集次級資料，以供目前的研究使用，包含：組織或政府統計資料、大型學術資料庫或報紙雜誌的文章、開會的會議紀錄、對爭議點的研究或人們捲入爭議的調查報告及相關資料等。

3. 訪談

訪談是一種面對面溝通的程序，最少有兩個人來對核心目的交換資訊，它包含提問題與對回答仔細地聆聽。有兩種類型的訪談對衝突管理可能有用：收集訪談與有說服力的訪談。第一類型是用以蒐集相關的資訊；第二種是去說服爭論者達到合意的特別程序或結果。在此討論的焦點是放在第一種類型收集訪談。

收集訪談（collection interviews）通常是在衝突管理初期的做法，選擇合適的人來執行訪談及接受訪談工作，訪談前的準備工作充分，建立和諧理性的訪談氣氛，注意聆聽和合適提問的訪談過程，會談結束後履行承諾並建立良好的善後回饋。

(1) 選擇合適的人來執行訪談及接受訪談工作：選擇合適的人來執行訪談

工作，訪談者之性別、年齡、種族、社會階級、身分地位及工作經驗會影響資訊之獲得，可藉控制其語言、行爲和態度來拉近彼此間的距離。

選擇合適的人來接受訪談包括以職位、聲望、做決策之權力來決定訪談者或視狀況混合使用，可集合有效之面談工作。

(2) 訪談前的準備工作：訪談前的準備工作必須針對衝突爭議點及爭議動態的資訊有所了解，決定需要從訪談得到的資訊是正確的、簡明的、完整的且有深度。

(3) 建立和諧理性的訪談氣氛：訪談其方法可以利用間接、直接方式或雙者同時進行。交談中訪談者必須呈現出坦誠布公且語調誠懇，有理性且有趣的個性。剛開始且不要馬上接觸到主題，以免在訪談者與被訪談者間產生距離。爲建立個人的、制度的、程序的可信度之過程，在衝突事件處理上，應有接納各方意見的雅量，可用來激發成功的策略。此外訪談者要能抑制情緒，才能蒐集到需要的資料。

(4) 注意聆聽和合適提問的訪談過程：發問分不公開及不限制的訊問兩種，最好的訪談要聆聽對方陳述，比較特殊資訊之話題，讓被訪談者不公開集中在較窄的焦點上。另衝突處理事件中，克服被訪談者對資訊的信賴度低或出於保護自己的心態而有所保留時的溝通。透過言語及非言語表達（溝通）之技術「使面談不斷繼續」（keeping the interview going），如眼神接觸、用放鬆的態度、堅定地點頭、身體位置的移動等表示有興趣；用技術列表來陳述問題，用新的方式，主動聆聽陳述也許能幫助訪談者診斷問題，而能繼續溝通。有效的訪談，應盡可能接收較多資料，爲防止重要資料漏失，在訪談前須考慮記錄之方法可用筆記或錄音。

(5) 會談結束後履行承諾並建立良好的善後回饋：在面談者與被面談者（個人或組織）間建立和諧與信用，用面談來交換資訊、描述、了解之程序對話是合作解決問題的關鍵。結束訪談也應誠懇，將資料送給訪談者並且說明會照訪談資料履行，對俟後類型的衝突提供程序上的建議。

表3-2-2　言語表達的技術

反應的形式	定義
1.精緻的發問	已經說過的事實要求再詳細的敘述
2.主動的聆聽	一個事實的陳述或已說過事務的解說
3.直接澄清的發問	直接要求澄清不明確或可疑的資訊
4.推斷澄清的訊問	先前反映的衝突事件資訊的澄清
5.彙總訊問	要求彙總先前陳述的資訊和要求證實資料
6.勇敢而冷靜地面對訊問	指出資訊資料矛盾不符之處
7.重複發問	先前訊問之事實再重述

資料來源：汪明生、朱斌妤等著，1999

二、資料的分析

訪問者常以所蒐集的資料做爲紛爭之資訊來提供給公衆，使易於分析衝突並用以策劃第三者之仲裁。

1. 製作資料報告

衝突管理者有系統的製作報告，端賴具時效性及質與量的訪談資料，包含其他衝突管理團隊或訪談者。

2. 整合資訊

各種來源資料之資訊整合，在複雜的社區及環境紛爭中，訪談所得到的大量資訊，爲方便結構化的記錄及資料的對照參考，資訊爲各衝突團體間關係的整合，爲的是了解紛爭，個案研究及時程表對解說衝突關係的發展有所助益。

3. 確認資料

資料蒐集常得到矛盾的資訊，資料報告時確認資訊準確度及交叉比對，可能訪問者的記錄不正確，或受訪者不經意的給予相反的資訊及對問題認知不同，衝突管理者必須試著去了解及校正資訊，做爲成功仲裁的論據。

4. 解釋資料

解釋資料是衝突過程中最重要也是最困難的部分，首先問卷的設計其功能是否具備顯示衝突中的資訊，提示分析之指導方針或衝突管理活動的發展基礎。問題不同，行動與回應都不同。分析類型針對人、問題、權力等，衝突管理者從這些方向取得各團體在紛爭中的關鍵問題、立場及利益的更多資訊。

完整地分析紛爭中的人、關係、價值觀、關鍵問題，對發展堅實的衝突管理策略式計畫是絕對必須的，其動態、利益的正確解釋，能使公平仲裁者或紛爭者設計出有意義及更有效率的回應。

三、資料的功效

經由詳細的資料的收集與分析，個人或團體可發揮其功效：

1. 發展一個適合的衝突管理計畫或策略。
2. 避免重蹈覆轍，當衝突程度已經達到不適合解決或管理的爭議中。
3. 理想的資訊與資料是所有的關係人所共享的，使用正確的資訊爲基礎，避免非理性或不重要的資料所引起的衝突。
4. 澄清並加強爭論點的解決。
5. 確認衝突事件中的各關鍵人物及互動關係。

四、小結

資料的蒐集分析爲發展衝突策略的重要步驟，能使複雜的社會及環境紛爭中的團體，提出更有創造性的回應及較滿意的決定。

捌、衝突管理的規劃

衝突管理規劃（conflict management planning）是關於雙方的衝突擬將眞正差異導入問題解決的建設性管道之設計的方法與步驟。衝突管理規劃之六個階段：檢討衝突分析、評估利益團體之目的、使策略利益相結合、因應問題的處理方法、選擇處理方法、發展特定計畫。

一、檢討衝突分析（reviewing conflict analysis）

取得有關問題、動態與人員等資訊，用來獲得與了解問題特性及各團體間之關係與聯繫，分析亦可揭示各團體利害關係的強度。

二、評估利益團體的目的（assessing the interests of the parents）

比較在爭論中各團體所希望的結果，並評估達成他們利益的障礙，都希望獲得滿意的解決。利益有三種類型：實質的（substantive）、程序的（procedural），和心理上的（psychological）。

（一）實質上的利益

即團體認爲他們需要滿意解決的具體結果。例如：涉及未來行爲或暫時解決之決議。

（二）程序上的利益

即指執行解決過程之方法。例如：所有的方案及團體之觀點均被考慮了的需求。

（三）心理上的利益

一團體希望從爭論過程獲致結果之關係類型。例如：團體間信任與開放溝通的關係。在評估一機構或一團體的立場和利益的目的時，必須考慮幾個因素：

1. 什麼是解決問題時，一定會遇到的利害關係？（實質的、程序的，或心理的）

2. 這些利害關係是否與其他團體所擁有的直接衝突？或有某些可相容或可雙贏的局面能達成嗎？

3. 在這些團體所追求之立場與利益中存在何種關係？這些衝突在日後於相同團體間會不會再度發生爭議？或僅係單一事件，不會再發生爭議。

4. 團體或法定代理人是誰？有多少餘裕時間供此代理人設計解決過程？爭議之可能結果？

衝突管理策略應與團體所希望達成之結果直接相關。Kenneth Thomas在《衝突和衝突管理》一書中定義了爭議之五個可能結果。Clark與Emrich列舉這些標題與結果，如圖3-2-6。

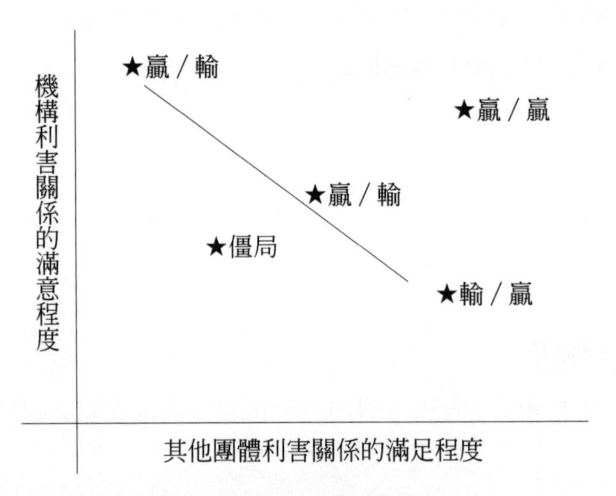

圖3-2-6 衝突之五個可能結果

資料來源：汪明生、朱斌妤等著，1999

（一）贏／輸—輸／贏

於左上角與右下角，贏方其利益獲得滿足，另一方卻輸了。最常發生於：

1. 一團體有壓倒性的力量。
2. 未來沒有很大的利害關係。
3. 贏的賭注很高。
4. 團體是極端獨斷的，輸方是消極的，贏家是積極的。
5. 爭議者的利益是彼此獨立的。
6. 一個或更多團體不合作。

（二）僵局結果

當團體之間不能獲一致協議時。發生於：

1. 沒有團體有足夠力量去解決問題且彼此不合作。
2. 缺少信任、溝通不良、過度情緒化，或不適當的解決過程。
3. 贏的賭注很低，或無團體關心爭議。
4. 與團體的利益不相干。

（三）妥協的結果

所有的團體爲獲得某些而放棄自己其他的標的。可能發生於：

1. 無任何團體有能力全贏，因此有某些合作、磋商或交換的額度。
2. 爭議者未來正面關係是重要的，但彼此不互相信任，以致不能一起工作。
3. 贏的賭注稍高。
4. 團體雙方都是獨斷的。
5. 團體雙方的利益是相互依賴的。

（四）贏／贏的結果

所有團體覺得他們的利益已滿足，其狀況如下：

1. 雙方團體不參與權力鬥爭。
2. 未來正面關係很重要。
3. 未來結果的賭注很高。
4. 雙方團體都是獨斷的問題解決者。
5. 所有團體的利益是相互依賴的。
6. 團體不必合作和參與解決問題。

上述的每一結果導源於特殊類型的策略。

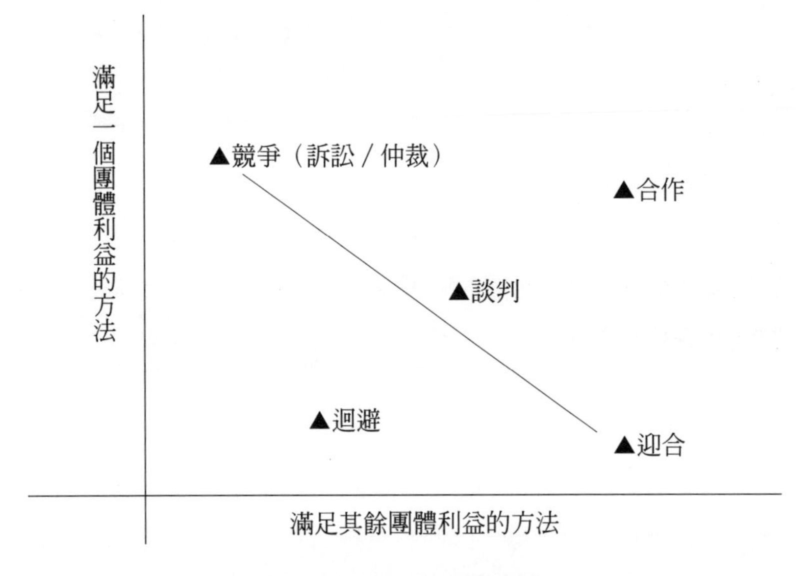

圖3-2-7　衝突之五個可能策略

資料來源：汪明生、朱斌妤等著，1999

三、將策略與利益相配合（matching strategy with the interests）

（一）競爭—輸／贏解決的方法

選擇達成確定利益的一般性管理策略。團體間的利益無法相容及接受，將選擇競爭之途，彼此努力爭取輸／贏的解決。

競爭策略包含：訴訟（litigation）與仲裁（arbitration）。

決定使用競爭策略時，一團體必須衡量其衝突行爲之成本與利益：

1. 經過長期衝突後，他們所想要獲得的結果，是否仍與短期者相同？
2. 團體有無足夠力量保證一定贏？輸了會發生什麼結果？
3. 此競爭會不會導致其他領域的競爭？
4. 競爭策略會引導至最期望的解答嗎？

（二）迴避—僵局的方法

迴避（avoidance）衝突可有生產性和非生產性的解決。人們避免衝突的各種理由爲：懼怕、缺少處理過程的知識、缺乏相互依賴的利益、對爭論的問題不關心或相信不可能達成協議。

迴避策略有不同層次，有中立、隔離、撤退。

1. 先宣告保持「中立」立場。如「我們在這時候對這問題仍無立場」。

2. 爲「隔離」。爭議者在利益衝突存在、工作已明確劃分，獨自從其他團體追求其利益。

3. 爲「撤退」。常被擊敗的團體，爲確保繼續生存及避免任何衝突。

（三）迎合—對別人的利益讓步

迎合（accommodation）即一團體將自己需求的利益讓予別人，希望未來會有更多合作的空間大致會使用正向的迎合策略。

1. 需要犧牲某些利益去維持正面的關係。
2. 希望表現或加強合作關係。
3. 利益是極端相互依賴的。

（四）談判—教育和磋商的策略

談判（negotiation）策略常使用於：

1. 團體認知無法達成雙贏的期望，而決定依其有限資源來分配。

2. 利益無相互依賴性和相容性。

3. 團體間不信任，致無法共同解決問題。

4.團體實力相當，彼此無法以利益強迫對方。

（五）合作—達成所有團體的需求

合作（cooperative），隨著新的組織發展方法及合作管理技術的興起，合作策略變成更普遍的衝突管理方法。談判的結果是固定資源的劃分，而合作是尋求擴大利益範圍，來達成所有團體的需求。

合作解決問題企圖使團體經由下列七步驟的策略：

1. 檢討解決問題的程序和期望。
2. 討論需求和利害關係。
3. 定義問題。
4. 評估選擇性，對選擇或答案有共識，產生選擇方案。
5. 發展執行方法及監控程序。

合作解決問題最好於下列情形使用：

1. 團體間有相當高程度的互信。
2. 團體有相互內部依賴性的利益。
3. 其有同等力量或其優勢且願意合作。
4. 投入的團體互相皆獲滿意的結果。

四、因應問題的處理方法（matching approach to the problem）

要針對衝突屬於潛在的、感知的但未高度對立、高度對立的衝突，發展與衝突層次相稱之特定方法。

（一）潛在的衝突

1. 潛藏在競爭的個體或團體及尚未組織化的社團。
2. 通常為低度感知衝突，但問題可能在任何時候提出。

3. 團體間已發生的問題甚少或迴避不溝通。
4. 對應團體所經驗的變化，並未制訂出特定因應政策。

（二）感知的但未高度對立的衝突

1. 個體或團體已形成明確的衝突團體。
2. 衝突團體已陳述問題立場。
3. 對問題有某些公共認知，尚未發展成非常對立狀態。
4. 衝突團體尚有合理的友誼關係。

（三）高度對立的衝突

1. 強烈的認知，阻礙任何解決問題的環節。
2. 衝突團體間彼此互不信任且溝通已破裂。
3. 指揮者、擁護者、組織結構，問題的立場和決策程序都已明確劃分。

五、選擇一處理方法（selecting an approach）

選擇一衝突管理之特定方法。透過資料蒐集、衝突分析、衝突評估、資訊交換、界定關切、利益、發展選擇方案、建立共識、安撫等程序，來因應衝突管理處理方法。

（一）衝突預期→潛在的衝突

對於團體潛在衝突早期即掌握有關問題，並協助設計回應來降低衝突的破壞性效應。

（二）合作→感知的但未高度對立的衝突

利益團體已感知衝突出現，但未產生高度對立時，合作的解決方式用來澄清及解決團體間差異的方法。

（三）談判／調處→高度對立的衝突

談判是利益團體透過相互教育和磋商正式的管道，討論彼此的衝突問題、差異、企圖、利益等且涉及不同解決方案的過程。調處適用於高度對立的爭議，由雙方接受的第三者公平但無決策權的介入談判過程，而與爭論的團體共同找出彼此可接受的解決方案之過程。

六、發展特定計畫（developing the specific plan）

在數據已收蒐集，問題已分析，利益經過評估，策略已被選擇，且處理方案已被界定之後，衝突管理者一定要發展一執行策略的特定計畫。

（一）檢討過程

1. 略述實質及程序的範圍。
2. 敘述行爲的指引與期望。
3. 解釋行動的順序及理由。
4. 建立或檢討協約。

（二）定義爭議事件

爭議對問題產生的意義或元素：

1. 定義爭議事件並區分主要和次要的。
2. 每一團體描述爭議點，提出問題來澄清爭議。
3. 討論資料的差異，澄清認知的差異，以及決定如何使用差異。
4. 建立討論問題的順序。

（三）討論需求、利益和關切的事項

1. 各團體列出利害關係，說明並提出問題澄清需求。
2. 將各需求和利益關係編寫下來，副本給各團體。
3. 產生選擇方案。

4. 每次選擇一個問題來運作，將問題分解爲更細的次問題。
5. 澄清爲何形成問題爭議，解決方案會達到什麼需求。
6. 產生一較廣泛的可能解答。

（四）評估選擇方案

1. 建立評估選擇方案的標準並使用於各方案。
2. 一起檢討所有方案的評估。
3. 檢討決策的時間表。

（五）選擇方案

1. 各方提案按照評估標準來檢討最可接受的方案。
2. 評論提案，磋商取捨刪除不可行的方案。
3. 設定評估期來檢討此決議。
4. 達成暫時協議，獲得有權者的核定。
5. 將實質協議正式化，達成最後協議。

（六）執行和監督協議

1. 建立執行的成功評準。
2. 界定執行決策的一般階段及特定階段。
3. 建立執行方案的組織結構及有權力影響改變的人。
4. 建立在執行及監督協議中可能發生之問題處理程序及違反決議時使用之程序。
5. 界定監督協議的方案。
6. 確定監督的人，以處理違反或堅持決議。

玖、談判協商

談判協商（Negotiation）對於在衝突關係中互賴牽扯，在利益分配不均的認知下，雙方要求理性談判對話來結合不同立場的觀點。爭論的事項中，如何對有限資源及利益分配的決策過程，談判協商是化解衝突僵局或建立合作架構的一種方式，營造或達成協議雙方最大的利益。

一、談判協商的定義

談判協商是指衝突的個人或團體不經第三者，透過平等的陳述事實交流彼此觀點的原則，資訊交換的過程，自願解決紛爭的方式，使分歧迅速得到解決，增進彼此的信任及團結，採用協商方式解決糾紛較具有時效性與靈活性，而企圖得到雙方同意的結論。談判協商的技巧是衝突管理在解決問題的方式，也可以說是一種「共同的決策過程」。

談判學會主席傑勒德.尼爾倫伯格于1968年在其所著的《談判的藝術》（The Art of Negotiation）中寫道：只要人們為了改變相互關係而交換觀點，或為了某種目的企求取得一致並進行磋商，即是談判。

英國談判學家馬什於1971年在「合同談判手冊」（Contract Negotiation Handbook）中說：「談判是指有關各方為了自身的目的，在一項涉及各方利益的事務中進行磋商，並通過調整各自提出的條件，最終達成一項各方較為滿意的協議，這樣一個協調的過程。

另外一項談判的定義是：「參與社會或人際衝突之雙方，在互動過程中，互相讓步妥協以達成協議而解決社會衝突的過程。

筆者對談判協商的定義：是指兩個（含）以上相關聯的個體或群體，因衝突所導致不和諧的狀態不透過第三者而所從事溝通協商之互動行為。

二、談判協商的類型

依談判協商所欲得到之結果分為分配性談判及整合性談判。

（一）分配性談判—又稱為輸贏（win or lose）談判

分配式談判策略又稱爲零和遊戲，爲一種競爭型的談判，雙方都想在有限資源中獲得最多之互相協調的過程，雙方視談判爲一場在固定大餅中爭奪戰役，故會運用策略來贏得極大値，亦即，一方贏另一方輸。

（二）整合性談判—又稱為雙贏模式

是一種合作的整合談判，衝突之處理以問題解決取向爲主，雙方分享資源且相互信任、互惠，甚至都能接受妥協結果的彈性，主要在追求共同的利益，試圖達到雙贏結果。

三、談判協商的型態（摘錄自汪明生、朱斌妤等著，1999，衝突管理）。

談判協商的型態因個人團體之互信而有多種形式。

（一）組織間的協商—水平式

談判爲團體、組織間所屬成員之水平式協議，通常稱之爲團隊之協商。團體內成員不同之權限、名望、資歷、技巧、資源的差異與衝突型態等皆影響談判之成果。

（二）組織間的協商—垂直式

當談判團隊分屬不同單位及意見來源時，又不具決定權，在此時，談判團隊必須再與具有最後決定權的代表者商量，才能通過決議。此類協商需使不在場談判而具有授權的人掌握狀況，才能儘速達成最後的協議。

（三）片面協議—利益授與（輸送）假公濟私

片面協議來自因內部成員未經授權下犧牲團隊或組織的利益，偷偷與對方私下授受來達成個人利益的輸送。

（四）片面的協議—安撫措施

片面安撫性的協議是發言人或主導議事者，以非正式的或私底下有利於雙方互信協商的資訊，來進行安撫或協商成員的措施。

（五）雙邊協商

雙方以發言人或主要授權者來主導進行之協商，通常會先回顧以往之爭議過程再界定爭議問題點及利害關係，然後提出替代方案討論再達成協議。

（六）外在因素及壓力

未在談判桌上或有代表參與的團體，可能會設法影響協議的條文內容，其壓力之型態為：新的媒介團體、公眾意見輿論、司法決定、立法、議事遊說團體、其他分屬單位之政策及措施或示威遊行等。

（七）集體式參與

雙方談判有關人員皆參加之集體或談判會議，使過程相當複雜及費神費事。

（八）多邊談判

爭議談判衝突成員相互關係影響的複雜性，大多數社區和環保爭議通常超過雙邊甚至五邊團體，而其交互影響狀況則更多。

四、有效能談判的條件

影響談判良窳之條件相當廣泛，但為取得雙方同意的協議和解及達到有效能的狀態，經整理後尚需具備下列條件：

（一）雙贏策略

雙向的溝通或談判才能達致成功，找出雙方的共同點及可接受共贏的策略，談判時創造雙方互惠的條件，並以此作爲談判的基礎，且在雙方友善條件下，建立俟後合作的基礎，化危機爲轉機、敵人變成朋友。

（二）談判協商事先規劃

孫子兵法：「知彼知己，百戰不殆。」中明述一件事的成功必須事先準備，因爲機會是給有準備的人，哈佛大學經營管理研究所在「談判技巧」課程：「如果能事先規劃談判的主要內容，此一談判等於已經成功了一半以上。」，談判的人時地事之重點資料，都必須在談判前仔細規劃及「沙盤演習」找出可能之狀況，以便預先準備好應對方法。

（三）謀略與技巧

靠情報收集的資料愈多談判籌碼愈多。談判間「爾虞我詐」充分運用頭腦難免彼此間會有「僞裝」和「欺騙」的謀略。談判技巧是將所學的知識與經驗及情報整理融合貫通後，實際談判時應對進退、拿捏適宜、彈性處置，維持良好的「溝通」。言語與非語言等技巧，正是引導談判成功的重要道具，而權限、資歷、資源的差異都會影響談判技巧的純熟度。

（四）同理心的溝通方式

在談判的過程中應該達成的目標、利益如何？要先站在對方的立場想想，以同理心建立人際關係，動之以情增強感性的說服能力，如果一開始就忽略對方的利益及困難，則談判注定不會成功，以關心的姿態先加強與對方之關係，確實可以收事半功倍之效。

拾、開會的方法

作者韓克爾（Shri L. Henkel）《成功的會議》：「會議應該是互動的，不

應是被動的；會議應該是有架構的，不應是散亂的。」（張漢宜，2010）

很多會議都是「開會開不完、愈開愈混亂」，形式會而不議，議而不決，決而不行，無法解決衝突點所在，演化更多的問題，原因都出在議程設計不當及技巧的應用不適宜。

希望衝突點問題層次的處理能夠在開始著手時，能進一步釐清其中所涉及之因素，先行發現問題的所在，再來對問題本身進一步了解，繼而能明確界定問題，並找出能化解問題的適切替代方案，獲得能化解問題的有效行動方案。對利害關係人而言，原來都有各自的立場及觀點，但積極參與會議的溝通對話，耐心傾聽他人想法，修正補強自己想法後得到結構化共識，而形成多元社會中公民參與公共事務，是較為恰當的一種思維方式。

衝突管理的開會都屬於”開放式”的會議，各利害當事人「目標與策略不明」，藉著會議的溝通來釐清問題或探尋解決方案。

以下以筆者引進Warfield於1980年代所發展互動管理，亦屬”開放式”的會議，其方式系以連續經由一個或多個回合的互動來達成三階段中，包括計畫階段（planning phase）、互動階段（workshop phase）與追蹤階段（followup phase）來論述開會技巧的步驟（汪明生，2011）。

開會技巧的三階段分為三個：計畫（會前）、互動（會中）、追蹤（會後），會前的計畫準備工作會影響到會議內容的深度與廣度，會中參與者交流互動影響到互信互賴策略的純熟與完整，會後的追蹤延續會議紀錄的使命及俟後的經驗傳承。

（一）計畫階段（planning phase）

計畫階段必須事先的準備工作，如參與者邀請、發展議題白皮書、問卷調查的編撰。

1. 選擇合適的參與者

要求會議得到有良好的效果，首要關鍵因素就是參與者。衝突的解決涉及層面不只衝突者本身，尚需要專者學者的事實分析，政府官員的政策分析，呈現出衝突的多元價值。參與者的選擇，基本上必須涵括各種當事人群體，故對於有相關的關係人都必須邀集與會。開會人數西方國家理論上5-9人不超過十人，但東方保守實際上約12-20人，較具有集思廣益的效果。

2. 選擇合適的議題

選擇合適的議題後，必須從事資料收集、進行分析與整理，對於議題認知差異的關鍵點，可爲會議互動時主軸；之後開會前7-10天發放白皮書給參與者，其目的在於使參與者對討論之議題有較完整的了解，每位與會者均事先準備，才能助於會議迅速進入有效討論及決議。

3. 問卷調查的編撰

問卷調查並非互動階段的步驟。而是爲了解參與者在進行互動會議前後心理認知的改變，衝突議題是否產生不同的看法或共識的達成，建議於參與者正式進行互動前進行的事前問卷調查（前測），並於互動結束後進行事後問卷調查（後測）。

（二）互動階段（workshop phase）

在此階段，所有的參與者都要形成團隊，他們的工作將由技術純熟的IM會議主持人根據互動計畫來帶領。其中包含著三個主要概念，即背景、實質內容與會議程序。其中背景是於規劃階段中所確認的範疇界定；實質內容由事先參考過白皮書的參與者來提供；會議程序則由IM的主持人來引導。互動階段的步驟分爲提出意見的階段（觸發問題）、澄清意見階段（澄清問題）等。

1. 提出意見的階段（觸發問題）

提出問題解決策略的階段，針對議題以簡要的用語策略擬定。參與者必須先安靜地思考至少10分鐘，安靜是爲了提高思考的品質，無論參與者提出什麼意見，在提出意見階段應以鼓勵有助於衝突點的解決。如果收集到共通性的策略多，達到共識較容易，也可能激發其他參與者的創意。

2. 澄清意見階段（澄清問題）

澄清意見階段，依序說明及討論以澄清問題，一旦離題主持人必須導回議題並適度仲裁意見衝突者，可利用表決解決爭議。對意見的修改、合併、分割、撤回或新增均需經參與者過半數的同意。

3. 互動成果的呈現階段

所有的參與者經過觸發問題、澄清問題，票選出參與者認列最重要的解決方案，其結果是所有的意見共識的達成、闡述、編輯、和建構，參與者必須了解實質的想法與努力之互動成果的詮釋。

（三）追蹤階段（followup phase）

當計畫階段和互動階段已達成某種程度的結果之後，接下來可能包括反覆討論、實施或同時進行，在追蹤階段，互動的結果會被執行或繼續進行下一回合。結構化策略提供政府參考，並追蹤後續成效。

（四）優點

能確保參與者間的水平（立足點平等）對話，能充分尊重多方當事人，參與者能暢所欲言、據理力爭，能凝聚合理的結構化共識，具體實踐共和主義公民身分觀點，符合多元民主社會對公民參與公共事務問題的要求。

拾壹、調處與仲裁

衝突利害關係人彼此雙方無法自行經由談判協商解決衝突，需要依賴第三者以協助解決其紛爭。

一、調處

（一）調處的定義

一般較易混淆，現就調解、調處等觀念稍加酌述：

1. 調解（Conciliation）

調解是一種非強制性的衝突爭議解決方式，在民事訴訟法或鄉鎮市調解條例有明文的規定，則調解一旦成立，與仲裁判斷一般，具有拘束當事人的效力。所謂調解，是指以仲裁機構、法院或其第三人扮演調解人，調解人非以自身立場爲主，會場邀請自願的雙方簡述論辯其觀點，並公平超然分析、建議、調解能接受的底線，在理性明辨下以當事人的合意來解決紛爭，促成雙方和解。

2. 調處（Mediate）

衝突當事人自發性程序願參與決策的過程並擁有自主權，調處人幫助爭論者解決彼此間的歧見，並無權強制任何協議的達成。調處委員會依調解程序先行調解，如雙方無法和解，則調處委員會可依專業或法令規定做成調處決議來促成雙方和解。

例如「租佃爭議」：當事者向當地鄉（市）公所之調解委員會提出申請調解，調解不成立時，鄉（市）公所會將案件移送上級機關，縣（市）政府調解委員會調處，再調解不成立時，縣（市）政府調解委員會會做成調處決議，然後將案件移送地方法院審理。

（二）調處人的工作

根據Honeyman（1992）研究指出調處人的工作包括：(1)蒐集背景資訊；(2)促進溝通；(3)資訊傳遞；(4)分析資訊；(5)案例管理。

表3-2-3 調處人的工作

項目	工作內容
蒐集背景資訊	1.閱讀相關資料以了解事情背景、爭論者。 2.從協調者或其他調處人的個案中蒐集背景資訊。 3.閱讀法律或其他技術資料以獲得背景資訊。 4.閱讀並跟隨程序，指示，時程，截止日。
促進溝通	1.與爭論者會面並做介紹。 2.對爭論者解釋調庭過程。 3.回答爭論者關於調處的問題。 4.傾聽爭論者對問題以及主題的描述。 5.詢問中性的、開放式的問題，以獲得資訊。 6.總結爭論者的敘述並加以釋義。 7.營造氣氛以使氣憤與緊張也能變得有建設性。 8.著重於主題加以討論。（而非人格或是情緒） 9.對當事人表達尊敬與中立。
資訊傳遞	1.請爭論者對專家或其他服務蒐集資訊，或是請這類專家加入調處程序。 2.請爭論者蒐集有關法定權力及求助的資料來源。
分析資訊	1.定義並釐清個案的主題。 2.辨別重要的以及不重要的主題。 3.檢測並說明隱藏的主題。 4.分析在爭論中人際間的動態關係。
促進協議	1.幫助當事人做出選擇方案。 2.幫助當事人評估各解決方法。 3.評估當事人對解決問題的準備程度。 4.強調和解的範疇。 5.釐清並擬定和解要點。 6.清楚地告知當事人可能和解方案的限制。 7.坦率地告訴當事人未做成和解的後果。
案例管理	1.評估案例的範疇、強烈度，以及訴訟事件。 2.徵詢意見以測知所提供的調處服務是否公正或恰當。 3.徵詢意見以決定需從既定情形下之常用做法中作何種修正。 4.適當地將調處結束或展期。

資料來源：汪明生、朱斌妤等著，1999

（三）調處的好處與優點

調處有許多的好處與優點，列述於後：

1. 對衝突管理提供有效模式

調處對衝突管理提供有效模式且是較正式的合法過程。

2. 調處是一個教育的過程

調處是一個教育的過程，參與者能提供並歸納其所學，並考量彼此的需要。

3. 調處是有彈性可適應各種不同的情況

調處是有彈性的較沒有威脅，不受任何規則或程序所限制，可適應各種不同的情況。

4. 利害當事人可完整的敘述並獲得尊重

尊重參與者並在有效的調處整個過程中加強其角色，爲情緒需要的調整較能被完整的傾聽並予以尊重，得到的回應快速確實。

5. 利害當事人可掌握調處的流程與協議內容

調處參與次數頻繁，加強持久協議的機會，當事者的問題有較多時間申述與解決，過程中能掌控的部分亦較多，充分表達已見並使協議滿足。

6. 調處的結果較能讓利害當事人滿意

比起法院審問及判決的結果，當事者同意做的事並不是法院所能命令，救助的彈性較大，根據統計調查顯示，當事人對調處的結果較爲滿意。

7. 事後追蹤具體成效斐然

擁有的權力較多，當事者參與其中而產生的和解紀錄，有責任使其確實執行，事後追蹤階段效果較顯著。

（四）調處總體和個體技術

調處人Barsky認爲調處人應能應用兩方面的技術：總體技術，處理在調處中的整體計畫；個體技術，是明確的仲裁，使團體達成協議。

調處過程有以下層面的綱要：

表3-2-4 調處總體和個體技術

總體技術	
環境的應用	周圍的自然環境，傢俱的擺設，製造一種可信賴、專業化的環境及公平的氣氛。
自我的認知	認知自己的偏見、價值、成見。
教導調處的過程	調處人具有的技術，如腦力激盪、聆聽、面對和妥協。
認定型態、關係，和問題	調處人須認定在衝突中的動力，包括實質和抽象的，如年紀、權力的不平衡、溝通、明確的問題。
管理過程	調處人能提供規則且強調規則，調處人有責任控制整個過程。
個體技術	
衝突減少的技術	調處充滿了不一致，包括潛在和明顯的，調處人應允許情緒的公開討論，讓人們能超越自己的情緒。調處人能認定雙方團體的情緒。透過自己或使用身體語言，引導改變。
改善溝通的技術	提供團體有積極的加強作用，引導團體在適當的立場彼此交談，將想法和情緒分開。讓一個團體站在他方的立場也是可行的。
澄清協議	使意見一致的發展，並小心蒐集資料。問題必須澄清，並且與其他問題分開，並且將衝突分成數個部分。

資料來源：汪明生、朱斌妤等著，1999

（五）調處機制與運用範圍

調處機制與運用範圍，依機關組織層級可分為中央主管調解業務及地方主管調解業務和鄉鎮市區調解委員會等，其相關單位業務職掌不同，亦會形成各種委員會，且形成上下垂直聯繫之作用，共同宗旨在利用在地資源解決當地的困擾，加強在地化的團結、減少訴訟機率，節省人力、財力、物力之浪費與精神負擔，提昇社會人和為善的祥和氣象，其相關業務包括勞資糾紛、耕地租佃、畸零地、商務仲裁、著作權、車禍賠償、清償債務、房屋租貸、家庭糾紛、傷害糾紛等。

民眾若有糾紛，可鼓勵從最基層的鄉鎮市區調解委員會來處理，透過中立專業的調處人來仲介彼此的衝突與執著點，減少訴諸法院訴訟的可能。其原則在於不違背法律強制、禁止，或公共秩序與善良風俗；其效力是經調解成立又經法院核定後，即具民事判定效力；而調解成功的案例逐年增加（達六成），效果可期。

（六）調處人的責任

Marshall指出對調處人而言，有以下十個主要責任（汪明生、朱斌妤等著，1999）：

1. 維持調處過程的品質。
2. 追求對當事者的公平性。
3. 協助當事者獲益。
4. 維持建設性的交易條件。
5. 確保調處過程中自願合作。
6. 激勵當事人控制自己的情緒和促進衝突的解決方法。
7. 公平地處理每位當事人的陳述時間及資訊分享，避免差異對待，確保雙方完全認知自我的利益和法律權利。
8. 關心協議的合適性。
9. 提供新的調處方式供當事人選擇。
10. 利用調處中的機會盡量訓練，增加與其他人接觸的專門知識。

整個調處過程的目的是要：幫助當事人釐清實質上的關係，闡釋其利害，並對雙方利益的方案上著墨，觀察當事人對決策之了解及自身權益，並制定獨立客觀的標準以在各方案間進行選擇，調處中演變出很多棘手的問題如權力不平衡、法律與平等，而調處人可能會感到需要扮演更實際的調處人角色。換句話說，其目的在於設定規則、控制議程、認眞服務，以幫助有原則的協調程序得以實施、實現。

在此特別強調調處不是仲裁，和解非全部的結果，不是完全由當事人做最終和解與否的決策。

二、仲裁

對於仲裁的定義、適用範圍、類型、特點等，特從MBA智庫百科20120530網路摘錄，有助於閱讀者了解並比較調處之差別。

（一）仲裁的定義

仲裁是指糾紛當事人在自願基礎上雙方達成協議，當事人將糾紛提交非司法機構的第三者審理，作出對爭議各方均有約束力裁決的一種解決糾紛的制度和方式。仲裁在性質上是兼具契約性、自治性、民間性和準司法性的一種爭議解決方式。

（二）仲裁的適用範圍

仲裁的適用範圍是指何種糾紛可以通過仲裁解決？這就是我們通常講的「爭議的可仲裁性」。《仲裁法》的第2條規定：平等主體的公民，法人和其他組織之間發生的合同糾紛和其他財產權益糾紛，可以仲裁。

明確了三條原則：1.是發生糾紛的雙方當事人必須是民事主體，包括國內外法人、自然人和其他合法的具有獨立主體資格的組織；2.是仲裁的爭議事項應當是當事人有權處分的；3.是仲裁範圍必須是合同糾紛和其他財產權益糾紛。

（三）仲裁的類型

根據不同的分類標準，仲裁可以劃分爲不同的類型：

1. 國內仲裁和涉外仲裁

根據所處理的糾紛是否具有涉外因素，仲裁可分國內仲裁和涉外仲裁。國內仲裁是本國當事人之間，爲解決沒有涉外因素的國內民商事糾紛的仲裁；涉外仲裁是處理涉及外國或外法域的民商事務爭議的仲裁。

2. 機構仲裁和臨時仲裁

根據是否存常設的專門仲裁機構，仲裁可以分爲機構仲裁和臨時仲裁。機構仲裁是當事人根據其仲裁協議，將它們之間的糾紛提交給某一常設性仲裁機構所進行的仲裁；臨時仲裁是當事人根據仲裁協議，將他們之間的爭議交給臨時組成的仲裁庭而非常設性仲裁機構實行審理並作出裁意見書的仲裁。

3. 依法仲裁和友好仲裁

根據仲裁裁決的依據不同，仲裁可分爲依法仲裁和友好仲裁。依法仲裁是指仲裁庭依據一定的法律規定對糾紛進行裁決；友好仲裁則是指經當事人的授權，仲裁庭依據它所認爲的公平的標準作出對當事有約束力的裁決。

（四）仲裁的特點

仲裁的特點包括：自願性、專業性、靈活性、保密性、快捷性、經濟性、獨立性。

1. 自願性

仲裁以雙方當事人的自願爲前提，是否提交仲裁，交與誰仲裁，仲裁庭如何組成，由誰組成，以及仲裁的審理方式、開庭形式等都是在當事人自願的基礎上協商確定的。因此，仲裁是最能充分體現當事人意願自治原則的爭議解決方式。

2. 專業性

民商事糾紛往往涉及特殊的知識領域，會遇到許多複雜的法律、經濟貿易和有關的技術性問題，故專家擔任仲裁員更能體現專業權威性，根據我國仲裁法的規定，仲裁機構都備有專家組成的仲裁員名冊供當事人選擇。

3. 靈活性

由於仲裁充分體現當事人的意願自治，仲裁中的諸多具體程序都是由當事人協商確定與選擇的，因此，與訴訟相比，仲裁程序更加靈活，更具有彈性。

4. 保密性

仲裁以不公開審理爲原則，有關的仲裁法律和仲裁規則，也同時規定了仲裁員的保密義務。

5. 快捷性

仲裁裁決一經仲裁庭作出即發生法律效力，這使得當事人之間的糾紛能夠迅速得以解決。

6. 經濟性

仲裁的經濟性仲裁無需多審級收費，使得仲裁費相對減少，仲裁的自願性、保密性沒有激烈的對抗，不會洩露商業秘密致成本提高。

7. 獨立性

仲裁機構獨立於行政機構，在仲裁過程中，仲裁庭獨立進行仲裁，不受任何機關、社會團體和個人的干涉。

拾貳、小結

傳統上針對衝突管理的消極因應，在於避免和解決衝突的觀念，已產生脫胎換骨的觀念。新的衝突管理理論如何更人性，以系統、科學的方式來解釋分析個體與群體，因爲衝突產生認知價值之差異，已是一新的學派，視衝突爲團體現象中的正常過程，而爲社會化的一種形式。故如何管理、引導衝突，激發潛在壓力的舒緩，能重視、處理問題並做出正確的決定，收納不同的意見增強成員對團體的關心要獲得一致的共識，才能創造多贏的機會。

第三節　結論

衝突不但刺激經濟、社會及政治的改變，同時也瓦解了舊有的傳統風俗和規範，造成環境系統、整個社會結構內部新舊交錯的撞擊、價值更替改變的重要因素，其程度大小是無法事先預測的。雖然衝突是人類社會中難以避免的現象，衝突除了破壞外，尚有建設性的貢獻，因此，順應時代所需，不應忽視衝突在促進改革的積極角色與功能。

衝突的組織文化是變革的動力，先入為主情緒反應的觀念，以致形成談判障礙已為時代淘汰，如何構思以包容雙方共同利益之解決方案，談判者必須確認對方立場及其原因，合作努力尋求雙贏的妥協。由於衝突與合作並非水火不容，同時衝突利害關係人也未必是全然相互競爭的，隨著觀念的變遷有效的談判協商策略，是避免衝突的一個方式。

通常衝突中存在著競爭與合作的混合關係，是以在運用衝突管理的原則與方法時，秉持兼顧主、客觀評估標準等態度，對事（問題）不對人；重視公共利益而非堅守立場；尋求互利的方案；追求整合協商談判的空間，創造異中求同的共識決策。

第四章　風險與管理

從全球經濟流轉和資訊科技發達的大變動衝擊下，社會產生重大質變，西方的美國約於1970年代左右，我國與中國大陸也相繼於1990年與2010年代左右，市民社會觀念興起民權主義的發展及社會階級、教育水準、經濟條件等載體條件的不同，影響到個人對於事物的看法或價値觀的判斷，越來越多人對與自身相關之利益感到敏感，不斷揚升私益而貶低公益，儼然產生不可避免之衝突，因此常常因爲意識形態僵固而無法形成團體共識的風險。

此章風險與管理主要分爲風險和風險管理兩大部分，將於本章說明之。

第一節　風險

損失的發生可分爲風險及不確定性所造成，風險是指在某一特定環境及時間內，可透過統計分析及數學機率來預測事件發生的可能性，也因此可以透過風險管理來降低風險發生的損失；而不確定性，則無法透過統計來預測損失發生的時間及嚴重性，例如天災人禍。

當下媒體竄起、資訊混亂、耳語相傳的問題甚囂塵上，已經進入風險社會了，故現代化之風險是指，未來可能會發生影響社會群體或組織目標達成的事件或行爲。現針對風險理論的發展過程、定義、特徵、類型的分類，用各方觀點及筆者的PAM之條件面、本質面和現象面三面向爲基礎論述之。

壹、風險的發展

風險理論大體上可歸納爲兩類：爲客觀實體派的風險理論有保險精算、流行病學、安全工程、經濟學、財務理論等學科；另爲主觀建構派的風險理論有心理學、社會學、文化人類學與哲學等。

一、客觀實體派的風險理論

現實論或實證論者都認爲，風險是可以利用科學方法預測且客觀存在的實體。實證論（positivism）是客觀實體派論點的基礎，假設萬物皆獨立於心靈世界之外，不將人的認知價值納入考量，研究上強調價值中立。

此派主要以客觀機率[1]（Objective Probability）概念，風險眞實性的規範與採計是以量化數字觀點的高低爲認定基礎。如保險精算、流行病學與安全工程的風險概念，屬於此派。

（一）保險精算、流行病學與安全工程的風險概念

某一事件於特定期間內，發生的頻率、事件涉及的金錢價值謂之幅度，頻率與幅度之積即謂該事件的預期值，保險精算中預期值是風險的基本評估單位，又謂風險數理值。

在安全工程中，系統安全失效機率評估，常使用事故樹或失誤樹，分析評估每一可能發生安全失效事件的機率後，再綜合得出整體工程系統安全失效的機率，謂爲機率風險評估，所得的預期值謂爲綜合預期值。

（二）經濟學與財務的風險概念

經濟學與財務理財的概念，用最少的成本換取最大的利益，故風險即是有賺有賠，包含獲利面及損失面。

1 客觀機率係是某一事件於特定期間內發生的頻率。

（三）對客觀實體派的批判

客觀實體派引起衆多學者的諸多批判，認爲風險的原素包含客觀因素，其本身就是問題，且風險評估中的權重考量，無法免除人們的價值觀與偏好，需考量體制及外在環境的變動，另外災害的引發及後果與人的互動是極複雜的，很難用機率運算可解讀的。

二、主觀建構派的風險理論

主觀建構派是主觀風險的觀點，以心理學爲主並仍保留實證論的思維與風險建構觀點，探討人們思考風險的方法與過程的併稱。此派主要以主觀機率（subjective probability）爲主，係指主觀信念的強度，認定某一事件於特定期間內發生的頻率，風險理論有心理學、社會學、文化人類學與哲學等屬於此派。

（一）心理學的風險概念

心理學是以主觀機率來規範與測度不確定性，主觀判斷與主觀預期效用是心理學說明風險的核心概念，而主觀預期效用值是基本的評估單位。個人主觀機率與判斷是個人風險認知、風險偏好與風險行爲的主要依據。

Renn, 1992認爲心理學的風險理論提供的貢獻：心理學的風險概念可顯示出，社會大衆心中的關懷與價值信念、風險偏好及想要的生活環境生態並有助於風險溝通策略的擬訂。最後，展現了以客觀風險評估無法顯現的個人經驗。

（二）社會學、文化人類學與哲學的風險概念

人文學者開始以後實證論的思維基礎，將人的認知價值心靈世界納入考量，思考風險在後現代社會中的角色，以及人們建構風險的方式，此謂爲風險建設理論。

四、風險理論各類領域比較表

表4-1-1　風險理論各類領域比較表

各領域	風險單位	判斷風險方法	主要應用範圍	派別
保險精算	損失之預期值	從歷史資料去推估	保險	客觀實體派，風險是屬於單一面向的
流行病學	對人體傷害之預期值	動物實驗或健康調查	健康與環境保護	
機率風險評估（PRA）	安全失效過程之綜合預期值	事故樹&失誤樹	安全工程	
經濟學	預期效用	風險與效益的比較以金錢來衡量	決策	
心理學	主觀預期效用	心理測驗	1.策略與法規的擬定 2.衝突的解決與協調 3.風險溝通	主觀建構派，風險是屬於多面向的
社會理論	社會公平和社會競爭的知覺	調查&社會結構分析		
文化理論	參與值	階層團體分析（GGA）		

資料來源：Renn,1992，p57。何子銘，2008

貳、風險的定義

風險的定義指潛在影響組織目標達成的事件及其發生的可能性及影響度。風險因具有不確定性、傷害性而能阻礙組織的發展及目標的達成，其損害程度會因了解、準備的程度不同而有異。

損害程度分爲直接損失與間接損失，不單指金錢的減少，尙包含心中價值的落差。某事件損失機率分配所反應的變異即爲風險，損失變異的程度即謂風險程度。

參、風險的特徵

風險的特徵（characteristics）是隱晦及不確定性會對組織目標達成具有衝擊且隨時變化的影響性，分爲規律性及偶然性的風險，規律性風險可以用機率加以測度然偶然性的風險較無法測量，風險無法完成消除，但是客觀存在，可採用防範措施防止或降低而導致的損失。風險具多屬性，包含自然屬性（如天然災害）、經濟屬性（如金融海嘯）、社會屬性（如街頭抗議）、政治屬性（如政爭衝突）等。因此，在衡量不同面向的風險屬性時，必須配合不同的衡量指標及尋求專業知識人員予以準確的分析及判斷。

肆、風險發生的因素

風險是針對未來的事件的發生及損失均不確定，但可能會造成致命性的影響。風險包含了機率與損失二項變數，風險發生的因素是指引起損失機率和程度的條件，涵括天然風險及人爲風險：

一、天然風險

天然風險是大地萬物引起不可測知之實質風險，指對某一標的物增加風險發生機會或者導致嚴重損傷和傷亡的客觀自然原因。如地震、颱風、海嘯等導致的風險因素。

二、人為風險

因爲人的心理與行爲和認知的道德行爲之疏忽和過失而引起之因素。例如亂扔煙蒂引起火災、開車不遵守交通規則引起交通事故等。

伍、風險的類型—各方觀點

風險的類型有多種方法，常用的各方觀點有以下幾種：

一、依暴露體的性質劃分

(一)實質資產的風險，係指不動產或非財務性動產（例如商譽、著作權等）可能遭受的風險。

(二)財務資產的風險，係指財務性資產（如債券、股票、期貨等） 可能遭受的風險。

(三)責任暴露風險，係指因法律上的侵權或違約，導致第三者蒙受損失的風險，例如台灣核四違約的可能賠償等。

(四)人力資產風險，係指人們因傷病死亡導致經濟財務不安定的風險。

二、依個體或群體劃分

(一)個別風險（individual Risk）爲個體在特定期間內可能遭受的風險。

(二)社會風險（societal Risk）爲群體在特定期間內可能遭受的風險。

三、依參與者的意願為歸類基礎分

(一)自願性風險（voluntary Risk）爲參與者自願從事的活動所產生的風險，例如開車、吸煙等。

(二)非自願性風險（involuntary Risk）爲被動性風險如車禍等。

四、按照風險致損的對象劃分

(一)財產風險（property risks）爲各種財產損毀、滅失或者貶值的風險。

(二)責任風險（liability risks）爲法律或有關合同規定，因行爲人的作爲或不作爲導致他人財產損失或人身傷亡，需負經濟賠償責任的風險。

(三)人身風險（personal risk）爲個人的疾病、意外傷害等造成殘疾、死亡的風險。

五、依可能的結果劃分

(一)純粹風險（pure risk） 爲只有受損而沒有獲利的風險，危害性風險（hazard risk）是純粹風險的特質，蓋因對安全與健康有危害的因子，只出現受損的可能。如輻射外溢、拒吸二手煙、飆車、信用風險。

(二)投機風險（speculative risk）爲可能獲利或受損的風險。財務性風險（financial risk）則大部分是投機風險的特質，因爲大部分財務性風險，主要是源自市場中商品價格、利率或匯率波動損益的市場風險，可能的獲利或損失。如債券、股票、期貨等。

六、按照產生風險的環境劃分

(一)靜態風險（statistic Risk）爲自然力的不規則變動或人們的過失行爲導致的風險，如天災、地震。

(二)動態風險（dynamic Risk）爲社會、經濟、科技或政治變動產生的風險，如股市因政變引發的風險。

七、按照風險發生的原因劃分：自然風險、經濟風險、社會風險。

(一)自然風險（natural risks）爲自然因素所造成的風險。

(二)經濟風險（economic risks）爲經濟活動過程中，因市場因素影響或者管理經營不善，導致經濟損失的風險。

(三)社會風險（social risk）爲個人或團體在社會上的行爲導致的風險。

八、依風險效應可否抵銷劃分：系統風險、非系統風險。

(一)系統風險（systematic risk）爲風險效應無法被抵銷的風險謂系統風險／不可分散的風險。

(二)非系統風險（non-systematic risk）爲風險效應能被抵銷的風險謂非系

統風險／可分散的風險。

九、Baran及Mason風險類型及解決途徑

Baran（1993）及Mason（1989）兩位學者針對風險範圍劃分類型，並提出解決途徑。

（一）風險的類型

當公衆面臨到健康、安全及環境災害等問題時，風險溝通就開始扮演一項相當重要的角色。近年來在美國和歐洲等國家，政府已重新制定新的法律，規定企業和政府部門必須（有義務）告知公衆相關的風險資訊。Baran（1993）指出在美國和歐洲等國家，政府和產業皆有義務將下列三種風險的範圍告知公衆：

1. 消費者風險：主要是來自有害的產品。
2. 工作者風險：主要是來自危險的工作場所。
3. 社區風險：主要是來自於各種產業，包括突發的意外事件及有害人體的氣體外洩等。

除此之外，Mason（1989）在美國疾病控制中心（Center for Disease Control）任職的經驗中，亦整理出下列三種風險的類型：

1. 傳染病風險：如AIDS、天花等傳染性疾病。
2. 加諸自身風險：如抽菸、酗酒、吸毒以及安全帶的使用不當等攸關自身的不當行爲。
3. 環境災害風險：例如毒氣外洩等危害人體的空氣汙染。

（二）解決途徑

Baran（1993）及Mason（1989）兩位學者除了指出風險種類的不同劃分範圍及因應的對策（見表4-1-2），以幫助政府制定公共政策，並爲個人的日常生活提供最有用的訊息。

表4-1-2　Baran（1993）及Mason（1989）風險種類及解決途徑

類型	解決途徑
消費者風險	補償、告知的義務或改善產品的風險分析與溝通
工作者風險	將與工作有關的疾病告知工作者
社區風險	產業提出自我評估，開誠布公的與政府合作，掌握最有效的事件控制及緊急措施
傳染病風險	由公眾、健康專家及政府決策者來共同參與
加諸自身風險	政府提供建設性與眞實性例證
環境風險	政府有責任來加以管理

資料來源：汪明生、朱斌妤等著，1999

陸、風險的類型—PAM

以筆者所創PAM整合參考架構來論述風險的類型。

一、載體條件型的風險

其風險大致如下：

（一）自然條件型風險

自然條件則包括環境、空間、土地、區位、資源分佈與風土氣候等，如颱風、地震、水旱災、氣候暖化所產生之風險。

（二）社會條件型風險

社會條件包括產業、人口、組織、制度、創業精神、社會資本等，如人口斷層老化、違背善良風俗等軟體基礎設施所產生之風險。

（三）實質條件型風險

實質條件包括水電、住宅、交通、衛生、生產條件與公共設施等，如傳染病的漫延、公共財之浪費等硬體基礎設施所產生之風險。

二、個體認知型的風險

（一）判斷分析型風險

事實判斷上，在事務的處理上太過尊重專業見解與經驗知識作爲評審之規範標準，易形成理論與實務脫節之風險；價值判斷上，尊重政策利害當事人之認知價值爲判斷基準，易形成僵固，無法形成共識之風險；人際判斷上，連結群體與個體時過於重視團隊績效，易形成假象，平等與團體迷思的風險。

（二）資訊落差型風險

在資訊交流環境開放中，充斥著傳播媒體的放送及隨手可得、似是而非的資料擷取，以及搜尋技術殊異而產生資訊落差等，會形成改變民衆的認知，進而態度與行爲影響之風險。

（三）知識鴻溝型風險

利害當事人因教育環境和文化背景的差異，而形成個別知識領域及偏好與價值。城鄉差距的遠近及教育落點的輕重，其立足點的不平等，都造成民衆知識的厚薄程度，產生判斷取捨、形成多元意見、對政策的歧異鴻溝，都形成妥協後產物之風險。

（四）道德矇蔽型風險

除資訊與知識外，公民形成判斷尙需道德與智慧，但組織內外的忠誠互信及體諒尊重都不夠而形成理性不足，然因道德矇蔽故對於政府所制定政策缺乏充分的判斷能力而所產生之風險。

（五）倫理節制型風險

中國傳統之人際規範係以五倫爲基礎，但個體與群體間的互動著重自私鑽利，共利之群體倫理，已蕩然無存且層級不分，致協和節制功能不彰之風險。

三、群體行為型的風險

（一）經濟市場失靈的風險

在經濟面易產生以利益爲優先之市場機制，致供給需求不合與行銷招商不易之狀態，因市場失靈致造成通貨膨脹、經濟蕭瑟、民眾失業率上漲等之風險。

（二）社會多元障礙的風險

在社會面因經濟的發展而帶動結構的質變與量變，但因功能分工不佳及重階級意識而價值觀彼此對立，並無法因應時代彈性需求改革而形成公民治理，故造成社會多元障礙之風險。

（三）政治意識型態的風險

在政治面因黨派多元歧見分解，不僅藉由選舉體制而產生買票貪污的問題，更以意識型態鼓譟，操持事關國家競爭力之議題導向，將民主殿堂淪爲政爭玩弄的舞台，無法理性和平討論民生議題，易形成一黨獨大撕裂被動的選民及少數菁英領導之風險。

（四）政府專擅獨斷的風險

在政府面中，管理者以執行公權力之指揮型萬能政府自居，不重視體制內員工思想革新之推敲與體制外利害當事人的對話，組織欠缺服務型政府之再造功能，致價值錯亂、貽人話柄，故易形成專恣僵剛之風險。

（五）政策忽略民意的風險

在政策的制定評估中，應經多方當事人對問題、方案、原因進行理性論證，但現行體制則著重專家的分析，漠視民意的需求，囿於專制獨斷及閉門造車，致形成政策執行與現實脫節，不重實質內涵和程序及串聯抗拒民心動盪之風險。

（六）管理官僚高壓的風險

公部門首要任務是創造公共價值，並建構屬於公眾的策略分析以達成目標。但現今的管理其產生的價值，多是公令民從的官僚高壓方式，易形成浪費公帑和滋長民怨之風險。

PAM參考整合架構經由現象面（主體）、本質面（本體）與條件面（載體）等的系統連結且兼顧發展與民主，並啓動經濟與教育扮演了關鍵的角色，期以利用有效的措施來避免與化解潛在風險的衍生。

柒、小結

風險無時無刻存在的且種類繁多及日新月異，最重要的要有先知先覺的危機概念，方能危機化爲轉機，才不會漠視蓄勢待發之狂風暴雨，形成慢火燉煮青蛙及頭埋在沙堆內的駱駝，看不到前面且感受不到風吹草動的方向。人的無知超乎危機之可怕，有了充分的準備、接納，且要覺悟風險的形成是人類一點一滴的養成，「風險亦是機會」，能夠大處著眼、小處著手，善用機會、把握機會，即能夠逢凶化吉的創造機會。

第二節　風險的管理

此節風險管理的重點從理論基礎、定義釋明來稍加了解，並整理各方觀點及筆者以PAM爲基礎爲主風險管理的類型，風險管理的步驟可劃分爲風險辨識、風險評估（選擇管理工具包含1.風險控制、2.風險理財、3.風險溝通）、風險處理（含控制、理財、溝通）與績效評估四過程。

壹、風險管理的理論基礎

風險的產生新穎、變化多端，管理者預防重於治療的概念，已形成熱門議題互相取經學習的功課，故風起雲湧產生風險管理的新興學科。風險管理的歷史階段有：第一階段爲風險管理觀念出現前、第二階段爲風險管理出現後迄1970年代前、第三階段爲1970年代後迄1990年代前、第四階段爲1990年代迄今。各階段的演變都是文化社會背景的進展，都是歷經災害損害後的蛻變，都是民衆風險認知的成長。

針對風險管理思維與範圍的演變、理論基礎、學說、研究方法等，特收錄維基百科之風險管理篇章及其他相關資料，整理摘錄如下。

一、風險管理思維與範圍的演變

風險管理最早起源於美國，在1930年代開始萌芽，因受到世界性經濟危機的影響，美國約有40%左右的銀行和企業破產，爲應對經營上的危機，在內部設立了保險管理部門，1938年以後，美國企業對風險管理開始採用科學的方法，並逐步積累了豐富的經驗。1950年代風險管理一詞才形成並發展成爲一門學科。1970年代以後，隨著面臨的風險複雜多樣和費用的增加，掀起了全球性的風險管理運動。近20年來，各國先後建立起全國性和地區性的風險管理協會並通過了「101條風險管理準則」，它標誌著風險管理的發展，已進入了一個新的發展階段。1986年，由歐洲11個國家共同成立的「歐洲風險研究會」，將風險研究擴大到國際交流範圍。進入到上世紀90年代，隨著資產證券化在國際上興起，風險證券化也被引入到風險管理的研究領域中（風險管理）。

二、風險管理的理論基礎

風險管理的理論基礎的思維有實證論哲學及後實證論哲學。

（一）實證論者（或現實論者）

認爲個體在現實世界中是獨立於心靈世界外。研究方法上，採取一元論（意即自然科學方法程序，同樣適用於社會科學）並以量化分析預測，變數間的因果關係。階段論是管理風險的實質理論。風險管理的問題，可被分成數個獨立的部份進行研究，不必考慮互動、關聯與情境問題。

實證論哲學思維下，風險管理的主要次議題三有：1.有什麼風險存在？風險特質與高低爲何？2.該如何管理這些風險？採用風險控制（risk control）抑或是風險理財（risk financing）抑或是兩者合併？3.人們會如何反應風險？這些議題是以要「知其然」來構思的。

（二）後實證論者（或相對論者）

認爲個體在現實世界中，根本無法獨立於心靈世界外。研究方法上，採質化研究。反階段論是風險管理的質理論，風險管理的問題無法分割成數個獨立的部份進行研究，互動、關聯與情境問題是必須考慮的。

後實證論哲學思維下，風險管理的主要次議題有五：1.何以某些威脅或危險被社會視爲風險而其他則否？2.風險被視爲違反行爲規範的一種符號或文化規範，它如何運作？3.與「風險」相關的專業訓練，規章制度與機構，在建構主觀與社會生活過程中，是如何運作的？4.風險與社會現代化過程，關聯的方式如何？5.在不同的社會文化下，風險如何被解讀？

三、風險管理的學說

（一）純粹風險說

純粹風險說以美國爲代表。純粹風險說將風險管理的對象放在靜態風險的管理上，將風險的轉嫁與保險密切聯繫起來。該學說認爲，風險管理的基本職能是將對威脅組織的純粹風險的確認和分析，並通過分析在風險自保和進行保險之間，選擇最小成本，獲得最大保障的風險管理決策方案。該學說是保險型風險管理的理論基礎。

（二）企業全部風險說

企業全部風險說以德國和英國爲代表。該學說將企業風險管理的對象設定爲企業的全部風險，包括了企業的靜態風險（純粹風險）和動態風險（投機風險），認爲企業的風險管理，不僅要把純粹風險的不利性減小到最小，也要把投機風險的收益性達到最大。該學說認爲風險管理的中心內容是與企業倒閉有關的風險的科學管理。企業全部風險說是經營管理型風險管理的理論基礎。

四、風險管理研究方法

對風險管理研究的方法採用定性分析方法和定量分析方法。定性分析方法是通過對風險進行調查研究，做出邏輯判斷的過程。定量分析方法一般採用系統論方法，將若干相互作用、相互依賴的風險因素組成一個系統，抽象成理論模型，運用機率論和數理統計等數學工具定量計算出最優的風險管理方案的方法。

五、風險管理的實質過程中出現的不同的論調，主要集中在七大焦點上（Hood et al, 1992）

(一)管理上是該重視事先的防範抑或事後的回復能力。

前者主張災難發生前，應對有限資源的規劃與配置，做事先妥善的防範；後者則主張災難未發生前，花費資源從事資源的配置是無意義，不如平時增強應變與災後復原的能力。

(二)決策者決策錯誤是原諒抑或是責難。

前者認爲責難無助於風險管理只會延誤時效、模糊事實眞相；後者認爲責難會督促決策者更加謹愼從事。

(三)風險評估應重量化抑或是重質化。

前者主張唯有將風險量化，才能作出理性合理的決策；後者認爲風險無法量化且意義不大，因此，風險評估應重質化。

(四)人類所累積的知識是否可達成系統安全設計的目的。

(五)安全目標可否與其他目標並存互補。

(六)管理決策交由專家決定即可抑或是由公衆共同參與決定。

(七)風險監理應只重結果抑或是重過程。

貳、風險管理定義

廣義的風險管理係指爲了建構風險預防，所採用的各類監控方法與過程的統稱，各類監控方法係指各別經濟個體與總體社會，針對風險所採取的任何手段。狹義的風險管理係指經濟個體透過辨識與評估風險，整合有限資源，使損失對個體的不利衝擊降至最低的管理過程。換言之，爲利用科學方法有效管理，可能發生的事件及其造成的不利影響，所執行的步驟與過程。

參、風險管理的類型—各方觀點

組織所面臨在經濟、社會、政治等的風險多樣化、新穎化，將風險管理放在核心地位，將安全管理作爲補充手段，經營管理型態已是研究變革的重點。風險管理的多元類型簡述如下：

一、依據風險管理著重面向分

(一)技術導向型風險管理：是著重實體安全技術的管理。

(二)財務導向型風險管理：是著重風險對財務的衝擊與分析。

(三)人文導向型風險管理：是著重人們風險的認知、態度與行爲的分析，以有效的風險溝通完成風險管理的目的。

二、依據風險管理對象分

(一)危害性或實質性風險管理：管理的對象爲起因於資產的實質毀損或人員傷亡等的風險。

(二)財務性風險管理：管理的對象爲起因於市場價格波動引發的風險。

三、依據風險管理決策者分

(一)私有部門風險管理：爲單一個人風險管理、家庭風險管理、公司團體風險管理等。

(二)公有部門風險管理：爲政府單位風險管理、國家風險管理等。

四、依據風險管理型態分

（一）賽跑型風險管理

風險客觀實體派就是主張賽跑型風險管理。明確的目標先確立，整合所有的資源來完全。這個思維像賽跑，採用的管理方法可比方成【小海魚】法。

（二）拔河型風險管理

風險的主觀建構派則主張拔河型風險管理。明確的目標不先確立，而是像「拔河」追求競合下的平衡。由於可因應外在環境的瞬息萬變，此體系機制具有彈性處理的能力。在此思維下，採用的管理方法可比方成【大鯊魚】法。

風險已具社會化、國際化、證券化，現代風險管理有四項特徵，1.它是整合性的管理方法與過程，融合各類學科的管理方法；2.它是全方位的，管理面向不只限於風險實質（涉及健康與安全技術），風險財務（涉及各類的風險理財與安全設備投資決策），風險人文（涉及人爲作業績效與文化社會因子的影響）；3.管理哲學的不同，風險的解讀也不同，亦產生不同的管理方法，4.對任何決策位階均適用，包括個人、家庭、公司、社會團體、政府與國際組織等以及總體社會（宋明哲，2008）。

肆、風險管理的類型—PAM

以筆者所創PAM整合參考架構來論述風險管理的類型。

一、載體條件型的風險管理

其風險管理大致如下。

(一)自然條件型風險管理

自然條件型風險管理其對象爲自然環境中所產生之風險，並可大致透過區域分析-設施分析，將歷史資料利用研究方法，如煙-空氣污染的擴散、地震風險分析、時間數列分析與橫斷面分析等，所得之資訊來預防之管理。

(二)社會條件型風險管理

社會條件型風險管理將人口變化、產業的興盛與區域發展等歷史資料，利用研究方法，如區域分析-人口分析，小區域之人口預測模式、世代分析、比較分析、多區域之人口推計等，所得之資訊來預防之管理。

(三)實質條件型風險管理

實質條件型風險管理將水電承載量、交通通暢與公共設施使用率等歷史資料，利用研究方法，如區域分析-經濟基礎分析、變動分攤分析、投入產出分析等，所得之資訊來預防之管理。

二、個體認知型的風險管理

影響個體認知而產生態度行爲的風險因素很多，包括資訊傳播化、知識教育化、道德辯證化與倫理節制化等，而有不同的管理風險的方式。分述如下：

（一）資訊傳播型風險管理

在開放的環境中，資訊傳播多樣化，透過政府及民間的監督管控，會影響並改變民衆態度與行爲之訊息，缺乏理性的判斷能力下，因而產生之風險管理。

（二）知識教育型風險管理

以教育啓動智識的關鍵，提高管理者、當事人、民衆等的知識，增加對事務認知程度，產生多元意見的判斷取捨能力的風險管理。

（三）道德辯證型風險管理

提高組織內外的互信互諒並尊重彼此的價值觀，溝通中以智慧來辯證，用道德來約制，形成良性互動的風險管理。

（四）倫理節制型風險管理

在人際規範中爲了個體與群體兼顧融合，提高體制、承諾、監督的規範，使群體的互動能夠倫理的節制、協和的共存的風險管理。

三、群體行為型的風險管理

群體的行爲面，係受個體的認知所影響，行爲分析的風險管理，包含經濟市場化、社會多元化、政治民主化、政府服務化、公共政策民意化與公共管理（V.C.S）型等層面。構成了各行爲面向影響個體結構圈的互動關聯。茲分述如下：

（一）經濟市場型風險管理

爲了提高經濟市場均衡的作用，達到產業結構的完整、就業機會的提昇、經濟發展的穩定，防止金融風暴的形成，政府必須搭配促參條例、股市、財政政策等，避免經濟市場失衡之風險管理。

（二）社會多元型風險管理

欲提高社會多元化型風險管理，針對人口斷層除了增加種種補助提高其生育率外，並灌輸優生學的衛教宣導，期使社會人口結構質變重於量變，且教育民眾關心公共事務的能量與能力，形成公民社會達致公民治理的階段與過程累積社會資本等，使社會層面更能適應變化彈性之風險管理。

（三）政治民主型風險管理

一人一票、票票等值的選舉文化，已形成政治選區中拉扯撕裂民族情感的樣張，防止賄選的取締、幽靈人口的操弄等等所訂定的規則，都爲了達致選賢與能，使民意所賦予的民權能夠民主化之風險管理。

（四）政府服務型風險管理

建立服務化之政府，視民如親、顧客至尊之種種風險管理。

（五）公共政策民意型風險管理

具有民意基礎之政令執行，政策訂定前廣開論壇、採擷民意互動溝通，透過各界人士利害當事人共襄盛舉、腦力激盪期獲得多數共識策略之風險管理。

（六）公共管理（V.C.S） 型風險管理

創造符合民眾多數之公共價值是必要工作，訓練管理者靈活應變之思考能力、透過終身學習建立知識性的政府，民眾對政府績效評估滿意度的調查之風險管理。

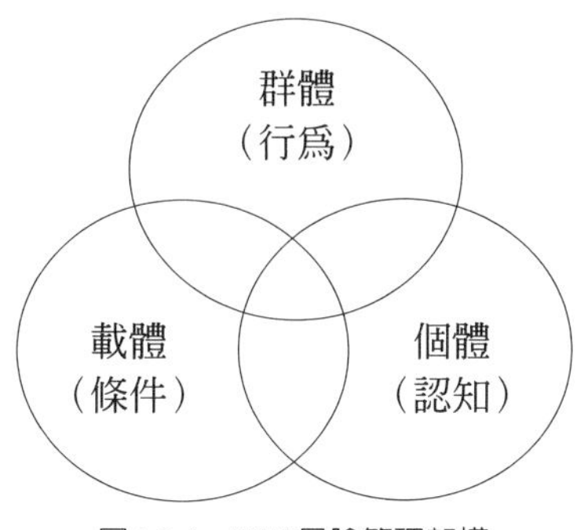

圖4-2-1　PAM風險管理架構

資料來源：本研究綜合整理

伍、風險管理的步驟

風險管理是有計劃地處理風險與管理風險，透過辨識、衡量（含預測）、監控、報告來採取有效方法降低風險所致之損失，風險管理含風險分析（辨識、評估、分級）及風險控制（減緩、監督）；實證論思維下，風險管理的步驟可劃分為風險辨識、風險評估、風險處理與績效評估四過程（由下列章節論述之）。風險處理所選擇管理工具包含1.風險控制；2.風險理財；3.風險溝通。

有效的風險管理必須事先階段從事風險辨識、評估、分級等，再來研究解決方法，進行控制活動，事後進行追蹤監督持續至結束，並經驗傳承於俟後雷同案件。

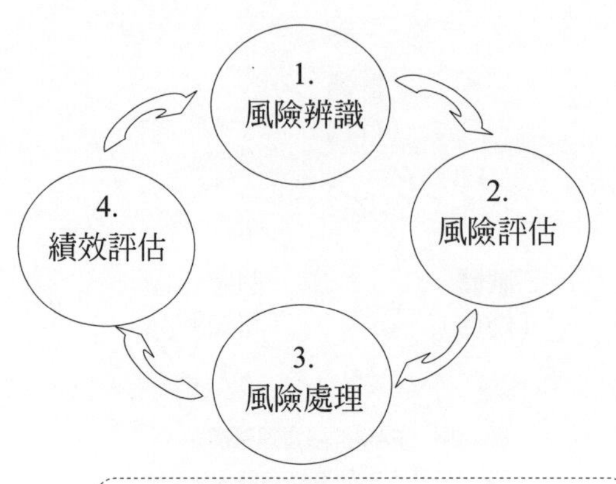

風險處理所選擇管理工具：
1.風險控制、2.風險理財、3.風險溝通

*.風險控制的種類：
1.風險規避、2.風險損失控制、3.風險區隔
4.風險轉嫁-控制型
*.風險理財的種類：1.風險承擔、2.風險轉嫁

圖4-2-2　風險管理的步驟
資料來源：本研究綜合整理

陸、風險辨識

風險管理的首要步驟是風險辨識，建構組織內部有效的風險管理機制，只有全盤透析各種風險，找出組織面臨的各種風險，才能夠預測及採取風險處理的有效方法。

而在辨識風險工作的重點：檢視業務的範圍與職掌，審視行政管理過程的辨識度，點視業務過程的標準作業模式僵硬程度，檢視物品、財貨相關資源足夠性，檢視人員素質訓練機率等。訂定風險辨識系統的大綱及細目準則，制定符合屬性之不同的系統流程，持續且有制度的運作，始有辦法預知風險、避免災害的擴大。

辨識風險主要的方法，包括：政策分析法、歷史資料分析、生產流程分析法、腦力激盪法、SWOT分析法、實際檢視法等。

一、政策分析法（policy analysis）

係指政府政策形成前，分析辨識可能所致的風險是為政策分析法。如股市政策、財經政策、經貿政策與國際金融政策的分析等，均有助於辨識經濟與財務風險。

二、歷史資料分析

根據企業財務報表與其他資料以及產品製程之歷史資料，藉由時間數列分析與橫斷面分析，組織的財務報表不同年度之發生於同一時點或同一時期之資料，從而辨識之潛在風險，如現金流量表、各項費用明細表、全國工商普查資料及其他相關資料等。

三、生產流程分析法

是對企業整個生產經營過程進行全面分析，逐項分析各個環節可能遭遇的風險，找出各種潛在風險因素，如屬於生產製造、印刷、裝訂文稿的內部流程，屬於行銷運送的外部流程等。

生產流程分析法可分為風險列舉法和流程圖法。風險列舉法，指風險管理部門根據本身企業的生產流程，列出各個生產環節發生的原因與影響範圍；流程圖法，指企業風險管理部門，將整個企業生產過程一切環節文件化，製成流程圖，從而發掘企業面臨的風險。

四、腦力激盪法

召開相關人員利用座談會的性質來對話互相腦力激盪，配合不同的觀念想法形成搭便車及流行趨勢，辨識出易顯現之風險。

五、SWOT分析法

SWOT分析法又稱為態勢分析法，就是將與研究對象密切相關的各種主要內外部優勢（Strength）、劣勢（Weakness）、機會（Qpportunity）和威脅（Threat）等，可以對風險對象的情景進行全面、準確的研究，通過調查列舉並依照矩陣形式排列，然後用系統分析後之結論，則可辨識出風險。

六、實地檢視法

即透過、實地勘查了解風險來源的實情。

柒、風險評估

風險評估區分為風險分析、風險估計與風險評價三部分。

一、風險分析

風險分析是為風險特質的分析，它包括各類型損失原因的了解與計算損失金額基礎的評定，所有有形與無形的實質財產，所可能面臨危害性風險。

實質資產的損失型態，依原因分，可分為天災人禍之颱風、地震、海嘯、火災、爆炸、竊盜等。並可分直接損失和間接損失，直接損失係指直接由危險事故導致的損失；間接損失則由直接損失衍生而來。

二、風險估計

將風險分析資訊，依損失發生的可能性與可能產生的幅度，予以數據化的統計過程是為風險估計。對估計結果的判斷是為風險評價。

風險估計的兩個面向是損失頻率和損失幅度，兩者的機率分配決定了風險總損失分配。

（一）損失頻率

風險估計損失頻率其次數的機率分配，要考慮三項因素：風險暴露數、損失的型態、危險事故。

依損失頻率發生的可能性歸類將風險劃分為五類：

1. 極少發生：損失發生的可能性，約每100年或每300年以上，發生一次者。
2. 可能但未曾發生：損失發生的可能性，約每30年，發生一次者。
3. 發生次數：損失發生的可能性，約每10年，發生一次者。
4. 經常發生：損失發生的可性，約每3年，發生一次者。
5. 幾乎確定會發生：損失每年不只發生一次。

（二）損失幅度

估計危害性風險損失幅度，常見的尺規有：可達的最大損失、可能產生的最大損失、年度預期損失、正常損失預期值、可能最大損失、最大可預期損失、最大可能損失、年度最大可能總損失。

依損失幅度大小，風險可分五類。

1. 最嚴重：損失金額占營業收入的10/100以上者。
2. 很嚴重：損失金額占營業收入的7/100至10/100者。
3. 中等：損失金額占營業收入的5/100至7/100者。
4. 不嚴重：損失金額占營業收入的3/100至5/100者。
5. 可不在乎：損失金額占公司營業收入的3/100以下者。

三、風險評價

風險評價是指人們對風險的來源與風險估計值之認知判斷過程，會主導人們的風險態度與行為。故對實際風險的評價結果是為認知風險。

（一）風險的判斷

風險的判斷分爲定程式思考推理、捷思式思考推理的兩種方式（宋明哲，2008）。

1. 定程式思考推理：依一定的邏輯思考與推理程序。可分爲演繹推理與歸納推理。演繹推理遵循的是程序法則，歸納推理遵循的是機率法則。

2. 捷思式思考推理：是靠個人的經驗累積思考與推理，它是一種經驗判斷。此種經驗判斷，對解決問題，有時相當有效，有時失誤極大。

（二）風險認知有五種理論

對人們風險認知的解釋有五種理論（Dake & Wildavsky,1991）（宋明哲，2008）

1. 知識理論（knowledge theory）

這個理論認爲人們的科技知識水平是解釋風險認知差異的最佳途徑。

2. 個性理論（personality theory）

每個人個性的差異與風險認知差異間是相關的。因此，以個性差異解釋風險認知差異是最佳途徑。

3. 經濟理論（economic theory）

此理論認爲風險認知與經濟生活水平及科技產生的效益有關。

4. 政治理論（political theory）

個人參與的政黨與社會運動團體，對科技政策的看法與人們的風險認知有關。

5. 文化理論（cultural theory）

人們社會的生活方式，亦即文化型態是影響風險認知的最重要要素。

影響風險認知的因子，可歸納爲兩大類：第一類是風險活動的特質。第二類爲認知者本身的特性，媒體與社會文化政治生態。

1. 風險活動的特質：風險的巨大程度與熟知度是兩個最基本的風險特質，影響人們的風險判斷與認知。

2. 認知者本身的特性，媒體與社會文化政治生態。

捌、風險處理—工具選擇（控制.理財.溝通）

風險處理是風險管理一項非常重要的步驟，是一實際操作的流程，對於危害性風險、財務性的風險及以人爲主的風險，選擇適當的管理工具，可建構風險與回應風險並降低風險以及避免風險。

風險處理廣義範圍包括第一種風險控制，第二種風險理財，此工具含保險理財與替代性風險理財，亦涵蓋財務避險的工具，第三種風險溝通，在現階段中雙向溝通化解歧異，惜物愛民愛地球節能減炭需耗竭較多資源，但其降低風險的效果卻是最持久的。因爲在後實證論思維下，發生在現實世界中風險並非單獨存在的客體，而產生風險最關鍵點是在人的心靈世界，人類以自身的認知與意識建構風險，故不能將價值判斷範圍隔離於風險的研究領域外，所以風險溝通已躍居重要的一環。

研究方法上採用質化研究，其方法包括互動管理、心理學、對話分析、個案研究、訪問等。分析工具上，以互動管理而言是納採腦力激盪法及德菲法之大成，並集合創意構思而達致共識之同謀處理風險之道。

風險控制、理財、溝通並以下章節論述之。

玖、績效評估

績效評估在風險管理的步驟中占很重要的地位，風險管理的績效必要從事評估的工作，才能夠從中了解已執行決策的結果是否與預期的目標一致，而且爲了適應新的變動環境，必須調整過去的決策，繼之以所產生的經驗，供俟後相似案例之流程運用。有了事後追蹤評估，前車之鑑、後事之師，減少傷害的幅度，摸索的成本，提高行政效率。

一、風險管理人員如何制定激勵措施

風險管理人員在制定激勵措施時，應考慮如下兩種因素：要考慮個人個性上的差異、考慮個人個性會隨時間而改變。

（一）要考慮個人個性上的差異

此種差異又分個別員工間的差異與主管人員間領導風格上的差異兩類。理論上，可分爲X理論與Y理論。

1. X理論

X理論者認爲人是被動的，偷懶的，很難接受新事務，故主管容易產生壓制或威權的領導風格。

2. Y理論

Y理論者認爲人是主動的、積極創新的、且願接受新事務的挑戰，故主管容易產生人性化管理和民主式的領導風格。

（二）要考慮個人個性會隨著時間而改變

個人個性會因爲時間年齡的增長而影響其工作態度與處事風格。

二、評估風險管理的目的有為了控制績效及能適應未來的變局

（一）為了控制績效

要完成第一個目的，須循下列三個步驟進行：建立評估的標準、衡量實際績效與評估標準的差異程度、調整差異程度。

1. 建立評估的標準

風險管理評估的標準有二：行動標準和結果標準、風險管理的成本分攤制度

(1) 行動標準和結果標準：爲了控制績效，必須建立評估的標準，訂立具體標準時尚應考慮法令環境、同一產業的環境、公司整體目標、管理

人員及員工態度因素等，始可制定出一套具有客觀性、彈性、經濟效益性、能顯示異常性、能引導改善行動之良好的評估標準。風險管理的評估標準有二：爲行動標準，實際採取行動。例如：爲了用水品質固定檢查飲水機及召開水質評鑑會議等。另爲結果標準，講究的是結果之處理標準。例如：火災發生率今年應由25%降爲10%。

(2) 風險管理的成本分攤制度：良好的風險成本分攤制度，應符合下列條件具備簡明易懂，免除捏造、激勵管理人員降低損失、要具公平性、要能便於編製風險成本預算書。

風險管理的成本分攤包括：承擔的損失、保險費、損失控制成本、風險管理行政費用等四個項目。

分攤風險成本的目的有：激勵管理者提升風險控制績效、求取風險承受與風險分攤間的平衡、提供管理者風險成本的相關資訊、爲了幫助風險承擔的規劃與執行。

傳統的風險成本分攤方法有：平均分攤於各單位部門、以相關的損失暴露單位數爲基礎來分攤、以各單位實際遭受的損失金額來決定分攤數。以上方式均有其讓管理者無法信服之優缺點。

新的風險成本分攤方法，由李佛雷（Leverett Jr.E.J.）與馬基昂（Mckeown,P.G.）共同發展出的一套新的風險成本分攤方法（宋明哲，2008）。首先明確規範，什麼是【良好的損失經驗】，什麼是【不好的損失經驗】。所謂良好的損失經驗，是下列兩項因素之差，是否爲正或負，來決定的。如果是正數，則爲良好的損失經驗。反之，負數即爲不好的損失經驗。

這兩項因素是：第一，各單位部門實際損失佔全部損失的百分比，以【% Loss】表示之。第二，各單位部門損失暴露單位數佔全部損失暴露數的百分比，以【% Base】表示之。兩項因素之差以符號表示如下：DIFF=% Base-% Loss ，如 DIFF大於0，則爲良好的損失經驗。如小於0，則爲不好的損失經驗。

1. 衡量實際績效與評估標準的差異程度

要完成此一步驟應注意以下：實際績效應能客觀地測量且爲人所接受、衡量的尺度標準需具代表性、衡量實際績效與評估標準的差異程度應具顯著性。

2. 調整差異程度

一般調整差距的步驟是：與相關人員進行討論並辨認發生差距的原因，訂定調整差異計畫並執行適切，所採取的調整行動，應繼續評估並修改回復標準。

（二）為能適應未來的變局

風險管理決策並非一成不變、一體適用，因爲組織面臨的風險是詭譎多變的，內部環境政策法令規章會產生適用落差，外部環境條件激烈撕殺，資源的利用、價值的重設、成本和效益等都產生劇烈的變化，故風險管理的評估目的是爲能適應未來的變局永續經營。

拾、風險控制

風險控制（risk control）係指爲了降低風險發生的頻率，縮小損失幅度的任何措施而言。

風險控制的性質，係因應經濟體特殊性而採取專屬功能的控制措施，能產生直接改變風險暴露體損失特性的效應。

一、風險控制理論

損失發生的因素不一，近因可謂危險事故，存在危險因素，危險事故就有可能發生，進而導致損失。因此，危險因素、危險事故及損失間，具有關聯性。風險控制理論有骨牌理論、能量釋放理論、一般控制理論、TOR系統理論、系統安全理論等，其中最具代表性的當推骨牌理論和能量釋放理論。骨牌理論主張採取改變人們行爲的方法控制損失，能量釋放理論則主張採取工程物理法。

（一）骨牌理論

骨牌理論（domino theory）係於1920年代間由工業安全工程師亨利屈（Heinrich,H.W.）所提出，認爲意外發生是由一連串事件演變而來的（George L.Head.1995）。

此理論主張意外事故的發生與人爲因素有關係。意外事故的發生，依其因果，由五張骨牌構成。這五張骨牌分別是：

1. 第一張骨牌：先天遺傳個性與社會環境（ancestry and social environment）。

2. 第二張骨牌：個人的失誤（the fault of a person）。

圖4-2-3　骨牌理論

資料來源：本研究綜合整理

3. 第三張骨牌：危險的動作或機械上的缺陷（unsafe act and/or mechanical hazard）。

4. 第四張骨牌：意外事故本身（accident itself）。

5. 第五張骨牌：傷害（injury）。

骨牌理論特別強調三項重點：1.每個意外事故，始於先天遺傳的個性及不良的社會環境，終至傷害；2.移走前面四張骨牌的任何一張，均可防止傷害的發生；3.移走第三張骨牌危險的動作是預防傷害產生的最佳方法。

（二）能量釋放理論

能量釋放理論（energy release theory）係由1970年美國哈頓（Haddon Jr.W.）提出（George L. Head. 1995）。

該理論主張意外事故發生的基本原因爲能量失去控制。而主張採取十種控制風險的措施：

1. 防止能量的集中。
2. 降低能量集中的數量。
3. 防止能量的釋放。
4. 調整能量釋放的速度和空間的分配。
5. 以不同的時空，區隔能量的釋放。
6. 在能量與實物間設置障礙物。
7. 對會受到能量釋放衝擊的物體，調整其接觸面和修改基本結構。
8. 加強物體的結構品質。
9. 快速偵測並評估毀損並反制其擴散或持續發生。
10. 實施長期救護行動以降低毀損程度。

（三）梅爾與海齊（Mehr & Hedge）則將十項簡化為五項措施：

1. 應加以控制能量的產生或形成。
2. 控制傷害性能量的釋放。

3. 在能量和實物間設置障礙。
4. 建構可降低能量傷害性的環境或條件。
5. 防阻能量傷害的後果。

（四）一般控制理論

該理論主張採用十一種控制風險的措施：

1. 應採用對人體健康損傷較少的材料。
2. 改變操作程序以降低工人接觸危險機械設備的機會。
3. 適時灑水於容易產生灰塵的工作場所。
4. 確立危險工作場所操作程序的範圍並作適當的隔離。
5. 阻絕污染源和其擴散的途徑。
6. 應穿戴工作專用的防護裝備。
7. 要有特殊的控制措施來應對特殊的危險因素。
8. 制定良好的維護計劃。
9. 改善通風設備以利空氣對流。
10. 制定適當的工程安全教育訓練計畫。
11. 應備有醫療偵測有毒物質的設備。

表4-2-1　能量釋放理論、一般控制理論與梅爾與海齊五項簡化措施連結

能量釋放理論	梅爾與海齊五項簡化措施	一般控制理論
1.防止能量的集中。	1.應加以控制能量的產生或形成。	1.應採用對人體健康損傷較少的材料。
2.降低能量集中的數量。		2.改變操作程序以降低工人接觸危險機械設備的機會。
3.防止能量的釋放。	2.控制傷害性能量的釋放。	3.適時灑水於容易產生灰塵的工作場所。
4.調整能量釋放的速度和空間的分配。		4.確立危險工作場所操作程序的範圍並作適當的隔離。

表4-2-1　能量釋放理論、一般控制理論與梅爾與海齊五項簡化措施連結（續）

<table>
<tr><th>能量釋放理論</th><th>梅爾與海齊五項簡化措施</th><th>一般控制理論</th></tr>
<tr><td>5.以不同的時空，區隔能量的釋放。</td><td rowspan="3">3.在能量和實物間設置障礙。</td><td>5.阻絕污染源和其擴散的途徑。</td></tr>
<tr><td rowspan="2">6.在能量與實物間設置障礙物。</td><td>6.應穿戴工作專用的防護裝備。</td></tr>
<tr><td>7.要有特殊的控制措施來應對特殊的危險因素。</td></tr>
<tr><td>7.對會受到能量釋放衝擊的物體調整其接觸面和修改基本結構。</td><td rowspan="2">4.建構可降低能量傷害性的環境或條件。</td><td>8.制定良好的維護計劃。</td></tr>
<tr><td>8.加強物體的結構品質。</td><td>9.改善通風設備以利空氣對流。</td></tr>
<tr><td>9.快速偵測並評估毀損並反制其擴散或持續發生。</td><td rowspan="2">5.防阻能量傷害的後果。</td><td>10.制定適當的工程安全教育訓練計劃。</td></tr>
<tr><td>10.實施長期救護行動以降低毀損程度。</td><td>11.應備有醫療偵測有毒物質的設備。</td></tr>
</table>

資料來源：本研究綜合整理

（五）TOR系統理論

皮特森（Petersen, D.）發展出五項風險控制的基本原則，並將管理方面的缺失歸納爲八類。

1. 風險控制的五項基本原則分別是：

(1) 組織管理系統若存有缺失易產生危險的動作、條件和意外事故的徵兆。

(2) 應徹底辨認和控制會產生嚴重損害的情況。

(3) 安全管理應設定目標，並藉著計劃、組織、領導和控制來達成目標。

(4) 賦予管理會計有效的安全管理責任是關鍵點。

(5) 安全的功能係在規範操作錯誤導致意外發生可容許的範圍。

2. 管理方面的缺失，可歸納為八大類別：

(1) 不適切的教導及訓練。

(2) 責任的賦予不夠明確。

(3) 權責不當。

(4) 監督不周。

(5) 工作環境紊亂。

(6) 不適當的計畫。

(7) 個人的缺失。

(8) 不良的組織結構和設計。

（六）系統安全理論

系統安全理論的風險控制的措施有下列四項：

1. 辨認潛在的危險因素。
2. 對安全方面相關的方案、規範、條款和標準，應妥適地規劃與設計。
3. 爲配合安全規範和辦法，應設立早期評估系統。
4. 建立安全監視系統。

系統安全理論提供了如何分析意外事故發生和如何預防的綜合性觀念。

二、風險控制的種類

風險控制的種類分別是：風險規避、風險損失控制、風險區隔、風險轉嫁-控制型。

（一）風險規避（avoidance）

風險規避或稱避險，係指爲了免除風險的威脅，採取作爲企圖使損失發生零機率的措施。通常採取兩種方式：1.避免從事風險高的活動，2.中途放棄可能產生某特定風險活動。例如不建核能廠可免除可能的風險。

風險規避有一定的條件和限制：

1. 可適切的規避可能導致的損失頻率和幅度極高的風險。

2. 可考慮規避需花費高經濟財力之其它風險管理措施的風險。

3. 基本風險是無可避免的，只能延緩無法阻絕，例如死亡風險、全球性危機等。

4. 針對組織有利之風險無法規避必須妥適處理，才能贏得商機。

5. 風險規避有一定範圍，避免規避了某風險而產生另外風險的效應。

（二）風險損失控制（loss control）

風險損失控制是風險控制中最重要的措施，損失預防（loss prevention）與損失抑制（loss reduction）併稱爲損失控制。

損失控制類別的劃分有：

1. 依目的分：損失控制可分爲損失預防和損失抑制。前者，以降低損失頻率爲目的；後者，以縮小損失幅度爲目的。

2. 依損失控制措施實施的時間分：損失控制分爲損失發生前（pre-event）的控制、損失發生時（event）的控制與損失發生後（post-event）的控制。損失發生前的控制即爲損失預防，例如大樓建物在施工前，考慮耐震與防震的問題。損失發生時和損失發生後的控制是損失抑制，如防止火災，廠內禁菸。

（三）風險區隔（segregation）

風險區隔可分爲風險隔離與組合。

風險隔離可分成分離和儲備就是分散風險。風險隔離的目的是企圖降低損失程度。分離係將標的物，分開不同的處理得以風險分散，降低暴露點與機會。儲備係指備用財產、人力、計畫或重要文件檔案的複製等。例如將貨物分存兩地倉庫以降低風險，雞蛋分開籃子裝等。

風險組合係集合許多風險暴露體，達成平均風險，預測損失目的的風險控制措施。

（四）風險轉嫁——控制型（risk transfer-control type）

風險轉嫁——控制型的途徑：透過保險契約轉嫁出去、透過非保險契約轉嫁出去，不管何種途徑會牽涉到轉嫁者及承受者。

風險轉嫁——非保險契約控制型，係指轉嫁者將風險活動的法律責任轉嫁給非保險人，具體常見的型態有買賣契約、出租契約、外包契約、辯護（或免責）協議等，例如保險。

三、風險控制包含成本與效益

風險控制成本與效益涉及兩個面向，為安全作業相關的技術層面、安全技術設備的投資與安全人員的訓練層面。

風險控制成本有兩類，即直接成本包括資本支出與收益支出。間接成本係指必須花費的機會成本或其他間接的花費。資本支出包括安全設備的購置、安全設備改良成本；收益支出包括安全設備的保養維護費、安全人員的薪資、安全訓練講習費。

風險控制的效益有直接效益與間接效益，直接效益包括保險費因損失控制加強得以節省的支出、來自政府的優惠與可以抵免的賦稅；間接收益包括未來平均損失的減少、追溯費率帶來的當期保費節省數、勞資關係形象的改善等。

拾壹、風險理財

風險理財（risk financing）是損失發生前、中、後對資金來源與用途的規劃、引導和控制，如何籌集與使用的一種財務管理方式。

風險理財的著力點是在損失的彌補，重點為風險因子對現金流量的影響，以適切化的決策來追求公司價值極大化。

風險理財以損失的資金來源區分風險承擔、風險轉嫁。

一、風險承擔（risk retention）

風險承擔係指彌補損失的資金，源自於經濟個體內部者。如自我保險等。

（一）風險承擔的理由、利弊

1. 風險承擔的理由

風險需由經濟個體內部承擔之理由，風險無從辨識時只好承擔可能的風險，風險程度遠超過保險市場願意承擔的額度時，現有保險市場無法提供所需的保險種類，爲了因應經濟個體的特殊要求可省卻附加保費。

2. 風險承擔的好處

有助於損失控制效能的提升，可以省卻許多資源，讓理賠處理更具彈性。

3. 風險承擔的負面效應

風險需由經濟個體內部承擔之壞處，可能無法享受賦稅的優惠，而高度舉債將影響永續經營安全易產生反效果，風險承擔成本波動較保險成本波動劇烈且可能喪失購買保險產生的相關利益。

（二）風險承擔依理財的方式

風險管理中，所指的風險承擔是指主動計劃性的承擔。風險承擔依理財的方式分有下列四類：自我保險基金、專屬保險、有限風險計劃、其他風險承擔。

1. 自我保險基金：公司內部事先有計劃的提存基金承擔可能的風險。自我保險基金與保險的不同是：

(1) 自我保險基金是公司內部的特種基金，規模大的公司因應不同的風險組合效應才會明顯；保險可組合許多風險暴露體。

(2) 自我保險基金在累積足額前有無法應付之虞；保險在特定期間內隨時可應付損失的資金。

(3) 自我保險基金是為公司所有無退還的問題；保險要符合條件下才可請求退還款項。

2. 專屬保險：係指為了承保母公司的風險，由一母公司設立的保險公司而言。設立專屬保險是因為傳統保險功效的不彰無法滿足組織的標的。

(1) 設立專屬保險公司考慮的因素：

a. 適切性的分析：主要評估專屬保險機制設立前、後對母公司現金流量的影響。

b. 註冊地的評估。設立專屬保險公司對註冊地之考慮要素，如基礎設施的完備、風險管理的齊全、金融保險的服務，專業技能的水準與人才的品質、專屬保險監理的規定等。

c. 評估各型再保險計畫的優劣。

(2) 專屬保險可作以下分：

a. 依業務範圍分專屬保險可分為：

(a) 純專屬保險：全部業務均來自母公司。

(b) 開放式專屬保險：來自一般社會大眾的業務，最多不能超過50%。

純專屬保險是風險承擔的性質，開放式專屬保險則是風險承擔與轉嫁的混合。

b. 依贊助者分專屬保險可分為：純專屬保險、組合專屬保險、團體專屬保險、風險承擔或保險購買團體專屬保險、租借式專屬保險。

c. 依規模大小分，專屬保險可分為：

(a) 空殼（或紙上）的專屬保險：為了避稅或資金調度方便而設，並不眞正為了管理風險。可委由律師或會計師事務所或其他管理顧問公司負責，母公司並不派員經營管理。

(b) 小規模專屬保險：小規模與規模完整的專屬保險是眞正為了管理風險，其差異只在母公司企圖心的強度與專屬保險公司發展階段的不同。

(c) 規模完整的專屬保險：該保險公司業務百分之百來自母公司。

3. 有限風險計劃或稱財務保險：

有限風險計劃或稱財務保險，主要透過長期的時間分散風險，其保費除依個別理賠經驗外，計劃期滿將剩餘的保費退還給保戶。是傳統保險與自我保險的混合，亦即是風險轉嫁與承擔的混合。

4. 其他風險承擔：

主要包括當期費用法又稱為隨收隨付方式（此法係將損失列計當期費用，而以當期收益吸納損失的一種方式）、未提存準備基金方式（僅是在會計帳上予以顯示承擔的損失，並非提存特定現金或其他資產來吸納）、借款、出售有價證券、發行公司債、運用庫存現金與增資等。

二、風險轉嫁（risk transfer）

源自於經濟個體外部者，如保險等。

（一）保險的意義與理論基礎

1. 保險的意義

保險指雙方當事人以契約約定，保費的交付要承諾特定事故發生時，承擔保險責任的做法，集合多數同類風險，分擔損失的一種制度。

2. 保險的三個理論基礎：大數法則、風險的同質性、損失的分攤。

(1) 大數法則（law of large number）：大數法則為試驗次數愈增加，預期結果愈接近實際結果，故在保險經營上，當風險單位數愈增加，則預期損失會愈接近實際損失，大數法則使保險發揮降低風險的功效，也提供保險招攬的理論基礎。

(2) 風險的同質性（homogeneity of risk）：風險的同質性，指特定事故的損失頻率和幅度於各風險單位的機會是雷同的，因為同質性的風險，故保險核保及費率精算上更趨公平合理標準化。

(3) 損失的分攤（sharing of loss）：分攤損失是保險存在的價值，係指少數人之損失透過保險制度，由多數人共同分擔，不僅使保險充分發揮互助功能，也間接促使保險理賠迅速確實、公平、合理。

（二）保險的社會價值和社會成本

1. 保險的社會價值

(1) 可促成資源的合理分配：保險制度能將社會資源做合理的分配。

(2) 可促進公平合理的競爭：各保險人可在同一風險水平上，從事公平合理的競爭。

(3) 有助於生產與社會的穩定：保險有把不確定原素轉化爲穩定的能力，並降低社會動盪的程度有助於生產與社會的穩定，如：社會保險與失業保險等。

(4) 可提供信用基礎：可因保險提高其信用而增強資金融通能力。

(5) 可提供長期資本：保險的長期業務可符合經濟成長的需求。

2. 保險的社會成本

(1) 保險的營業費用成本

(2) 道德及心理危險因素所引發的成本。

（三）各類替代性風險理財

1. 替代性風險理財

替代性風險理財（Alternative Risk Financing, ARF）是相對於傳統保險理財而言，是除了保險之外的所有危害性風險理財機制。一般而言，替代性風險理財會隨著保險市場軟硬不同而消長。

2. 非保險的轉嫁——理財型

轉嫁者將風險可能導致的財務損失負擔，轉嫁給非保險人的方式是爲非保險轉嫁-理財型。較常見的例如，服務保證書等是。

3. 補償餘額計畫

補償餘額計畫是由被保公司支付標準保費給保險公司，保險公司扣除相關必要的費用後，將餘額存入被保公司指定的銀行帳戶，同時簽發追溯費率保險單予被保公司。損失發生前，被保公司為了資金周轉的需要，可自該帳戶提領應急。損失實際發生後，保險公司依被保公司的實際損失經驗，核算當年度實際保費。

4. 風險承擔團體

由遭受類似風險的團體所組成，該團體可提供責任保險業務予其成員及再保險給其他團體。可藉團體交涉的力量，獲取優惠的保險費率與條件，風險承擔團體是特許的公司組織。

表4-2-3　各類替代性風險理財的位階

種類	風險轉嫁	風險承擔
1.非保險的轉嫁—理財型	V	
2.補償餘額計畫	V	V
3.開放性專屬保險	V	V
4.風險承擔團體	V	V
5.有限風險計畫	V	V
6.純專屬風險		V
7.自我保險基金		V

資料來源：本研究綜合整理

拾貳、風險溝通簡述

為了降低風險損害度，與社會大眾對話溝通並鼓勵參與風險決策，以因應危機來臨前之緊急應變的事前準備，風險溝通係指所有風險資訊，在來去之間互動流通的過程。

利用溝通類型如資訊流程模式之單向溝通、訊息轉換模式之雙向溝通等。產生有效溝通策略。至少時機要適當，意圖與目標要明確，資料準備要齊全及數據引用要謹愼且通俗易懂。善加利用傳播媒體的力量，以同理心關懷利害關係人，取得其信賴與對話並納入規劃策略內。

人們有權利獲知風險相關資訊，進而實際掌握風險後，克服心理上的恐懼威脅，改變人們對風險的認知與行爲，避免以訛傳訛，造成更重大的風險因素。教導人們了解風險，進而掌控風險而達到保障社會大衆的健康與安全。

風險溝通困難點不勝枚舉，如資訊取得標準各異，媒體播放不同，傳統觀念價值改變困難，資料訊息提供機構間的矛盾等等。更重要的是政府部門、專家及社會公衆對風險認知迥然不同，其人文社會科學的重要性在後現代社會中，更具有舉足輕重的地位，故針對風險溝通於下一章以較大的篇幅來論述。

拾參、風險溝通的價值觀—PAM

以公共事務管理 PAM整合參考架構：現代社會→後現代社會圖中；後現代社會的個體本質面是由多元當事人及專家學者，參考開放的傳播媒體提供的數據與資訊，以系統分析、邏輯推理之事實判斷，言論自由、多元觀點之價值判斷，及自我約制、相互尊重之人際判斷，經由個體角色之互動聯結，影響與決定群體的行爲。風險溝通最基本之分析爲個人，而個體影響決策的方向變數爲價值觀是有效運作的關鍵。

通常使用的風險溝通的模式有兩種，一爲技術模式、另一爲民主模式。

「技術模式」（technical model）著重專家及專業，常用統計模擬與風險預測，希望藉專家的權威來傳達知識，以超越外行人的無知，進而達到專家所建議或者政府所擬定的政策目標。在社會發展階段屬於現代社會本質面（本體）知識的有尊重專業、品質標準，保障產權、創新擴散等。

「民主模式」（democratic model）希望能在決策過程中，邀集所有相關人士參加，其重視一般人對風險的觀感與認知程度，並企求得到大家都能接受的解決方法。在社會發展階段屬於後現代社會現象面（主體）的有政策參與，批判多元，公共論壇等。

在PAM的啓動關鍵中，教育是社會地位的指標，亦是溝通技巧的標竿之一。此觀念之重要性證實：包含教育與政治資訊之認知變數，顯然比起收入或職業等純社會階級之指標的影響力要強得多。因此，溝通技巧又比社會地位更加重要。（汪明生等譯，2008）

一、價值觀的養成

個體的價值觀因成長、經驗、家庭、學校、文化背景之差異而顯著不同而直接影響其態度、決策與行爲。然而價值判斷常隱含在人們的言行中不知不覺的表現出來，就有如「信仰」給予人們的一種難以抗拒的眞理或信念，牢牢地規範了我們的日常生活。

（一）民衆的價值觀

價值觀是造就個人價值感的主要因素，是非常個人化的問題，在選擇平衡點時各有不同，依據價值觀衡量事務或行爲而給予判斷，這種感覺來自以往所產生的價值感。有了不同的價值觀，在面對種種狀況當看法差距很大時，常需在重要性及衝突性間擇取一平衡點。

（二）政府的價值觀

民衆的意見被視爲情緒化或不理性是因與政府政策之價值意識相衝突，而政府政策之順利推展獲得公衆之意見可產生事半功倍的作用，期望與民衆有效溝通並視價值判斷認知爲重要的寶貴資訊，在溝通時要能接納民衆及有組織的利益團體之情緒性的訊息，將民衆的參與和溝通視爲政策製訂之必要過程，融合了解不同的意見，化解風險衝突期效益之最大。

二、政策參與之考量

決策往往是價值間的選擇，而價值無絕對的對錯，必須視情況考慮選擇一個好處相對大者，是以政策必須考量各種情況，衡諸不同價值認定所採取的一種平衡，也反映了該項政策對不同價值之優劣比較與重要性程度。大多數政治學者贊同決策應能從政策性的考量到各種不同利益團體（interest groups）的福祉成本。

全憑民眾的價值感及有無好處來評斷政策是帶給民眾福祉或負擔，在相互排斥的價值觀念中，選擇匯集多數人之政策的政治性作爲，因此，政策決定時需要民眾一起參與。

三、象徵的問題

表達感受的方式也是造成溝通困難的原因之一，由於民族性及文化習慣的差異，表達感覺多所懸殊，東方民族性傳統、保守、欲言又止之溝通，西方開放、滔滔不絕、條理明確之充分表達，表達方式不同而其溝通結果就有異。在人際關係溝通方面，爭論過於情緒化或不合理性的表現，造成爭議重點的模糊。因此溝通者需找出本身的價值判斷，並需在相對重要性價值間選擇一最有利之立場。

拾肆、風險管理與危機管理

風險管理機制的設計與發展具前瞻性、預防性，導入風險辨識評估與管理機制，適時檢討修正，並追蹤殘餘風險管控狀況，以期達成降低風險發生可能性及損害衝擊度、達成組織目標等效益。

在突發的狀況下，此時就需要一套有效的緊急危機處理機制。風險管理與危機處理的互動互補的關係，建立一套平時管理好風險，有突發狀況時處理好危機的全方位體系。事先做好危機處理的整備，能按部就班，從容的面對、解決危機並開展新局。

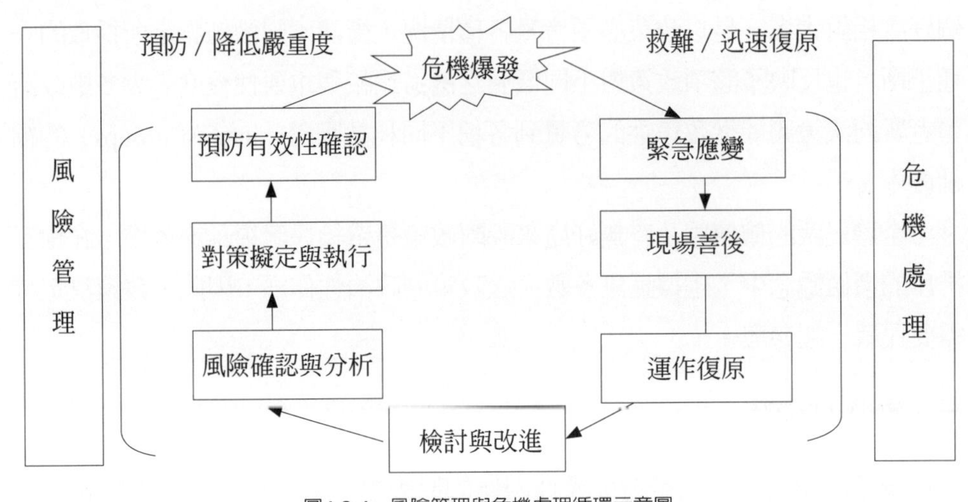

圖4-2-4 風險管理與危機處理循環示意圖
資料來源：行政院研究發展考核委員會，2009

拾伍、小結

風險管理是一個危機管理過程，在瞬息萬變、明天過後會如何都不得而知的大環境風險下，如何來建立評估因應風險的管理策略，已無法照著標準作業流程來按表操課。必須驗證理論的眞締及經驗迅時累積來保障人民生命財產的安全，將損失成本極小化。理想的風險管理，對於事先已排定優先次序要有附予彈性調應之機制，因爲今日最佳的風險管理決策，明日不見得適用，考驗著管理者的智慧，如何妥善把資源運用於風險管理而不排擠其他潛在活動，而以最適切的資源來化解最大的風險。

第五章　風險與溝通

政府與企業必須戰戰兢兢應付層出不窮及變化多端的風險問題，並從事即時的危機管理，但因訊息本身來源的種類不同、類型有異之焦點聚合的迴差問題？還有制度上存在的障礙，故高階主管的充分授權及支持程度問題？溝通管道之對象及事前規劃和事後考核評估等等，都會產生不同的解決途徑，究竟利用專家的技術模式或是傾聽多方當事人的民主模式，因其方式不同則會影響著風險溝通的良窳。

第一節　風險溝通

風險溝通是風險管理過程中極重要的一環，指任何關於危險的資訊之傳遞與交換（Covello et al., 1987）。危險的資訊關於包括了環境與健康風險的程度、重要性、意義、管理以及控制之政策與策略。

壹、概論

在過去的數年間，「風險分析學會」（the Society for Risk Analysis）在社會科學面的研究大幅成長，而在了解近來有關風險分析的議題後又可發現，目前探討的重心是在風險溝通科際整合的領域上（Fisher, 1991）。許多公共或私人部門的管理者和決策者，也已深刻地了解到風險溝通的重要性。

風險溝通在最近幾年會受到如此的重視，其原因相當多。但是無可否認的，「傳統的社會機制，已無法因應工業社會中層出不窮的風險問題，因而有必要加以改進」應是一項重要的動機。就如同Kasperson與Palmlund（1989）所指出的美國政府引進風險溝通的理由：「從大部分的個案中可以了解，風險溝通往往是超乎政府所能影響及掌控的範圍。事實上，風險溝通是社會運作過程的一部分，只有在某些特定的情況下，它才被劃入政府的議程中」。

由此可知，在今日充滿風險的社會環境下，政府實有必要將風險溝通劃入政府的議程中形成法令規範，以決定可接受的風險範圍及最適時的方法來降低風險，化解風險產生者（risk generator）和風險承受者（risk bears）之間的利益衝突。

一、風險溝通類型與焦點

Covello等人（1989）曾指出，風險溝通具有四大類型：1.教育和資訊的給予；2.行為改變和保護措施；3.災難警告和緊急訊息；4.衝突和問題的解決。此分類架構幾乎可涵蓋所有的風險溝通活動。例如，表5-1-1為美國的十四個單位所提出來的風險溝通焦點，其焦點皆落在Covello等人（1989）所提出的四大風險溝通類型中（Allen, 1989）。

事實上，教育和資訊的給予、行為改變和保護措施、災難警告和緊急訊息、衝突和問題的解決等四點，亦是成功的風險溝通的預期效果。但是若風險溝通失敗，也會產生許多的負面影響，包括：

1. 分散社會的資源。
2. 分散個人的關心，導致真實風險變成無意義的風險。
3. 由於高度的焦慮導致人們不必要的傷害。
4. 使人們產生防衛性的冷漠或態度。

表5-1-1　風險溝通焦點

編號／部門全銜	風險溝通焦點
1.有毒物質和疾病登錄署（Agency for Toxic Substances and Disease Registry，簡稱ATSDR）	有毒化學用品
2.疾病控制中心（Center for Disease Control，簡稱CDC）	公眾健康
3.消費者產品安全委員會（Consumer Product Safety Commission，簡稱CPSC）	消費者保護和產品安全
4.美國空軍（the United States Air Force，簡稱USAF）	與軍事相關的有毒化學用品
5.環境保護署（Environmental Protection Agency，簡稱EPA）	有毒化學用品
6.食品藥物行政局（Food and Drug Administration，簡稱FDA）	食品、醫藥、化妝品和醫學設備
7.國家健康統計中心（National Center for Health Statistics，簡稱NCHS）	死亡率與病態率
8.國家癌症機構（National Center for Health Institute，簡稱NCI）	癌症預防和控制
9.國家心臟、肺和血液機構（National Heart, Lung, and Blood Institute，簡稱NHLBI）	心臟、肺和血液疾病的預防和控制
10.國家職業安全和健康機構（National Institute for Occupational Safety and Health，簡稱NIOSH）	職業安全和健康
11.核能管制委員會（Nuclear Regulatory Commission，簡稱NRC）	與核原料相關的安全議題
12.吸菸和健康中心（Office on Smoking and Health，簡稱OSH）	使用菸草的健康情形
13.職業安全和健康行政局（Occupational Safety and Health Administration，簡稱OSHA）	職業安全和健康
14.美國農業局（the US Department of Agriculture，簡稱USDA）	食品生產、防護和營養

資料來源：Allen, F. W.（1989）

二、風險溝通目的與模式

(一) 風險溝通的目的

Daggett（1989）指出風險溝通的目的，是在改善人民對有爭議性的環境議題的看法，以及有關此議題的討論方式，形成最正確的結論，做出最有效的風險決策。Billie等人（1990）亦指出：風險溝通的目的是提供一種新的方法來談論風險，使原先不能接受風險者可以接受風險。

表5-1-2 Covello等人（1989）風險溝通四大類型

部門	教育和資訊的給予	行為改變和保護措施	災難警告和緊急訊息	衝突及問題的解決
ATSDR	×		×	
CDC	×	×	×	×
CPSC	×	×		
USAF	×		×	×
EPA	×	×	×	×
FDA	×	×		
NCHS	×			
NCI	×	×		
NHLBI	×	×		
NIOSH	×	×	×	
NRC	×		×	
OSH	×	×		
OSHA	×	×	×	
USDA	×	×		

資料來源：Allen, F. W.（1989）

Kasperson與Palmlund（1989）則認爲，風險溝通的目的是：1.決定可接受風險的範圍，以供依循；2.利用政府適當和公平的做法，調解利益的衝突；3.引導公衆做個別或集體的行動來降低風險。

（二）風險溝通的模式

通常使用的風險溝通的模式有兩種，爲「技術模式」（technical model），另爲「民主模式」（democratic model）。前者著重專家及專業，常用統計模擬與風險預測，希望藉專家的權威來傳達知識，以超越外行人的無知，進而達到專家所建議或者政府所擬定的政策目標，但此法常被指責爲視野狹窄或決策過程單薄；後者旨在避免「專家對外行人」單向溝通的弊端，希望能在決策過程中，邀集所有相關人士參加，其重視一般人對風險的觀感與認知程度，並企求得到大家都能接受的解決方法（曹定人，1993）。

事實上，上述兩種模式乃是極端情形，在眞實世界中的風險溝通模式應該類似於Fisher（1991）所描述的，是一個連續構面圖。在圖的左端，其情形是專家評估風險的大小並告知人們。換言之，此種風險溝通方式是由專家到目標群衆的單向溝通。在圖的右端，風險溝通被視爲是一種能強化人們權利（empower people）的方式。此時公衆可以思考不同的風險議題，依據自己的意志對風險問題做決策，並提供適切的建議給予風險管理單位。換言之，此種風險溝通方式是雙向的，群衆可以對疑點提出問題或看法，以做爲評估時的參考。但是，通常專家不願擔任此型所賦予的角色，其原因通常在於：1.它除了評估風險等級之外，尙需加入其他的考慮因素；2.專家認爲增加群衆權力會導致運作癱瘓（其實即使沒有增加群衆權力，也會藉由媒體、遊說、挨家挨戶的勸說或動之以情遊行或抗議等方式來阻止不受歡迎的計畫之推行）。

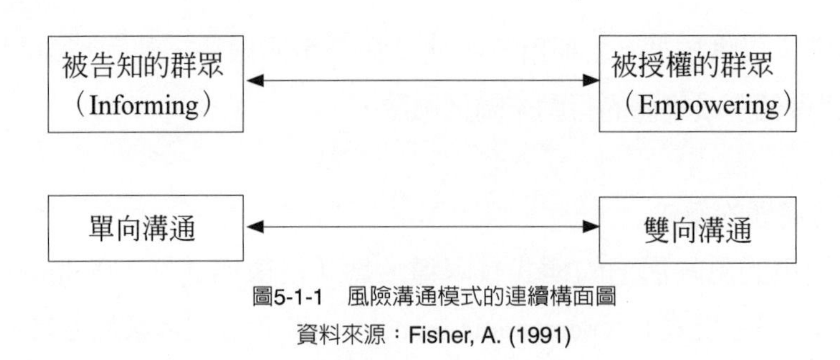

圖5-1-1 風險溝通模式的連續構面圖
資料來源：Fisher, A. (1991)

三、風險溝通困難與障礙

許多政府技術部門的人員非常欠缺與民眾溝通互動的經驗，往往是聽到民眾的抱怨聲後，才被動地發現問題並正視問題所在。政府的代表人員在這個情況下所扮演的角色，經常是進退兩難，將會不知道應該站在民眾或政府的立場。

政府在風險溝通一樣面臨相同的困境，甚至有過之而無不及。例如，許多政府部門中有實務經驗者認爲，解釋風險比解釋技術上的資訊更爲困難，民眾對於原有事件的看法已根深蒂固，因此對於政府的解釋將不會輕易改變；相對地，民眾也認爲政府代表是絕不可能說實話，所以，政府部門和民眾雙方皆認爲不管說什麼，都對另一方的認知不會有任何影響。

因爲這些原因，因此某些政府代表便認爲沒有溝通就是最好的溝通，但是許多實證研究告訴我們，與民眾更多的互動只會幫助問題獲得更好的解決（Billie et al., 1990）。

由以上的描述可知，風險溝通之所以窒礙難行的原因包括：

1. 不了解民眾所關切的課題。
2. 民眾對於訊息來源缺乏信心。
3. 溝通管道的偏差。
4. 民眾對風險認知不足。

而簡慧貞與阮國棟（1993）也提出風險溝通可能發生的問題，其內容包括：

（一）訊息本身（message）的問題

1. 因對科學上的數據、模型或方法缺乏一致的肯定，或在風險評估上仍有許多不確定因素存在。

2. 高科技方面的風險評估不是一般人所能理解的。

（二）資料來源（source）的問題

1. 對有關當局的訊息缺乏信心。

2. 在科學領域上存在爭議。

3. 能說明風險問題的有關當局很少或來源有限。

4. 無法揭露風險評估的限制及不確定性。

5. 對於民眾關心、害怕、嗜好、價值觀等了解有限。

6. 使用官僚或科技上難懂的語言。

（三）溝通管道（channel）的問題

1. 媒體對題材上選擇的偏差，強調戲劇性、錯誤、不和諧及衝突的報導。

2. 科學上的結果，在未完全確定時即被公布出來。

3. 媒體在轉換訊息上，以不正當的方式去誇大風險或曲解事實。

（四）接受者（receiver）的問題

1. 對風險程度認知不足。

2. 對科學或風險的複雜性不感興趣。

3. 對自己能避免災害的能力有過度的自信。

4. 對政府法規的規範能力，過度的依賴。

此外，Hadden（1989）則強調風險管理者應重視「風險溝通在制度上的障礙」（institutional barriers）。他指出風險溝通的工作確實是充滿了困難，而傳統的風險溝通和新的風險溝通所面對的困難是有所不同的。其中，傳統的風險溝通（old risk communication）是指專家們試圖說服那些不了解風險評估和決策的外行人（layman）。此時困難往往是發生於「被溝通者對風險知覺的了解不夠及獲知機率資訊的困難重重」，而這些問題在過去已有衆多文獻深入探討（Keeney & von Winterfeldt. 1986）。另一方面，新的風險溝通（new risk communication）則強調某活動的決策過程中對風險持不同意見的不同派別（parties）或參與者間的對話（Hance, Chess, & Sandman, 1988； Rayuar & Cautor, 1987）。此時困難往往是發生於「缺乏明確的參與制度」（participatory institution）（Kasperson, 1986），此即Hadden（1989）所謂的「風險溝通在制度上的障礙」。

換言之，所謂的「風險溝通在制度上的障礙」並非因爲一般群衆或資訊特質所造成，而是組織對風險溝通的日常運作（day-to-day operation）所產生。這些障礙包括：制度所造成的蒐集資料的障礙、制度所造成的民衆獲取資料的障礙、制度所造成的了解的障礙、制度所造成的執行的障礙。茲說明如下：

1. 制度所造成的蒐集資料的障礙

Hadden（1989）假設政府擔任「蒐集風險資訊並使其能提供利用價值予潛在使用者」的角色，而蒐集完整資料的一個障礙在於初始量（threshold quantities）在報導法令上的過度使用。此外，在美國許多關於風險溝通的法令爲聯邦政府所制定，但其仍需地方政府共同參與和配合。然而，不同層級的權責機關之間的複雜關係及法令間的矛盾，卻往往造成資料蒐集及利用上的障礙。

2. 制度所造成的民衆獲取資料的障礙

重複的報導（multiple overlapping reports）使民衆必須重複閱讀多種形式的資料以了解某一項事物，因此它其實是會妨礙風險溝通的有效進行。其次，民衆於媒體所獲得的風險訊息往往也是已經篩選過濾的，其已隱藏了部分的眞實內容。另外，多重機構（multiple agencies）以及其運作過程的繁複，亦是阻礙民衆獲得資訊的原因。例如，在紐澤西州政府內執行「獲知權法律」（right-to-know laws）的四個權責機關間的抗衡，便阻礙了風險溝通工作的完成，而這種多重機構及其繁複的運作過程，乃是源於對單一工作的重複授權。

商業機密是另一個造成民衆無法獲得資料的潛在障礙。事實上所有風險溝通的法律都有保障商業機密的味道，其結果固然使私人得以因不公開新發明而獲益，但卻也明顯的與「賦予人民有獲知的權力」的法律相牴觸。在著名的Title III（The Third Title of Superfund Amendments and Reauthorization Act）中，國會允許私人保有部分的商業機密以換取企業界對其他條款的認可。儘管在Title III下，管制下的社區（regulated community）可能會公布視爲商業機密的化學物質，但毫無疑問地，人們辨識訊息正確性的能力，會因企業充分掌握法案條款的優勢而受到限制。而其他有關風險溝通的法律所得的經驗，亦顯示同樣的結果。

3. 制度所造成的了解的障礙

決策者是否了解資訊的內涵，也是風險溝通成功與否的重要指標。目前電腦並未有效的將相關資訊予以整合（organize），而重複過度的報導所累積的資料及報導的格式（format），都有礙於決策者的了解。

4. 制度所造成的執行的障礙

風險溝通的最後一個因素（尤其是新的風險溝通）是決策者是否能將所知悉及了解的風險資訊予以執行（action）。Hadden（1989）列舉了幾個執行障礙：首先是人們可能不知道其有權獲得資訊或使用資訊的價值何在；第二是政府的官員們對風險溝通不重視，使得執行成效不彰；第三，也是最重要的一個，即缺少一個民衆可賴以諮詢、訂定優先順序（set priorities），以及與企業和政府共同從事風險選擇（risk choices）的專責組織。

貳、基本原則

風險要形成有效的溝通，必須是主管的支持及內部員工的積極因應，而且對於資訊應提早明確的公開，和善誠意的釋出，取得公眾的關心、信賴、委託、參與，共同合作才能將風險疏解。

一、有效的組織內部風險管理

所謂有效的「組織內部風險管理」即是先由組織內部的管理來鼓勵有效的風險溝通，換言之，公司或政府單位的高階主管及幕僚單位對風險管理越重視，可使風險溝通的推動更有效率。反之，若公司、政府的高階主管對於風險管理毫不重視，勢必使得風險溝通徒具形式，而難以奏效。所以有效的組織內部風險管理的重點有二：如何說服高階主管支持風險溝通；高階主管如何鼓勵組織內部做風險溝通。

（一）如何說服高階主管支持風險溝通

1. 成功的案例可以幫助高階主管克服心理障礙。

2. 回顧過去的經驗以評估－回饋，以計量的資料來衡量過去在風險溝通上的表現。

3. 從報紙或期刊上蒐集一些民眾關切的資訊來支持風險溝通的必要性。

4. 蒐集其他公司處理民眾問題的做法與建議，避免重蹈覆轍。

5. 提出具體步驟，可幫助高階主管跨出第一步，解決不知從何著手之心結。

（二）高階主管如何鼓勵有效的風險溝通

1. 做承諾

如果高階主管對風險溝通不重視，則下屬不可能做承諾，也就不可能達成。

2. 開放內部的溝通管道

員工對公司有不同的建言是被允許的，則在處理外界不同的意見時較無後顧之憂。

3. 分配資源

公司應將風險溝通視爲一種「必需品」，而非「奢侈品」，所以投注人力物力是必要的。

4. 關心民眾所關切的議題

高階主管更應擴大扮演在風險溝通上的角色，避免要求員工擔任他們與民眾之間的緩衝器。

5. 訓練員工

高階主管或員工都需要培養及訓練與民眾接觸的技巧。

6. 發展一套風險溝通的模式

把有效的風險溝通的知識或訊息分享給每位員工，例如舉辦時事通訊或小型的研討會。

7. 提供溝通的誘因

把溝通列入工作說明書或納入工作考核項目。

8. 制定風險溝通的計畫

公司在制定風險溝通計畫時應長期考量，例如把環保議題納入溝通計畫的範疇。

9. 評估

從「評估與回饋」中再做修正。

二、及早公開資訊

到底何時才是把資訊公開的最佳時機，是一個很難做決定的問題。政府或企業擔心的是太早把資訊公開會導致人們恐慌及對資料的誤解，所以政府或企業多半都會把資料保留不予公開。但是這種保守的做法其實是忽略了兩個重要的因素，即人們等待的不安以及人們被延遲告知所產生的憤怒。尤其是有關健康的資訊，若被政府封鎖，則人們往後就很難再去相信資料的公正性。但是所有資訊是否都應該及早公開，這就要視情況而定（Billie et al., 1990）。所以及早公開資訊所牽涉的議題包括：爲何要及早公開資訊？決定是否要把資訊公開？如何及早公開資訊？不能及早公開資訊的補救之道。

（一）為何要及早公開資訊的十個理由

1. 人們有權知道攸關生命的資訊。

2. 及早公開資訊有助於問題的解決。

3. 如果把資訊隱藏起來，事情也遲早會被發現，並且會失去信用。

4. 如果第一個把資訊公布出去，有助於對正確的資訊有更好的控制。

5. 如果及早把資訊公開，可以使公衆有更多的時間參與決策。

6. 及早把資訊公開，可避免類似的事情發生。

7. 事先把資訊公開所需的工作量，遠低於延遲發布資訊所需面對的善後工作。

8. 及早公開資訊，有助於取得公衆的信任。

9. 延遲資訊的公開，只會造成民衆的埋怨和憤怒。

10. 延遲資訊的公開會使民衆反而高估風險的存在。

（二）決定是否要把資訊公開

1. 如果人們即將處於風險之中，則應馬上告知風險資訊。

2. 如果政府應該告知民衆已經調查出人們所不知情的潛在危險，否則若事後讓民衆發覺，反而背上「隱瞞實情」的罪名。

3. 如果媒體在公開資訊前已搶先報導，政府仍然要將訊息再重新公布，因爲媒體在報導之前並不會先確認資訊的公正性，往往會造成錯誤的訊息，對民衆產生誤導。

4. 若某一事件的新聞已經被公開了，爲避免不實報導，則應該提供更多的資訊給新聞媒體。

5. 對於所蒐集的資料存疑，則應先將作業程序告知民眾，但對於未經證實或確實有疑問的資訊，應先予以暫時保留，不可公開。

6. 如果初步調查的結果已深信不疑問題顯示的所在，則應把這些資訊公開，並且說明資料的暫時性及後續仍會有完整的追蹤研究。

7. 決定要把資訊（特別是不好的訊息）延遲公開之前，請先考慮到民眾將會對政府或企業喪失信心的後果。

（三）如何及早把資訊公開

1. 適時適地的把資訊公開。

2. 不需等到事情完全確定了，才將資訊公開出去。

3. 把資訊公開前，先預期民眾會有什麼樣的反應及問題，並事先設想答案。

4. 把相關人員聚集一起進行公開資訊的情節推演。

5. 給予要溝通的對象（政府、環境學家、員工）第一手資訊，而不是間接從媒體獲知事情的發生。

6. 避免謠言的中傷，儘快把資訊公開給每一位聽眾（包括媒體）。

（四）如果你不能把資訊及早公開，怎麼辦？

1. 如果一定要等到資訊蒐集充足才把資訊公開，則應在這段期間內，以現有初步的資料發展管理的方案，並建議社區民眾在這段期間內，對於風險發生的應變之道。

2. 如果爲了某些原因而不能及時把資訊公開，不要以資料需要進一步的證實爲由，而應該坦白眞正的原因，在別人問起之前先予以說明，避免讓民眾產生猜疑。

3. 如果你決定現在不把資訊公開，應不要保持緘默，而是要讓民眾知道，你現在資訊蒐集的進度與程序，承諾民眾何時公開資訊並確實做到。

三、公眾參與

政府或企業應該鼓勵居民共同參與的理由如下：

1. 民眾有權知道與生活有直接影響的議題。

2. 公眾參與有助於讓民眾對於特殊的風險更了解。

3. 政府了解民眾的需求，可以導致更好的公共政策及解決方法。

4. 建立民眾與政府（企業）之間的信賴感，提供彼此雙向溝通的機會，企業可透過共同決策，而使工廠的作業情況更佳。

然而公眾參與亦並非只有百利而無一害，它的壞處在於：公眾對風險資訊所知越多，其意見就越多，而雙方抗爭的結果，只會使關係綳得更緊。所以公眾參與不是「完全參與」和「完全不參與」的兩極化現象，而是一種循序漸進的步驟，其情形就如同公眾參與程度的階梯圖所示（圖5-1-2）。

當政府或企業決定要採行公眾參與之後，其仍需要就下列的各種可能的做法加以考慮：

1. 盡可能使民眾參與決策的過程。

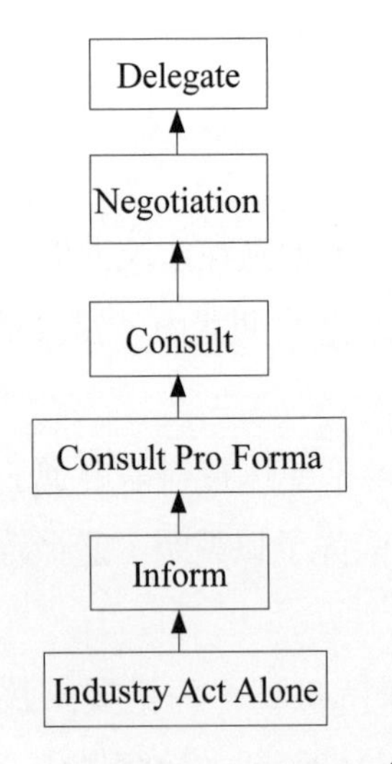

授權：居民的任何做法不需與公司商量。

磋商：雙方共同的解決問題。

事前商議：聽取居民的意見做爲決策的參考。

事後商議：下了重大決定後，才與居民商議。

告知：由一方面說（公司），另一方面聽（民眾）。

公司的做法不與居民商量。

圖5-1-2　公眾參與程度的階梯圖

2. 在風險評估的最初階段就應該邀請民眾共同參與。

3. 在一開始就應對居民所扮演的角色有一明確的定義，因爲民眾與政府之間的爭執，往往在於政府對民眾參與決策過程中所扮演的角色認定不清，例如，政府答應要「公眾參與」，但所有決定事項仍不與民眾溝通，就會使民眾產生抱怨。

4. 政府部門應承認在某些受法律限制的情況下，政府在決策過程中只能給予民眾少許的權力，而企業則沒有這方面的限制。

5. 不同居民對於不同程度的參與類型有不同的偏好，所以應該針對居民所喜歡的方式來做調整。

四、建立信賴感

通常信賴感的建立是在與當事者溝通的基本原則，會導致不同的結果，一是尊重與了解，一是敵對與憎恨，通常要獲得別人的信任必須具備三種特質：有能力、關心別人與誠實。然而雖然以誠實來處理社區間的問題，並且讓民眾參與決策的過程，並不保證民眾一定會同意既定的方案或者得到滿意的答覆，但可確定的是如果喪失了人們的信賴感，肯定是得不到贊同（Billie et al., 1990）。以下即說明獲得信任感的原則，並將政府或企業最常犯的錯誤及其挽救之道列舉對照表（表5-1-3）。

建立信賴感的方式：

1. 了解獲取信任的原因，由以下五個問題的答案便可獲知：

(1) 這部門的能力如何？

(2) 這部門關心他人的程度如何？

(3) 這部門是否鼓勵公眾參與？

(4) 這部門的信譽如何？

(5) 這部門有把風險的構成因素納入考慮嗎？

表5-1-3　政府或企業最常犯的錯誤及其挽救之道

編碼	最常犯的錯誤	挽救之道
1	不考慮居民的身家性命直接做決定	讓民眾參與決策過程
2	居民如果不要求，不必把資料公開	在人們未了解眞相之前，先將資料公開
3	把人們的感受視爲不相關或不理性	重視人們的感受
4	開空頭支票	答應民眾的事要盡力去完成
5	永遠不要承認你是錯的	勇於承認自己所犯的過失
6	裝作每件事情都知道	對不知道的事不要假裝知道
7	說一些專業術語讓人家聽不懂	與居民溝通要深入淺出
8	表現得很圓滑高高在上的樣子	保持誠懇的態度對人
9	當問題發生時，盡量把消息封鎖不讓外人知道	問題發生了要及時告知相關部門
10	對風險避重就輕	正視每一個可能發生的風險並處理
11	盡可能節省花在風險溝通上的資源	投入人力物力在風險溝通的努力上

2. 注重過程的重要性：過程是風險溝通上最重要的一環，每個對象都同意政府或企業部門，在做決策時過程的順利與否，是最關鍵的決定因素。

3. 解釋政府部門的作業過程：因爲政府內部的作業程序對一般民衆是難窺其竟，可以稍加提供內部作業的程序讓民衆了解，對於政府部門日後會有什麼行動及做法都較易諒解。

4. 從一開始就把資訊公開並且讓民衆參與。

5. 建立信賴感比提供好的資料還要重要：因爲民衆對風險的判斷不完全依照資料的好壞來做決定，反而對政府部門的感覺是否良好才是主要下判斷的準則。

6. 言行一致（就政府對民衆所承諾的事努力做好）。

7. 只承諾能力範圍可達成的事。

8. 提供民衆所關切的資訊。

9. 提供正確的事實（誠實）：政府提供資訊給民眾時，務必一再地檢查資料的正確性，因為一旦把錯誤的訊息提供出去，將會以訛傳訛，永遠失信於民，千萬不要認為人們會忽略這點。

10. 和其他的部門互相協調：如果部門間不能互相協調要對民眾採取何種行動，則民眾無所適從對政府的信賴感將予以打折。

11. 確定在你組織的內部已獲得一致的協調：如果十個人針對同一個問題所得到的答案都不相同的話，那麼，對於政府的信賴感將會降低許多，千萬不要以為對甲民眾所說的話乙民眾永遠不會知道。

12. 不要提供混淆不清的資訊：風險的議題早就使人難以了解，政府多重的目標也會導致民眾的困惑，如果政府提供混淆不清的資訊，將使情況變得更糟。

13. 傾聽不同團體間的建言，避免顧此失彼觸怒其他團體。

14. 把組織對與居民建立信任感所提供的建議列出來。

15. 避免祕密式的集會：祕密的集會容易讓民眾認為部門對於資訊有所隱瞞，處理這方面的問題時格外小心。

16. 如果在信任感很低的情況下，考慮使用以下步驟：

(1) 回顧風險的類別及其途徑。

(2) 了解使民眾失去信賴感的原因。

(3) 不斷地更新資訊。

(4) 詢問對政府不信任的人的意見。

(5) 把政府的反應個人化。

(6) 和民眾分享資訊並提供參與的機會。

(7) 耐心。

參、事前規劃

風險溝通的處理要能事半功倍，其事前規劃應周詳，必須先確定溝通的對象及議題，了解問題的本質及傷害發生的原因，風險訊息的設計明確、淺顯易懂，溝通管道的設計需雙向互動，利用適當的場所、集會來政策行銷。

一、確定溝通的對象及議題

政府部門或公司風險溝通的效果不彰，往往歸因於並沒有花很多時間去了解人們在關心什麼，或人們需要什麼樣的資訊；很多開會時應注意的事項沒有妥當的準備而引起與會者的抱怨，也就是對民眾的訴求不夠了解。所以，風險溝通事前規劃的第一步，乃在眞正去了解溝通的對象並發覺民眾所關切的議題，提供需要的資訊，可幫助民眾做決策，而非一味地把自己的觀點加諸他們身上，致影響其判斷。

風險溝通的對象包括政府當局、公司及工業團體、工會、傳播媒體、科學家、專家組織、社區、感興趣的大眾團體及市民個人等。各種溝通對象皆可能扮演資訊提供者及接受者的角色，各種不同團體對風險感受亦有所差異。

（一）確認主要溝通對象的方法

1. 與曾經處理過相同事件的同事討論，哪些是有興趣的對象及他們所關心的事爲何？

2. 決定哪些對象應先予以溝通，有助於安排溝通的優先順序，並將分爲三個部分。

(1) 對事情有高度興趣者：應盡可能接觸。

(2) 對事情有中度興趣者：應保持聯絡。

(3) 對事情沒有太大興趣者：不需要花太多精神。

3. 當在接觸民眾時，不妨問問是否還有潛在者是必須去接觸的。

4. 由民眾的出席率及媒體的接觸程度可看出對事情的關心程度。

5. 在召開社區會議時，會議紀錄上與會者的簽名便是應接觸的對象。
6. 注意相關團體的時事通訊報導。
7. 注意社區的時事通訊報導。

表5-1-4　不同團體對三十種活動及科技所感受的危險度所排優先順序的差距

活動或科技	婦女選舉人聯盟	大學生	俱樂部會員	專家
核能發電	1	1	8	20
汽車	2	5	3	1
手槍	3	2	1	4
吸菸	4	3	4	2
機車	5	6	2	6
喝酒	6	7	5	3
私人飛行	7	15	11	12
警察工作	8	8	7	17
疫病	9	4	15	8
手術	10	11	9	5
火災	11	10	6	18
大型工程	12	14	13	13
打獵	13	18	10	23
殺蟲劑	14	13	23	26
爬山	15	22	12	29
腳踏車	16	24	14	15
商業飛行	17	16	18	16
電力	18	19	19	9
游泳	19	30	17	10
避孕	20	9	22	11
滑雪	21	25	16	30
X光	22	17	24	7

表5-1-4 不同團體對三十種活動及科技所感受的危險度所排優先順序的差距（續）

活動或科技	婦女選舉人聯盟	大學生	俱樂部會員	專家
高中及大學的足球	23	26	21	27
鐵道	24	23	29	19
食物防腐劑	25	12	28	14
食用色素	26	20	30	21
電動割草機	27	28	25	28
抗生素藥方	28	21	26	24
家庭電器	29	27	27	22
預防注射	30	29	29	25

資料來源：Slovic, P., Fischhoff, B. and Lichtenstein（1980）

（二）發覺民衆所關切的議題

以下幾點有助於確認溝通對象所關切的問題：

1. 哪些團體先前已經牽涉過這個議題了？
2. 哪些團體可能會受政府及公司的行爲所影響？
3. 哪些團體如果沒有被邀請磋商可能不高興？
4. 哪些團體可能會有重要的消息或意見可以有所幫助？
5. 哪些團體的意見可以確保公司這個議題維持平衡的觀點（正反方皆要考慮）？
6. 哪些團體在公司行動時會有其他意見？
7. 哪些團體只想知道公司在做什麼，但並不想投入？

而確認民衆所關切的事項更可以透過具體性的做法，幫助歸納與了解所關切的焦點爲何？

1. 回顧過去的報紙剪報。
2. 與過去處理過相關事件的同事討論。
3. 與社區居民非正式的溝通，以了解關心的事情爲何。

4. 對於關心社區的民衆進行開放式的問卷調查，寫下所有的問題與關心的事。

5. 發展一套調查方法（如登門訪問、開會、信件等等）。

6. 在會前先進行腦力激盪。

7. 在會後再進行一次腦力激盪。

8. 與顧問委員會進行諮商。

9. 進行民意調查。

10. 處理這些目標群體的意見或反應。

（三）民衆可能會提出的問題

民衆關心的事情可歸納爲以下四個範圍：健康與生活方式、資料與資訊、過程、風險管理。

1. 健康與生活方式（什麼會影響我和家人）

(1) 這些化學物會對民衆的健康造成什麼樣的影響？

(2) 這些化學物的安全範圍爲何？

(3) 小孩會受到什麼樣的影響？

(4) 在這裡住二十年會不會比住五年更容易罹患癌症？

(5) 組織做過什麼研究來支持民衆保證對健康無害的聲明？

(6) 民衆已經處於X的風險中了，Y的出現會更增加風險嗎？

(7) 民衆的生活品質會受影響嗎？

(8) 在這事件中民衆將受到什麼保護？

2. 資料與資訊（是什麼樣的廢物或汙染）

(1) 如何確定你是誰？

(2) 最差的情況是什麼？

(3) 你如何得知這些成員的資訊？

(4) 我如何知道你的研究是正確的？

(5) 其他人對這個事件的看法如何？

(6) 我們暴露於風險的程度和標準比起來如何？

(7) 你說X不會發生，有何證據，如果眞的發生了，你會如何處理？

3. 過程（我將會受到什麼樣的對待）

(1) 我們要如何參與決策？

(2) 意外事件發生了，你會如何告知我們？

(3) 爲何我們應該相信你？

(4) 什麼時候用什麼方法，我們可以聯絡到你？

(5) 你還把這事件告訴了哪些人？

(6) 我們何時才會有你的消息？

4. 風險管理（組織對此事件要如何處理）

(1) 這問題何時才會處理好？

(2) 你爲什麼會使這事件發生，你又做何處理？

(3) 其他人的意見如何？爲何你要選擇X方案？

(4) 你處理問題的步調怎麼那麼慢？

(5) 政府代表在這事件中扮演什麼角色呢？

(6) 我們到底牽涉什麼樣的事件？

（四）社區居民經常要求的改善

企業或政府單位認爲，社區居民或環保團體的要求太多了，絲毫沒有考慮到以往組織所做的努力；而民衆卻認爲企業或政府單位所做的改善非常有限，並且和民衆所要求的改善事項有極大的差異。以下便以美國化學工廠爲例，列舉汙染性設施的社區居民經常要求的改善：

1. 現在比過去減少更多放射物。
2. 承諾未來會比現在減少更多的放射物。
3. 安置控制設備。
4. 訓練人員對緊急事件的處理。
5. 幫助社區訓練警察、消防人員及增購設備。

6. 降低事件發生的可能性。
7. 減低事件發生的規模。
8. 擁有徹底的緊急事件處理計畫。
9. 水質與空氣品質的監控。
10. 盡量減少資源使用所產生的廢物。
11. 減少危險原料的儲存。
12. 對已受傷害者進行賠償並建立索賠的制度。
13. 提供有關健康風險的資訊。
14. 從事環境風險與健康風險的研究。
15. 提供證實改進的資料供民眾存取。
16. 與技術監督者共同檢查設備，以證實公司的進步。

二、了解問題的本質及傷害發生的原因

政府單位或企業的代表感到困惑的往往是，爲何抽菸或開車沒繫安全帶所帶來的風險和少於百萬分之一機率會致癌的汙染風險相較起來，人們較在意後者帶來的風險，其癥結在於不了解民眾對風險之所以排斥的原因（絕非僅依機率的大小來判斷）。所以，組織在解決風險問題時，應了解民眾認定傷害的原因是什麼，專家對風險的定義是以每年的死亡率來評量風險的大小，而民眾對風險的界定，不僅只是死亡率而已，尚包括其他因素所造成的傷害，是故民眾對風險的定義是死亡率和罹病率兩者的加總，也就是政府或公司對處理風險問題的態度，不只是依照自己一廂情願的看法，而要考慮到民眾眞正關心的是什麼。把傷害的因素及民眾所關切的問題視爲和科學的變項一樣重要，並且不要低估民眾了解科學的能力。

專家所定義的風險比民眾所定義的風險來得更狹義，以下要素便是釐清風險的性質，有助於了解民眾不願意接受某種風險的原因。

（一）自願的與非自願性的差異

風險如果是自己選擇（如登山），則較容易接受，對於自己不能選擇的風險則較易排斥，因此讓民眾共同參與、決定是有其必要性的。

（二）自然的與工業的差異

洪水氾濫與工業汙染一樣都會造成風險，但人們對於不可抗力之因素都較能接受。

（三）公平與不公平的差異

有補償會使居民較願意接受風險，所以公司必須詢問居民，怎樣的補償才能讓居民覺得公平。

（四）熟悉與陌生的差異

熟悉的風險與環境有助於減少傷害的發生，所以公司應常舉辦參觀或展示活動，使居民更熟悉環境。

（五）對過去記憶深刻與否的差異

無論是個人經驗或媒體報導的記憶，難忘的事件與對風險的印象，常會帶來更大的傷害，所以公司在向民眾道歉之前，應先把以前的事討論一下。

（六）不可怕與可怕的差異

癌症和氣喘使人害怕的程度就有所不同，所以如果你沒辦法減低可怕的事情發生，那麼就應該去了解它。

（七）可知與不可知的差異

專家同意嗎？他們了解傷害嗎？所以公司應提供一些資料讓民眾了解。

（八）道義上的不相關與道義上的相關之差異

就像警察局長討論「多少兒童被傷害是可被接受的範圍」，雖然不可能達到零，但至少應以零風險做爲努力的目標。

（九）個人控制與系統控制的差異

大部分的人會認爲開車比坐飛機安全，也就是說人們相信自己甚於相信系統，所以公司應盡可能將決策權或控制權分給民衆。

（十）可信任與不可信任的差異

製造空氣汙染的廠商常使人沒有信任感，久而久之，不良的形象被確立了，公司將花費更多的努力，才能取得些微的信任。

（十一）開放的過程與封閉的過程之差異

對於過去所犯的錯誤是眞心改過或是一味敷衍，對民衆所關心的問題是負責或是逃避的態度。

（十二）可被科學所解釋與不可被科學所解釋

可經由科學證實或解釋的風險較爲人所接受。

三、風險訊息的設計

訊息溝通的目的，是用來傳遞新事件的資訊，以改變接受者的態度、行爲，或者是鼓勵參與決策的制定，所以訊息的建立必須考慮到預期成果。在討論訊息溝通目的之前，先考慮訊息被公衆所接受的決定因素（flame, Bratic, & Arkin, 1989）：

（一）清楚（clarity）

訊息的傳遞必須確保公衆有能力，使自己做正確的選擇，減少誤導，及不適當的行動，盡可能減少使用專業的術語。

（二）一致性（consistency）

理想的情況之下，對於特定主題的風險訊息應該是相同的，減少對科學的模糊及不信任、增加公眾了解的機率。

（三）切中要點（main point）

訊息設計者應該清楚的陳述重點，讓公眾理解和確定這些重點是被重複強調的。

（四）語調和訴求（tone and appeal）

訊息的陳述可能採取正面和負面的態度，端視公眾可能被影響的情形。

（五）信賴度（credibility）

發言人明確的態度和令人信服資訊的來源應該是被信賴的。

（六）公衆需求（public need）

訊息的建立應該是以公衆知覺和想知道的事件爲基礎，並不是以訊息發出單位的興趣爲主。

Allen（1989）指出美國聯邦政府所發展出的風險訊息有不同的形式，主要是依據風險所存在的情況和接收訊息的對象而定。而聯邦政府在風險訊息的設計過程中也得到一些心得：

(一)設計目標：設計符合實際，並可達成的目標，而不是嘗試去治療所有的癌症或者是消除所有的汙染源。

(二)觀眾感受：如何讓觀眾感受到一件清楚而且眞實存在的風險訊息是相當困難的，尤其是慢性風險的來源。

(三)觀眾測試：對於已設計完成的風險訊息，必須對觀眾進行測試。

所以風險訊息的設計首先要了解的是，什麼資訊對民衆是有幫助的，然後再清楚、明確地表達一些重要觀點，至於對民衆沒有用處的資訊，也應事先準備好，以便回答居民臨時提出的問題。

使用淺顯易懂的言語來表達，是簡化風險資訊的一種做法，另外使用風險比較也是一個很好的方法，但必須注意的是比較不當反而會造成誤導（Billie et al., 1990）。所以訊息設計所討論的重點包括：簡化風險資訊，避免使用難懂的科技語言；使用風險比較；公布風險資料時所需解釋的事項。

（一）避免使用專業術語的方法

1. 應盡量避免在自我檢討時常使用專業術語來表達。

2. 用一些淺顯易懂來代替難懂的句子。

3. 除非眞要使用專業術語來表達才能解釋清楚，否則盡量避免。

4. 如果要解釋專業術語的意義，應先以簡單的用詞來說明其概念，再說出專業術語。

5. 大多數的人都對專業術語極爲厭惡，所以當衝突已經發生了，使用專業術語時要更加小心，以免造成積怨更深。

6. 請聽衆隨時糾正你的用詞。

7. 和同事們互相提醒。

8. 把自己要表達的句子寫下來，請一位不懂專業術語的人唸一次，以確定這些用詞是否夠簡單明瞭。

（二）使用風險比較

風險比較是指以相同或不同的事物做風險的比較。此種方法可使得風險的訊息更易被人理解，有助於有行爲動機者產生行爲上的改變。風險比較的方法，可提供觀念上衡量風險的相對尺度，尤其在一種新的或不熟悉的風險產生時。風險比較在強調問題的重要層面時，有許多好處，似乎能直覺的令人接受，並且轉換一些危險的過程成爲一些較自然的思考模式。

有經驗的風險管理者會建議使用風險比較的方法，使風險的統計更爲清楚，然而風險比較使用不當，反而會導致更糟糕的反效果。風險比較本身亦有其限制存在，如風險比較的不確定性，無法加以強調或確認；無法對於測量或定義風險數量化的方向詳加考慮；對於一般民衆所關心的風險問題或科技問題無法廣泛的加以數量化，所以使用風險比較時必須格外小心。

以下便是風險比較的層級（hierarchy of risk comparisons）

1. 第一層比較

(1) 比較相同風險在不同時點的大小。

(2) 用某一種標準做比較。

(3) 用不同的測量方式做比較。

2. 第二層比較

(1) 比較做與不做某事所導致的風險有何不同（例如加裝最新的防治放射物設備的風險爲X，不裝防治放射物設備的風險爲Y）

(2) 比較不同的解決方案。

(3) 比較不同地點的風險。

3.第三層比較

(1) 比較平均風險與最低風險的差異。

(2) 比較特定風險所導致傷害與全部風險來源所導致傷害之差異（如由於暴露在X放射線下所導致肺癌占全部罹患肺癌的比例）。

4. 第四層比較

(1) 比較不同風險與成本的比例。

(2) 比較不同風險與利益的比例。

(3) 比較職業風險與環境風險的不同。

(4) 比較同一來源的不同風險。

(5) 比較同一種疾病或傷害的各種不同的原因。

5. 第五層比較

比較二或三個不相關的風險（如比較放射線、開車、抽菸的風險）。

（三）公布風險資料時，所需解釋的事項

1. 主要的解釋

(1) 這種化學物是什麼成分、味道如何？用途如何？在空氣中、水中、地面會呈現何種狀態？

(2) 公司庫存多少量？放射出來的量是多少？

(3) 它們有何慢性或急性的影響？

(4) 何種狀態最危險？

(5) 它們對什麼人的危害最大：小孩？老人？病人？

(6) 在這種汙染的環境下多久會危害健康？

(7) 動物實驗、流行病學研究，這些資料有何用處？

(8) 未來會蒐集何種相關資料？

2. 附帶或相關的解釋

(1) 這個風險是否比過去高／低，比未來可能高／低？

(2) 公司該有何方法去檢視風險或降低風險？如何把訊息傳遞給社區居民？

(3) 居民如何知道公司是否有落實這些方法？

(4) 完成這些方法的時間表爲何？

(5) 公司中的哪些員工是負責處理社區居民的問題？

四、溝通管道的設計

當目標觀眾被界定，就必須選擇最可能達到溝通效果的管道，以及最適當的風險訊息。每一個溝通管道提供不同的利益以及迎合不同的訊息設計，所以管道的選擇可能有下列幾種情形：(1)大眾媒體的組合效果（例如：電視、收音機、報紙、雜誌等）；(2)人與人之間的互動溝通效果（例如：同學之間、家庭成員之間，與健康專家之間等）；(3)社會群體間的效果（例如：受僱單位、健康部門和學校等機構）。本節僅就發言人、公關人員，與媒體提出討論：

（一）一個成功的發言人應具備的屬性

1. 有自信：一個成功的發言人應對自己的知識、反應能力及溝通技巧有信心。

2. 事先準備：一個成功的發言人應很清楚要傳遞的訊息是什麼，及準備好回答別人的問題。

3. 能幹的：處理事情的態度很機靈。

4. 踏實的：發言人也許在這個領域內是個外行人，但一定會很具體的記錄居民的需求。

5. 本土化的：發言人必須是社區的一員。

6. 權威的：發言人需有種「代表公司」的權威感，方能取信於人。

7. 富同情心的：分擔別人的感受並傾聽別人的訴怨。

8. 自動自發的：由於溝通計畫需要隨時修正，代言人應跟上變化的腳步。

9. 坦白的。

10. 角色中立的。

11. 表達能力強的。

（二）公關專業人員所扮演的角色

1. 事前的指導代替事後的建議。

2. 溝通策略的制定。

3. 扮演與居民、專家及其他團體之間聯絡溝通的角色。

4. 受過良好訓練的公關人員，應該訓練組織的發言人演說及處理社區的問題。

5. 公關人員不僅負責訓練的工作，並且在每一場公司代表演說後，應提出修正與建議事項。

6. 好的公關專業人員應把居民所關切的議題記錄下來。

7. 公關人員應幫助組織推動一些與居民互動的進行。

8. 蒐集有關風險溝通決策的相關資料。

（三）計畫面對媒體的策略

媒體在報導環境事件的紛爭時非常敏感，都不可能過於深入或去修飾事實，一般而言，政府或企業對媒體的態度是與記者們保持良好的關係，一般大眾對於媒體的唯一要求便是報導眞相。因此，事先規劃如何因應媒體的採訪是有其必要的，考慮因素：

1. 目標：想透過節目傳達的訊息爲何？想讓民衆了解什麼或相信什麼？
2. 觀衆：哪些觀衆群體是傳遞訊息的對象？官員？員工？消費者？
3. 管道：經由何種媒體傳播對目標和觀衆是最適合的？
4. 訊息：什麼樣的訊息可以讓民衆的想法或觀念改變成所預期的目標？
5. 訴求：什麼是民衆長期所關切的問題？
6. 新聞性：哪些問題才是有趣的、重要的、足以成爲大衆關心的焦點？
7. 政策意念：在媒體上所陳述的事應和實際的作爲相吻合。
8. 邏輯性：要做好這個節目需要哪些資源？
9. 排除困難：了解面對採訪時，可能發生的困難並力求解決之道。
10. 回饋：大衆對這節目的反應如何？

五、發展適當的集會

一般認爲大型或正式的會議，無法發揮政府與民衆之間眞正溝通的本質，只是政府用來傳送訊息的方法，談不上雙向溝通，反而是小型非正式的聚會較能達到解決問題的功效，如果不能避免舉辦大型的共同會議，至少要讓政府與民衆雙方都認爲受到公平的對待，不要偏袒某一方，這將有助於會議的進行。

（一）社區聚會或會議準備事項

1. 過程

(1) 預先告知相關的人員，邀請適當的人與會。

(2) 安排公司裡適當的人選做主講人。

(3) 想想社區代表、環境專家或中立團體與會的可能性。

(4) 選擇一個適當的地點召開會議。

(5) 設立議程與預留討論時間。

(6) 在開始正式演講之前，確定民眾有管道可以表達意見。

(7) 在開會之前，把民眾對議程的建議列入考慮。

(8) 事先考慮如何處理會議中衝突事件的發生。

(9) 排一位會議記錄，寫下公司所承諾的事項。

(10)想想會後，將得到什麼樣的回饋。

(11)發展一套與媒體接觸的策略，避免被攪局。

2. 內容

(1) 確定自己真正了解民眾關心的議題是什麼。

(2) 事先設想該如何回答民眾可能會提出的問題。

(3) 準備一些有關組織背景的說明。

(4) 從一些置身事外的人中得到回饋。

(5) 評估想發展的題材是否有價值。

(6) 了解組織是否遵守現有的法規與制度，如果沒有，那麼就要告訴大家你如何做，才能遵守法規與制度。

(7) 及早發現上次會議中公司所承諾的事兌現了沒？

3. 後勤支援

(1) 地點：方便停車，並有指標指引。

(2) 支援：充分且適合的演講者，且有無巴士接送民眾參觀工廠。

(3) 設備：視聽器材的事先測試，麥克風、錄音機、桌椅等一切是否準備就緒。

(4) 時間：時間安排是否可讓上班的人參加，如晚上或週末。

(5) 食物與點心。

(6) 其他注意事項。

4. 困難處理

(1) 會前準備好議程，並盡可能接納人們意見。

(2) 針對觀衆的反應來修正演講的速度。

(3) 對於未邀請的團體參加也應妥善處理。

(4) 事先準備如何處理觀衆的建議需求。

(5) 會後留下來回答觀衆的個人問題。

(6) 衝突發生的因應之道。

(7) 如果與會者超出或低於所預期的處理之道。

(8) 如果某人在會中發表演講的處理之道爲何？

(9) 如果某人在掌控整個會議的處理之道爲何？

（二）尋找適當的集會地點

1. 舉行非正式的集會，有助於鼓勵欲溝通的民衆說出更具意義的對話，反而大型而正式的會議不容易達成解決問題的功效。

2. 如果一定有舉行大型會議的必要，則盡量讓參與的各界有被公平對待的感覺，而不是此長彼消。

3. 盡可能將大團體分成小群體，使得民衆有更多的機會可以發問。

4. 對於每次開會的目的必須非常清楚，並且要了解民衆對於會議的想法或需求，以便可以很明白的回答民衆所提出的問題。

5. 一般而言，小型非正式聚會的溝通，會比一對一的溝通方式爲佳，其優點在於可以減少成本及讓民衆也可聽聽其他人的意見，但在某些特殊的情況下，例如開完會後個人關切議題的討論，則一對一的溝通方式是最適當的方式。

（三）開座談會時應注意的事項

1. 想讓公衆知道或相信的事情是什麼？

2. 有何證據證明讓大家相信？

3. 為何有一些人不會相信所說明的？他們反對的理由何在？又做何解釋？

4. 公衆最關切的事情為何？如何反應？

5. 如何把第一點與第四點連結起來？

6. 記者可能會問些什麼問題？

7. 需要做何解釋，才能使人們相信你的答案？你的背景為何？哪些錯誤的觀念需要澄清？

8. 如何使答案更具新聞性？

肆、操作執行

風險問題的利害關係者，包括製造汙染的企業、受汙染的社區居民，以及在臺灣特殊政治文化下尤其重要的地方派系，在美國亦有所謂有心的活動者（activists）介入環境紛爭問題，所謂風險溝通的執行，不單只是與社區居民的互動，它還包括了上一節談到的媒體，以及與一方派系共事處理之道。但因地方派系的研究與本研究的主題有差距，故本節的重心仍在與居民的互動關係與媒體的因應之道。

一、與居民的互動關係

上一部分所談到要確認溝通的對象是屬於風險溝通的事前規劃階段。一旦溝通的對象確立了以後，應對不同的群體做不同的溝通，而在溝通的技巧上，以個人的身分與民衆進行溝通，遠比以公司代表的身分更為有效。再者，傾聽民衆的訴求也遠比解釋說明更為重要，尤其在處理有關人們價值判斷或主觀感受的事宜時，更是應小心翼翼，因為處理人類感情（feelings）的問題比處理技術性的問題更為困難。以下便針對這幾點提出指引：

（一）與不同的對象進行不同的溝通

「公衆」這個字眼經常出現在風險溝通的文獻上，它是指一個議題可能會影響許多團體，並且影響層面亦不盡相同。因此，在與公衆進行風險溝通時，應注意下列事項：

1. 在風險溝通之初，先試著去區隔不同的利害關係群體並且先做非正式的接觸。

2. 由於每個群體有不同的需求、關切的議題、背景，所以應針對目標群體的特殊性而有不同的處理方式。

3. 當糾紛引起的時候，要確認公民顧問（監督）委員會所扮演的角色爲何，以及這個組織在處理紛爭問題的優勢及劣勢。

4. 以公平與平等去對待每一個群體，例如在公開資訊時不應對某些團體有所隱瞞。

（二）以個人的身分與民衆進行溝通

1. 了解人們所關心的事並將它們記錄下來。

2. 了解對特殊事件發生的感受及處理態度。

3. 盡可能以個人身分在非正式場合中處理問題。

4. 當在一個公開的集會或場合中演說時，在演說或回答問題之前，先介紹自己（包括名字、背景、今天來此的目的以及能爲他們做什麼），這樣則有助於信賴感的建立。

5. 想像自己面對相同的情況，同理心關心自己、家人及財產。

6. 依照人們的需要來排定議程。

7. 如果有人介紹你讓大家知道時，確定他會把你視爲和民衆一樣的普通人，讓人們感覺到你和他們是一樣的，而不只是專家或公司的代表。

8. 無論發生什麼事，都得控制自己的脾氣。

9. 預先準備一些別人會提出有關風險問題的反應方式。

10. 當進行演說時，盡可能將觀點融入演說的內容中，讓人們清楚地知道價值觀與態度。

11. 明確地知道人們的情緒反應。

12. 了解一般人性的問題：在討論公司的汙染物是否會造成兒童白血病之前，請先想想一位兒童聽到白血病時的感覺。

13. 針對人們的問題做回答，但不要下判斷。如果以個人的立場而言，並不贊同政府單位的政策，也應避免去誤導民眾。

14. 在開會中，不要忘了人性的考量，如準備食物、嬰兒的照顧。

15. 向人們解釋爲何這種情況之下，會有這樣的反應。

16. 記住人們的名字和遭遇，有助於建立個人與他們的關係。

17. 與人們一起分享社區生活。

（三）傾聽的藝術

當面對不同對象的訴求時，需要集中注意力，眞正聽出人們想反映的心聲，以下便是一些改進傾聽技巧的建議：

1. 先了解自己聽別人說話時的習慣，例如會不會常打斷別人的話？或太早對別人下判斷？

2. 分擔溝通的責任，因爲整個溝通的過程要順利進行，說者和聽者是同等重要的。

3. 集中注意力，當別人說話時，看著他的眼睛。

4. 注意說話者的語氣及肢體語言，有助於了解他眞正想表達的意思。

5. 給說話者製造一種較輕鬆、舒服的環境，有助於使他表達得更清楚。

6. 時時表現頗有同感的回應。

7. 在傾聽別人說話時，不要保持緘默，應適時的表達意見，有助於整個談話的進行。

8. 不要假裝傾聽，因爲很快地別人就會由臉上看出你並不專心或不感興趣的樣子。

9. 不要在尙未弄清楚狀況時，打斷別人的話。

10. 不要對別人太早下判斷，因為一旦下了判斷，自己就不容易保持客觀的心態去完成溝通。

11. 當別人所說的話和你的意見相左時，不要馬上辯解，而是應該更仔細聆聽以了解自己不同的觀念在哪裡，再提出來討論。

12. 不要問太多問題，以免影響原有談話的主題。

13. 不要常對說話者說「我非常了解你的感受」，因為你根本不可能完全了解別人的感受，如果真要給說話者一些有同感的安慰，應該說「我感覺你好像很失望」之類的話。

14. 對於較具感情的言詞不要有過度的反應。

15. 除非很必要的情況，否則不要給予對方建議。

16. 不要把傾聽視為一種逃避真實溝通的方法。

（四）處理有關人們價值判斷與感受的事宜

1. 了解人們對健康議題觀點的價值觀與感受，因為當人們在傳遞訊息的同時，也同時提供了他們的需要與訴求的重要資訊。這些訊息對於做決策都是很寶貴。

2. 在人們表達他們的價值觀與感受之時，應努力傾聽，一方面可獲得資訊，一方面有助於彼此信賴感的建立。

3. 讓人們有抒發情感的管道，否則遲早會用另一種方式將心中的不安或不滿表達出來。

4. 當人們情緒激動地訴說一件事情時，要適度地對情緒反應有所回應，而不只是提供一些科學上的實證資料，那對於安撫激動的情緒是無效的。

5. 檢視自己對某項議題的價值觀與感受，以及這主觀的感覺人們造成何種看法。

6. 藉著發展出一套快速回應社區居民打電話反映問題的系統，來表現當局對人們的重視。

二、與媒體的關係

媒體在日常生活中扮演資訊傳達的角色，且其所傳達資訊的正確性左右著社會大衆的判斷與行動，而在風險溝通的議題上，媒體的角色更形重要。

組織在風險溝通上所面臨的幾個困擾，如：無法充分了解該如何提供資訊予媒體、如何使媒體對所提供的風險訊息產生興趣和關心、記者對相關知識的侷限性使其無法充分了解訊息的內容。

我們越來越關心對生命安危與健康有關的風險訊息，但是社會大衆總是到問題已不可收拾才知道消息，從臭氧層的消失到最近的食品汙染事件都是如此。

如果組織的行動被媒體或政府視爲將危害到公衆健康，那麼及早展開技巧且誠信的溝通，通常可以降低彼此間的認知差距。因此記者是否能及早徹底了解整個事件的全貌，是透過媒體的風險溝通成功的關鍵。

若因爲某些原因，使得組織和媒體的溝通不夠密切，甚至缺乏誠信，將使風險訊息的傳達錯誤、失眞，甚至使媒體過度渲染，造成社會大衆的防禦心理與對立。

由於以下因素會使得媒體間的報導不一致，甚至對立：

1. 報導對媒體本身有利的消息。
2. 做不相干的比較或忽略潛在的風險。
3. 使用專業術語。
4. 採用與公信力對立或不適當的資訊來源。
5. 採敵對姿態。
6. 忽略公衆的意見。

媒體所報導的事件往往影響非常深遠。一般民衆在資訊不易獲得的情況之下，只好完全取信於媒體，因此企業在公布訊息時，除了對新聞性要有所了解之外，與記者保持良好的關係，甚至提供協助是很必要的。最後，如何去整合媒體關係與社區居民的關係，使得各方面的傷害減低到最小，也是本研究所關心的課題。

（一）一個好的新聞性事件應具備哪些條件

1. 引人注意的：例如，衝突、幽默、驚奇……等等，尤其是高危險事件絕對比低危險事件，更使人產生興趣。

2. 重要的：這事件的影響層面有多大？牽涉哪些重要的人物？

3. 具時效性：昨天的新聞必定比上個月的新聞更具新聞性，最好是新聞媒體爭相報導的獨家採訪。

4. 可接近性。

5. 祕密性。

6. 簡單的：簡單的事件對於未受過訓練的播報員、記者、讀者都是較容易接受與理解的，所以盡量把複雜的事件轉變成一些淺顯易懂的概念。

7. 客觀的：記者們對於一般人所認定的「事實」（truth）存疑，所以並不追求眞實性，反而是事情的一體兩面，才是大家所關切的。

8. 正確的：不要建構一些莫須有或不正確的資訊，造成大眾的誤導。

9. 具體的：事件需是最近發生且與公眾有關、有趣的或重要的、地方性且不尋常的。

而William C. Adam亦指出「越危險越易登上頭條新聞」，正如Peter Passel在紐約時報所述「爲了在安全和其他考慮因素間做一明智的選擇，國人需要更多且更好的資訊以做整體的考量」等等，理所當然地，我們必須了解公眾在做選擇時，所考慮者到底爲何？進而傳達其所需資訊。

媒體是如何處理風險訊息的？若能預期記者如何處理風險議題，也可以預知或減少因錯誤或不合宜的報導所產生的破壞。

一旦危險已經形成，媒體的任務就變成對事實的報導，而非教育或告知大眾未來的潛在風險。

簡言之，新聞媒體善於報導「變成危險甚至危機的風險」（如Bhopal、Tylenol、Chernobyl、Dioxin等事件）。

除了忽視風險而專注於報導和其負面影響外，記者特別重視嚴重且罕見的危險。且似乎在風險的規模和媒體應關注的程度上，缺乏一致的認同，因此風險溝通者在和媒體打交道時，必須了解以下三個左右媒體價值判斷的原則：

1. 「少見的危險」的報導價值高於「常見的危險」。
2. 「新的危險」的報導價值高於「曾出現的危險」。
3. 「突如其來或神祕的危險」的報導價值高於「眾所周知的危險」。

（二）如何幫助記者了解技術性的事件

1. 除非你知道這位記者對技術性的問題非常了解，否則應先假設記者們雖然機靈，但對技術性的問題是無知的。
2. 先了解哪些意見是重要的，再引導記者的思考。
3. 避免使用專業術語來解說。
4. 盡可能把內容簡化。
5. 預先設想記者們可能會提出的問題或可能會不清楚的概念，並準備答案。
6. 提出書面資料。
7. 在解說中若記者有疑惑的表情，應再解釋一次，力求清楚。
8. 隨時確定記者對你的解說眞的了解。
9. 引用其他來源的意見來支持你的說法。

（三）與媒體維持良好信賴關係的建議

1. 了解並尊重記者的工作。
2. 誠實：千萬別有意誤導媒體的報導，否則將永遠失去信用。
3. 正確：如果對於所提供的資訊並不確定，千萬不要自己猜想答案，而應該告訴記者不確定，但會盡力去找到正確的答案。
4. 避免使用極端性的陳述。
5. 避免過度小心翼翼，若任何問題皆以「後續的研究是必要的」，則反而對媒體幫助不大。

6. 對媒體報導有幫助的，譬如能隨傳隨到。

7. 避免隱藏祕密，應就所知完全表達出來。

8. 盡量避免一些細節上的錯誤。

9. 提供自己的專業知識有助於建立信賴關係。

10. 盡量以個人的立場發表言論，尤其是描述悲劇的事件時。

11. 有活力、有效率。

12. 嚴以律己、寬以待人，當別人的訊息傳達錯誤，應力求解決之道代替一味的抱怨。

（四）整合媒體與社區關係

如果媒體已採訪到對公司不利的消息，則應如何在媒體與社區之間調和彼此關係？

1. 內部協調：事先是否警告過媒體可能訪問到的內部員工？

2. 後果：是否想過事情曝光後會發生什麼事？

3. 員工：如何改變員工的想法，員工在面對外界的詢問時，應如何應對？

4. 政府：事情曝光後，如何說服政府官員爲公司說話？

5. 相關團體：如環保團體，如何改變他們的想法？

6. 居民：是否該舉辦社區會議，解決居民的疑惑？

三、與活動者（activist）共事的建議

主動了解此地區之內有哪些活動者組織與其他需求等，在與活動者共事時，有下列之建議：

1. 這地區之內有哪些活動者組織存在？

2. 有什麼地方性團體和國際性組織有關聯？

3. 是否應先主動去了解他們或是被動等待自己成爲衆矢之的？

4. 公司是否曾經與他們接觸？結果如何？下一次應如何因應？

5. 公司內部的員工或附近居民是否與他們有關聯？

6. 過去公司是否曾經幫助或支持他們的活動？

7. 公司是否與這些活動者組織共同贊助社區活動，幫助居民建立溝通的管道以及信任？

8. 當活動者組織的箭頭完全指向公司時，公司是否還有其他的因應之道？

9. 公司是否有第三團體（third party）的支持？

10. 參加地區性的活動者組織會有利可圖嗎？

四、顧問委員會的產生

顧問委員會所扮演的角色並不是解決所有的問題，而是扮演公司與民眾之間整合的角色，它與其他團體不同之處在於：

1. 提供開放的網路以發掘有興趣的人或社團加入。

2. 委員會的三個主要的規則：

(1) 委員會內部的任何事情皆可告知外人。

(2) 委員會所發掘的任何事情皆可公開，如公司內部計畫。

(3) 公司無權要求委員會對公司的運作有所保留。

3. 公司出錢聘請顧問來幫助委員會組織。

4. 以公司的經費登報，邀請民眾多多反映給委員會。

5. 公司和居民互派代表與會，會中所有方案都不是事先設定的。

伍、風險溝通考核評估

風險溝通必須從事後考核評估，利用評估風險溝通的準則，審慎評估規範性的良好指引及傳達、回應的準度，評估應考慮的問題、簡單快速獲得回饋的方法，形成標準化的作業流程，經驗傳承以做爲日後相似的危機處理規範。

一、評估風險溝通的準則

隨著社會對風險溝通的日趨重視，學者也逐漸對有關「如何評估風險溝通所傳達的訊息」的課題產生研究的興趣。這些研究檢視民主社會中風險溝通的目的，並提出評估風險訊息的七個準則。這七個評估準則，主要是著眼於目標群體對風險訊息的回應（response）方式或態度，其內容如下：

(一) comprehension：目標群體是否了解訊息的內容？

(二) agreement：目標群體是否支持溝通內容中的方案？

(三) dose-response consistency：在同一危險事件中，是否目標群體面對的風險越高其反映就越強烈？

(四) hazard-response consistency：在面對不同的危險事件時，是否目標群體所面臨的風險越高其反映就越強烈？

(五) uniformity：目標群體在面臨同等級的風險時，是否有相同的回應？

(六) audience evaluation：目標群體是否會判斷訊息的有益性和正確性等？

(七) types of communication failures：目標群體是否能接受各種溝通失敗類型的後果？

Kasperson與Palmund（1989）也提出以下十項評估風險溝通的規範性（normative）準則，這些準則對於風險溝通及風險管理的評估具有良好的指引作用。

(一)需求評價：風險溝通不只是以計畫主持人的假設為主，更應該符合參與者的意見。

(二)風險的複雜性和多元化：風險是屬於多構面的，包含各方面的視界和不同的風險特徵，了解這點可以改善風險溝通的方法。

(三)風險背景：必須了解風險溝通過程的所有資訊，例如科技性的風險是一個複雜現象，包括不確定性或機率性等問題。

(四)管理指南：Fischhoff（1985）建議，風險管理者應擬定一個協定，將有關風險管理計畫的相關議題與公眾溝通。

(五)時效性：是指促使個人接受風險溝通之後能採取的有效行動，避免風險的發生，或者減少他的損失。

(六)反覆的互動關係：頻繁及持續的雙方資訊流動可以增加風險溝通的有效程度。

(七)賦予權利：增加風險管理計畫參與者的代表性。

(八)信賴感：成功的風險溝通主要是依賴資訊來源的可信度。

(九)道德倫理的敏感程度：若牽涉到攸關倫理的議題時，一些防護措施及深思熟慮的想法都應該被考慮在內。

(十)符合彈性：一個好的風險溝通設計必須包括目標預期失敗的情形，在資訊的衝突中，可以增加過程的彈性。

二、評估風險溝通應考慮問題

Kasperson與Palmlund（1989）指出，風險溝通的評估應考慮下列幾項問題：

(一)目標的建立：必須兼顧效率（efficiency）和效能（effectiveness）兩方面。

(二)評估的角度：包括組織的內部及外部。

(三)時效性：事前及事後的評估都是相當重要的。

(四)評估者的訓練和監測：爲了讓評估者接受不同的計畫方案以及應有的績效，組織應加強這方面的技術。

(五)個人在風險溝通的角色：風險溝通是一種互動的過程，所以個人必須將自己的滿意程度回饋給評估者。

(六)評估的界限：必須以風險問題產生的影響範圍爲劃分標準，例如Chernobyl事件是屬於跨國性的風險問題。

(七)測量陷阱：除了考慮計質性及計量性的情形之外，也必須從經驗中獲取有益實質研究的方法。

評估風險溝通時除了考慮以上幾項問題之外，其他方面如預算是否充裕，以及是否只對局部問題做選擇等課題也應加以注意（Allen, 1989）。

三、簡單快速獲得回饋的方法

一個好的雙向溝通，除了將公司所欲表達的事情明白的告知外，也需考慮到聽衆對於此次溝通所接收到的反應爲何，表5-1-5便是一個典型的會議評估表。

表5-1-5　會議評估表

項次	內容
一	日期
二	名稱
三	會議的主題
四	我們公司對您對這次會議的看法非常重視，煩請於離開前填寫以下表格：
	1.在這場會議中，您了解到什麼？
	2.請以5點尺度來回答以下各題：(1)非常同意(2)同意(3)沒意見(4)不同意(5)非常不同意
	a.我心中所有的疑問都在這次會議中被解答了。
	b.經由這次會議，我頗有所獲。
	c.公司代表陳述事情的態度很誠懇。
	d.公司代表並沒有處理我們關切的事情。
	e.公司代表在這會議中解決了一些難題。
	f.公司代表對於他們的行動計畫並不了解。
	g.我認爲公司會依據這次會議的結果來修正它的方向。
	h.公司代表看起來頗有權威，能代表公司說話。
	i.我在這個討論的主題中陷入兩難的困境。
	j.此次會議時間的選定及其他議程安排均令人滿意。
	k.我希望還有機會參加類似的會議。
	3.在這次會議中最令我滿意之處爲。
	4. 在這次會議中我最不喜歡之處。
	5. 如果有其他建議或疑問，請於空白處寫下您寶貴的意見。

陸、小結

溝通是解決風險的最佳良策，勇於表達福己利人，用「同理心」傾聽另外的意見與想法，身分地位社會角色的拉近，選擇適當的時機及利用妥善的場所，可以無時無地的進行言語的互動、觀察入微的著手，以澆滅尚待啓動的火苗，避免烈火燒傷的損耗。互信諒解的雙向溝通模式是化解沈痾、融化三尺冰山的利器，學習溝通協調的能力與能量，是後現代社會中管理者必修的課程。

第二節　各國政府的風險管理與內部控制

由於外在環境的快速變遷，導致行政部門難以預測之風險日益增加且日新月異，如自然環境高溫效應異常之風險、E化世代科技的風險、社會道德價值墮落之風險與跨全球化之蝴蝶效應衍生之風險等，所有風險皆會產生危害造成民眾生命財產之安全，更是影響政府威信。

透過檢視國內政府部門內部控制資訊體系、我國災情查通報系統運作概況等，希望可汲取不同的經驗，以精進未來從事災難管理活動之核心能力與思維。

政府部門是收取民眾納稅之來源，作為其施政作為之用途，而各政策之執行以民意為依歸。由於風險的產生很多是外部性且來自於公共財及政府的不作為，因此形成環境系統的紛擾不安。最常見的風險有金融、財政、任務、法令不合時宜和違規等風險，還有消極對應、怠忽職守、影響聲譽和錯失良機的風險。管理者如何從事風險管理規劃、執行並評估風險，都考驗著公部門彈性應變的能力。

政府在推動「風險管理」與「內部控制」上不遺餘力，行政院2000年2月訂頒「健全財務秩序與強化內控實施方案」；2005年8月訂頒「行政機關風險管理推動方案」；2008年4月訂頒「行政院所屬各機關風險管理作業基準」，並於同年12月修正更名為「行政院所屬各機關風險管理及危機處理作業基準」；行政院2008年9月訂頒「加強財務控管及落實會計審核方案」；行政院於2009年7月訂頒「國家廉政建設行動方案」；行政院於2010年7月訂頒「整合服務效能躍升方案」；行政院於2011年2月訂頒「健全內部控制實施方案」，透過政府積極自我評估檢查與推動內部稽核制度，提升施政效能。

壹、政府的風險管理

政府身負民眾的委託，減少民眾生命財產的損失是責無旁貸，更應戮力以赴。參考國際風險管理發展趨勢，緣訂適合組織的風險管理的政策與規劃，是現今潮流中彼此截長補短、互動往來的最佳溝通利器。

以下特摘錄2009年1月行政院研究發展考核委員會印製「風險管理及危機處理作業手冊」。

一、前言

行政院依據2005年6月8日第2943次院會院長提示，特於2005年8月8日院授研管字第0940015433號函頒之『行政機關風險管理推動方案』。其具體目的爲「爲培養行政院所屬各機關風險管理意識，促使各機關清楚了解與管理施政之主要風險，以形塑風險管理文化，提升風險管理能量，有效降低風險發生之可能性，並減少或避免風險之衝擊，以助達成機關目標，提升施政績效與民眾滿意度。」並促使各部會將風險管理融入日常作業及決策運作，於2008年4月1日函頒「行政院所屬各機關風險管理作業基準」，而後2008年12月8日行政院爲進一步強化機關危機處理能量，爰將前開基準納入「危機處理」專章，並配合將名稱修正爲「行政院所屬各機關風險管理及危機處理作業基準」，機關各層級參酌作業基準運作時，須設定政策目標、規劃及建置架構、執行與操作、監督審查與矯正預防及改善等作業，本手冊即爲提供這些作業之實務說明（行政院研究發展考核委員會，2009）。

二、政府風險管理架構

風險管理的推動及落實執行可降低風險、提高服務品質、充分利用資源、創造優質的環境、降低施政成本，並達成公共價值（Public Value）的使命。

政府爲了謀取最大社會福祉，取得民衆的信任，風險管理的考量須涉及社會公平正義的倫理價值範疇。風險管理是一個『持續改善』的循環過程，機關各部門爲協助管理階層與執行人員應建置「風險管理架構」（圖5-2-1），此架構須順應機關內外部時勢背景體系，應考量機關施政目標及計畫、法令規章、利害相關者、資源、往昔執行成效等。並包括風險的辨識、分析、評量、處理、規劃、溝通與協商、執行、監督與審查及績效評估等流程，已建立風險管理的機關，可藉由預期與實際結果比較，探討風險管理資源的適當與否。

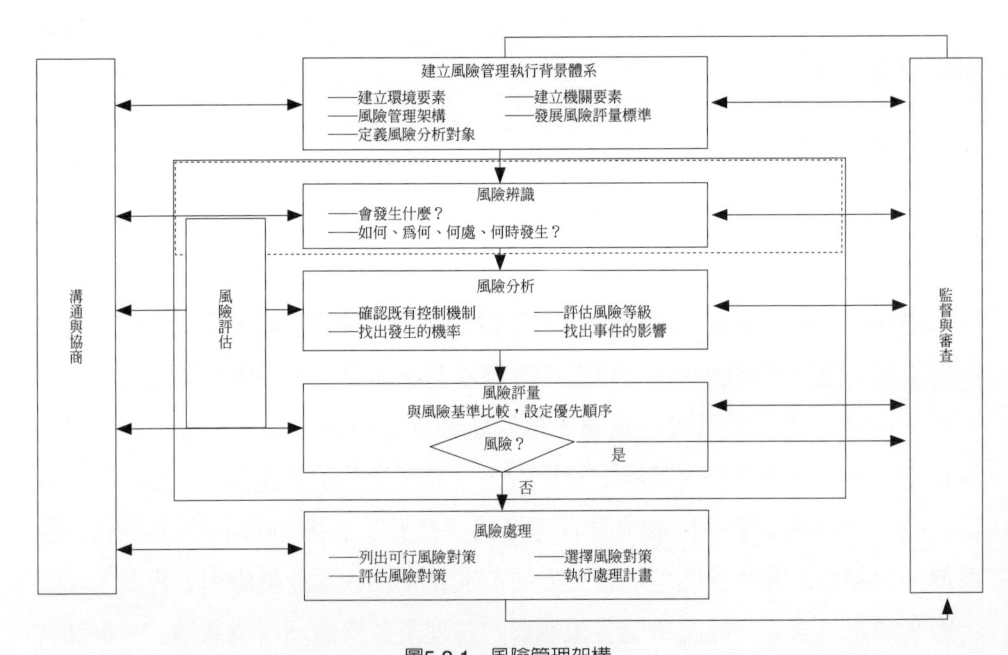

圖5-2-1　風險管理架構

資料來源：行政院研究發展考核委員會，2009

三、政府風險管理的規劃與步驟

從發展的總體趨勢來看，企業間進行風險管理，在國內外已經成為一種趨勢，世界先進國家皆彼此互相觀摩、學習不同之風險經驗，「他山之石、足以攻錯」作為預防風險孳生的可能性。因此，風險管理機制之規劃，對多種風險來源及影響應整合至管理架構模式中，是行政機關訂定施政目標與計畫時，需納入考量重要的一環，更應加強風險管理的正確性、有效性及職責的歸屬。

機關規劃風險管理流程時，應視來源及影響明訂管理的方法和工具，提供執行流程所需的資源，將紀錄文件化，且應依機關的需求，適時修正風險管理流程。

執行風險管理步驟應參考風險來源及影響（表5-2-1），明確活動的範圍、有效的策略、目標的達成、組織的職務及責任歸屬等關鍵因素，以期達到對症下藥、事半功倍、低成本高效益的平衡。

表5-2-1　風險來源及影響

<table>
<tr><th>風險的來源</th><th>說明</th><th>影響</th></tr>
<tr><td>商業和法律關係（B）</td><td>指的是機關與其他機關之間的關係，如其他機關、非政府機關、法人、學校、供應商、承包商、承租者等</td><td rowspan="4">*機關的資產和資源庫
*財源和權力
*活動的直接和間接成本
*人
*社區
*績效
*活動的時機和計畫
*環境
*無形的資產，如聲譽、信用、生活品質
*機關行為</td></tr>
<tr><td>經濟環境（E）</td><td>指的是機關本身、國家或國際的經濟環境，以及會影響經濟環境的因素，如匯率、利率、股市、法人評等、外匯存底、勞工市場人才招募與聘雇、區域經濟合作、自由貿易協定、兩岸關係等</td></tr>
<tr><td>人員行為（H）</td><td>包括參與及未參與機關活動的人及行為，如民眾、媒體；舞弊、貪污、洩露資訊、恐怖攻擊等</td></tr>
<tr><td>自然事件（N）</td><td>包括地理環境與自然變遷，地震、颱風、火山、沙塵暴、溫室效應等</td></tr>
</table>

表5-2-1 風險來源及影響（續）

風險的來源	說明	影響
政治環境（P）	包括立法上的改變，以及會影響其他風險來源的因素，如政權的移轉、政策的修改、政府機關再造等	
科技（S）	包括機關內外的科技導入與運作，如過時的預測系統、資訊系統等	
管理活動及控制（M）	機關運作之全部，包括服務或產品未達標準、無法準時履行、未依照預算履行、員工能力／技能／招募／維繫人才、災難恢復能力等	

資料來源：行政院研究發展考核委員會，2009。

四、國際風險管理發展趨勢

先進國家紛紛效仿制訂全國性的風險管理標準、指引與推展風險管理的流程和發展，影響較大且被國際標準組織（ISO）認可的國家性標準有澳洲管理風險標準（AS/NZS4360:1995）、加拿大風險管理標準（CAN/CSA—Q850-97）、日本風險管理標準（JISQ2001:2001）...等。其中更以國際標準組織今年七月公布之Draft of ISO 31000（風險管理標準草案）及英國國家標準協會BS31000 Cod of Practice for Risk Management Consultation（英國風險管理標準草案）影響最大，並希望行政院各部會署了解及熟悉風險管理標準發展與應用（行政院研究發展考核委員會，2007）。

借鏡於澳洲和紐西蘭、加拿大、日本、英國等國家主要推動風險管理的經驗，以利順遂接應風險的來臨與處理，並降低民眾惶恐的混亂，但參照成功之經驗先有現行決策制定與結構相結合紮實的風險管理推動架構，並獲得高階長官的參與支持，動員機關全體員工予以教育訓練並指定專責對口，推動中保留修改的彈性並將階段製成實例參考手冊，還有透過不斷學習與檢討改進。

現今將國際標準組織（ISO）認可之風險管理，簡述如下：

（一）澳洲和紐西蘭風險管理架構

1995年，澳洲和紐西蘭兩國制定了風險管理標準AS/NZS 4360:1995如下圖，這是國際上制定最早且影響最大的風險管理標準。此標準提供一個風險管理過程之通用架構，包括環境建立、風險辨識、分析、評估、處置以及持續監視，並適用於組織之任何活動、業務、功能、專案、產品等生命週期之各階段（馮銘偉，2008）。

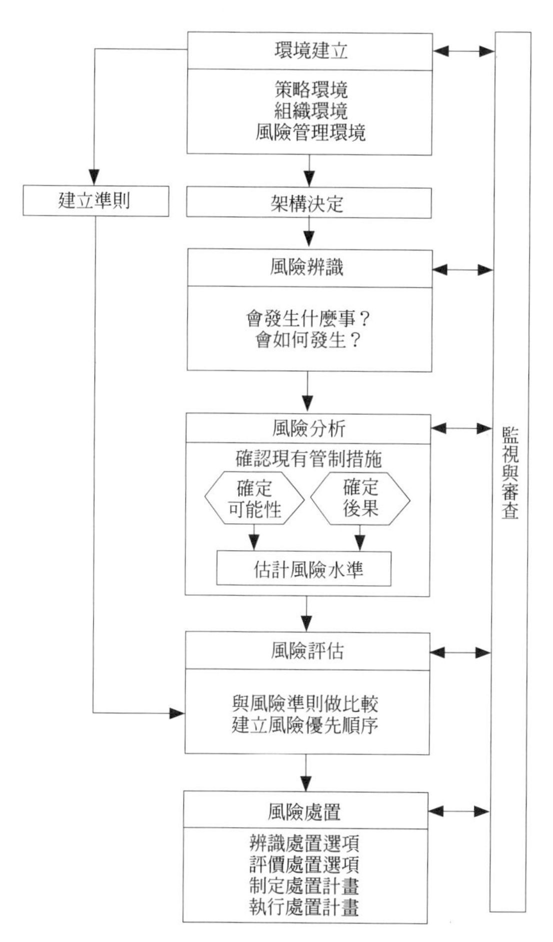

圖5-2-2　澳／紐AS/NZS4360：1995標準風險管理架構圖

資料來源：馮銘偉，2008

根據新訂澳洲和紐西蘭AS/NZS 31000:2009風險管理標準如圖5-2-3，其流程爲建立背景系絡、風險的辨識、分析、評量、處理、管制與審查、溝通與協商等。

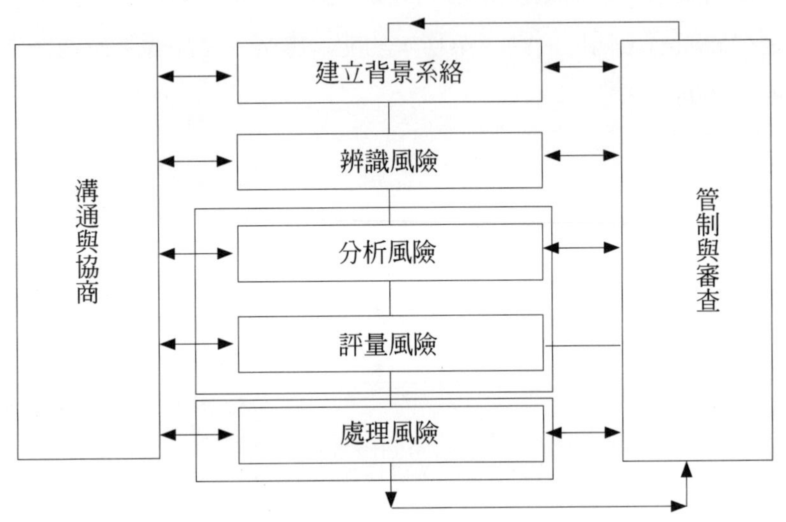

圖5-2-3　紐澳AS/NZS 31000：2009風險管理架構
資料來源：古步鋼、曾慶昌、簡徐芬，2012

（二）加拿大政府風險管理模式

加拿大政府風險管理模式是採用整合性風險管理架構，從組織的策略到基層的作業、人員與流程都需要持續性的學習與溝通，需藉助一些步驟及作業程序來助於機關了解如何有效管理及溝通風險，提升機關內各單位執行風險管理技術能量。透過這個過程，機關可以建立共通的語言及決策模式，各層級可依風險管理的運作方式而隨之調整。其步驟爲了解議題環境、評估主要風險、分析可能性和嚴重性、排列風險順序、設定預期的目標、思考替代方案、選擇策略、執行策略、監控、評估和調整。本程序強調各機關的風險管理應納入計畫和方案的決策過程，除依循系統性和一致性的作法外應加強溝通。

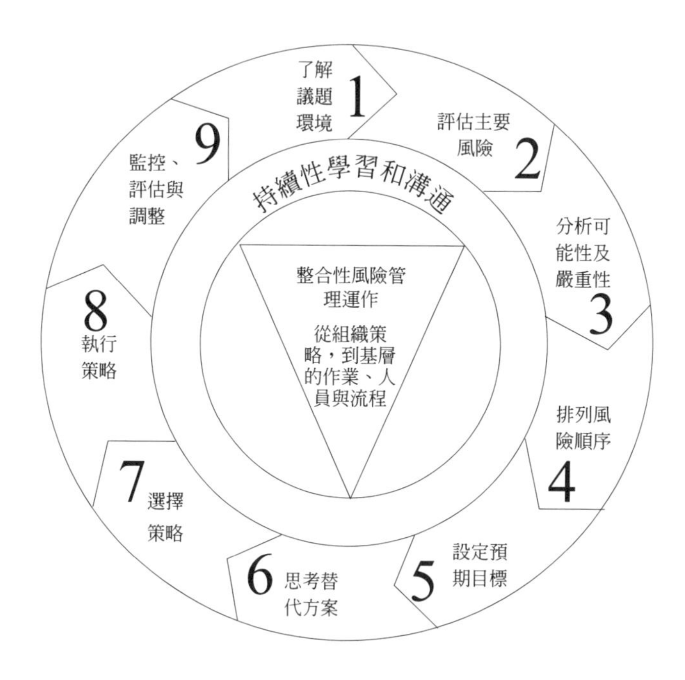

圖5-2-4　加拿大整合性風險管理架構圖

資料來源：行政院研究發展考核委員會，2009

（三）日本風險管理標準

Japan（日本的風險管理標準草案），2005 年日本參照澳洲、紐西蘭、英國及ISO/IEC Guide 73 等資訊，完成New work item proposal （General Guidelines for Principles and Implementation of Risk Management（2005，草案）。其採行查檢表（checklist）方式，並與國際上所公告之品質、風險管理、職業安全衛生等文獻，如ISO10006、ISO 14971、IEC 60300-3-9、ONR 49000、AS HB205：2004 等相關標準或指引相容。本標準共包含六大部分：1.範疇；2.參考標準；3.定義；4.風險管理的原理；5.組織風險管理流程之執行；6.執行風險管理融入組織文化（彭金玉、趙家民，2009）。

（四）英國風險管理模式架構圖

風險管理不是一個線性程序，英國風險管理模式架構圖（圖5-2-5），將風險管理的核心程序區分為辨識風險、評估風險、處理風險和監督報告之四項要素，彼此之間存在著密切的關聯性。此外，本模式也顯示風險管理系統的運作，必須考慮合作機構、協力組織、其他政府部門、廣域組織等外在環境的變數及政府的法令、執行能量、利害相關者的期望等影響要素之相互間的平衡，是維持系統運作和確保風險管理成效的關鍵。

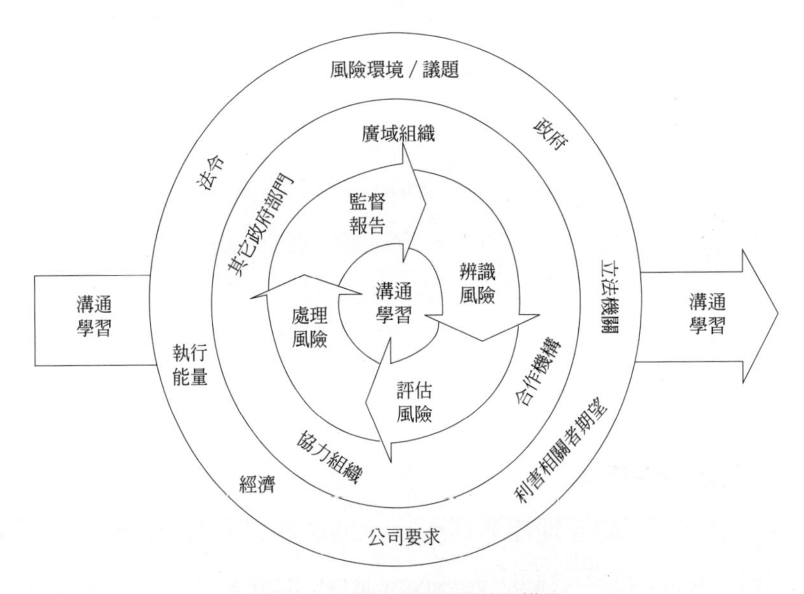

圖5-2-5　英國風險管理模式架構圖

資料來源：行政院研究發展考核委員會，2009

五、ISO 31000:2009 風險管理標準

國際標準組織（ISO）於2009年11月15日正式發佈ISO 31000：2009《風險管理-原則與指南》，該標準係參考近代各國對風險管理所發展出最新理論、實踐、標準及規範為基礎，由5章組成，分別為引言、範圍、術語和定

義、原則、框架、過程，並代表全球化的組織對於風險管理，應具國際標準的先進性及標準化，是地球村的一員，所具有風險管理的普世新起點。

ISO 31000:2009是第一個國際認可之風險管理的原則與指引，可適用於任何組織，透過PDCA管理循環模式，進行風險管理工作，ISO 31000是指導綱要，不能做爲驗證依據。在面對風險時，可運用ISO 31000:2009風險管理標準來改善決策與規劃之盲點，有效創造價值並持續改善。

國際風險標準ISO31000:2009中列出了風險管理的原則及架構，亦替組織設定挑戰目標（摘錄自于樹偉，2007）：

（一）國際風險標準ISO31000:2009風險管理的11項原則

1. 創造風險管理價值（Risk management should create value.）

風險管理協助目標達成、價值創造、效能最佳化、負面風險的影響最小化、避免浪費與保護價值。

2. 風險管理應該是組織整體過程中的一部分（RM should be an integral part of organizational processes.）

風險管理不是獨立的作爲，任何事都有風險的存在故應該是「植入而非附加的」。

3. 風險管理應該是決策的一部分（RM should be part of decision making.）

風險管理是決策的一部分，做重大決策時其不確定性的風險都應考量。

4. 風險管理應該明確地將不確定性表達出來（RM should explicitly address uncertainty.）

風險管理可處理決策過程中不確定的觀點、性質及其如何被處理。風險管理的處置不僅「風險事件」，尙要考慮所有不確定的來源與形式等。

5. 風險管理應該系統化及組織化（RM should be systematic and structured.）

風險管理方法應該適用任何作業，使結果能一致、合適、確實。

6. 風險管理應該以組織背景資訊為基礎（RM should be based on the best

available information.）

風險管理的資訊要以組織背景資訊爲基礎，能確保使用來源去處且其限制所在。

7. 風險管理應該客製化制訂（RM should be tailored.）

風險管理應該被組織內部及外部的情境及風險圖表、數據等資訊來進行校正。需要彈性調整流程以適應所面臨特定風險的挑戰。

8. 風險管理應考慮人為因素（RM should take into account human factors.）

風險的產生非只流程或技術，由人性與文化的衍生更形重要，必須要認知到存在著不同的風險觀點與人性的風險態度。

9. 風險管理應該是透明的且包含一切的（RM should be transparent and inclusive.）

不管訊息的良窳，都必須公開透明與利害關係人與決策者誠實溝通，以提高風險管理的互賴性。

10. 風險管理應該是有效的、循環的且具有回饋的機制（RM should be dynamic, iterative and responsive to change.）

風險會持續改變，故風險流程需要保持最新的狀態，不斷檢討現有風險及辨識新風險。

11. 風險管理應該持續及加強改善（RM should be capable of continual improvement andenhancement.）

「前車之鑑、後車之師」從經驗中取得作爲未來風險管理的良方益策。

ISO 31000:2009原則提供組織的風險管理有好的遵循起始點，使得績效更好及有效率。

（二）國際風險標準ISO31000:2009風險管理的架構

1. 授權與承諾（mandate and commitment）

明確的表達認同風險管理目標與組織的目標一致，並確保遵循法律及規章、簽署風險管理政策並嚴格執行與考核、向所有利益關係人傳達風險管理的效益及確保必要的資源分配。

2. 風險管理的設計架構（framework design for managing risk）

了解組織及周遭環境、融入組織程序、負絕對責任、資源、建立內部溝通與報告之機制。

3. 執行風險管理流程（implementing risk management）

發展一個實施計畫、實施架構、實施過程。

4. 監測與審查的架構（monitoring and review of the framework）

定期評估及審查風險管理計畫的進度、架構、及政策與現時計畫是否適用及適切；風險的報告須包含執行的進度、政策遵循的程度、程序的有效性、管控的適當性。

5. 持續改善的架構（continual improvement of the framework）

持續改善的架構，應該可以促使組織在風險管理及文化方面之改進，富有彈性、組織治理及負全責的重點。

（三）國際風險標準ISO31000:2009風險管理的流程（摘錄自行政院研究發展考核委員會，2007）

風險管理流程應與組織的文化、程序及架構一致。

1. 確認環境狀況

環境狀況包含與組織相關參數，如內部可能影響組織管理及風險管理方法的因素與外部組織廣泛的環境狀況如法律與管理要求、多方當事人的看法及其他跨部門領域等。

2. 風險評估

風險評估是指全面性的風險辨識、風險分析及風險評量過程。

(1) 風險辨識：風險辨識在於辨識與風險管理流程間建立之目標相關的風險。組織應辨識風險來源（事故或一系列的事件）及其潛在後果，應訓練擁有專業知識的人員及採取適當的辨識工具和技術來對應組織的目標與能力及所面對的風險。

(2) 風險分析：風險分析包含原因、來源、正面和負面後果可能性等考量及提供最適合風險處理之策略。進行風險分析能夠從風險細節變化程度、分析目的、及可獲得的資訊、資料和資源著手。

(3) 風險評量：風險評量的目的爲了協助組織判斷需要及優先處理的風險分析之結果爲基礎，決策時考量環境狀況及法律及其它附加的限制，來針對風險標準判定等級做出選擇，此結果將受組織風險的屬性及已建立的風險標準影響。

3. 風險處理

風險處理是一個循環的流程，可選擇適宜的方法以控制風險，包括評估處理的效果，直到殘餘風險等級在組織到達容忍或可接受的範圍內，亦可產生新的風險控制方案，風險處理方式的選擇不必在所有情境下彼此排擠或並列。

4. 監測與審查

監測與審查包含組織的執行管理、措施、內部與外部報告活動之前置、實施中、追蹤、定期、特別的檢查及監測，結果應記錄下來，並在適當時對內部與外部報告；監測與審查涉及到從事故、變更和趨勢來分析和學習經驗，偵測外部與內部環境狀況的變動，因應需要修正風險處理和優先事項等變更，確保風險控制和處理方式在設計操作上有效。

5. 溝通與諮詢

應在每一風險管理流程階段，竭盡所需的與內、外部利害關係人員誠進行溝通和諮詢，藉由組織和團體合作的機制可了解關鍵的資訊，有助帶來不同領域的風險評估專業知識與著力焦點。

爲求一體的完整性，特將國際風險標準ISO31000:2009風險管理的原則、架構、流程彙編如圖5-2-6。

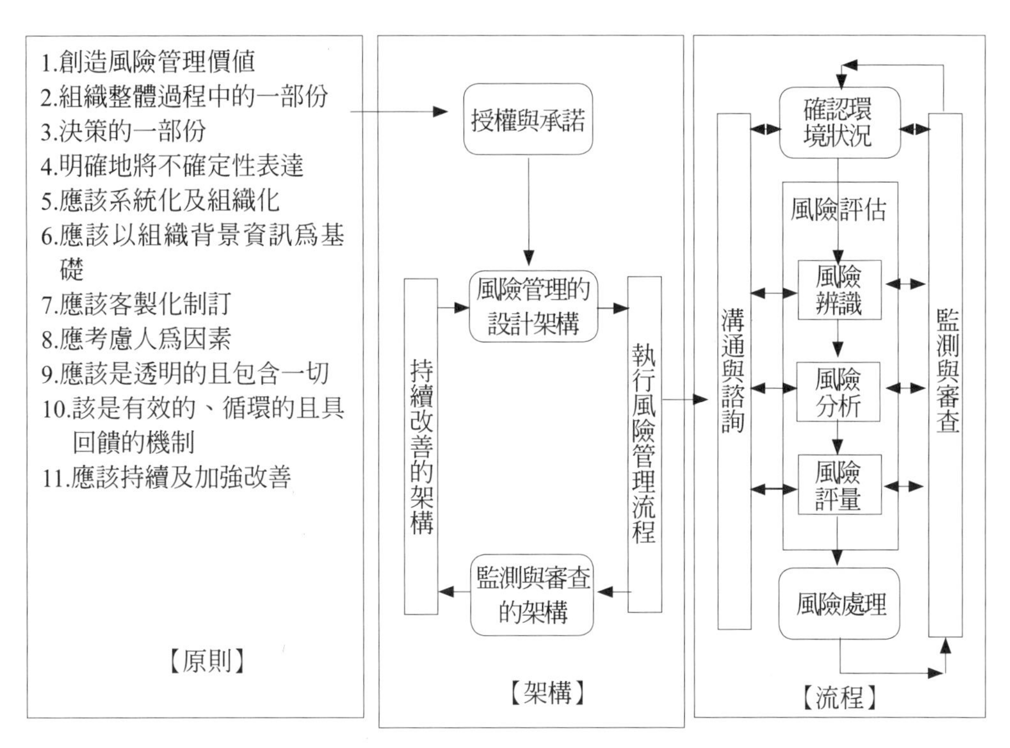

圖5-2-6　國際風險標準ISO31000：2009風險管理的原則、架構、流程關連圖
資料來源：整理自于樹偉，2007&行政院研究發展考核委員會，2007

五、PDCA整合性風險管理模式

ISO之PDCA整合性風險管理模式（計畫Plan→執行Do→查核Check→行動Action，簡稱PDCA）管理循環模式持續改善的管理模式，亦可作為行政機關推行整合性風險管理機制之參考，茲就其中部分運作重點說明如下：

（一）風險管理政策

風險管理政策是彰顯機關業務特性及對風險的控制對策，機關首長承諾與支持提供必要人力、資源，教育訓練，內外部溝通並承諾持續改善等運作，對風險的認知與處理的基本理念。

（二）風險管理推動規劃（Plan）

包括風險辨識、分析、評估與控制之規劃，風險基礎（圖像）審查，建立風險管理目標與方案之過程。

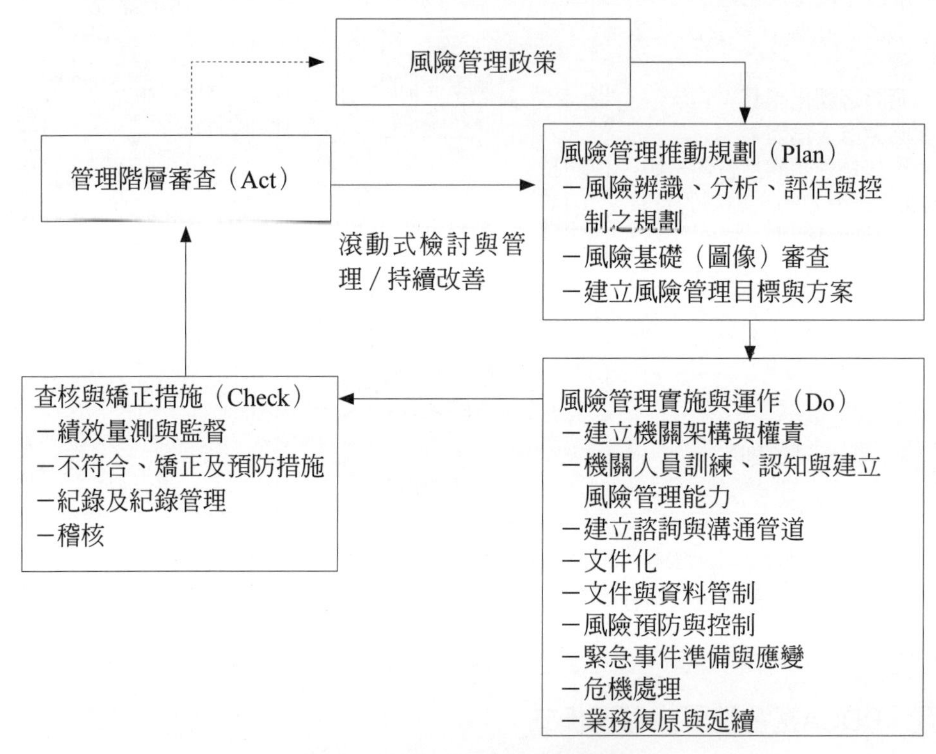

圖5-2-7 PDCA整合性風險管理模式

資料來源：行政院研究發展考核委員會，2009

（三）風險管理實施與運作（Do）

1. 諮詢與溝通

機關應有適當的程序，向內外部人員傳達溝通及諮詢適切的風險資訊。

2. 文件化

機關應建立並維持適用的書面或電子型式之文件化資訊，以供彼此間的關連和指南。

3. 文件與資料管制

機關應建立維持適當的程序從事文件與資料管制，並應有適當的標明、場所、專人處理，文件的檢索應有管控的流程及其檢視資訊的及時性。

4. 風險預防與控制

機關對於風險預防與控制應在程序中明訂作業準則，建立文件化之程序，在可能造成偏離施政計畫和目標之情況時，可適時導引。

5. 緊急事件準備與應變

機關應審查並定期演練和測試應變程序，以在緊急狀況發生時，得以瞬間應變處理，防止或減輕可能造成的損害、抗爭及形象受損。

（四）查核與矯正措施（Check）

1. 績效量測與監督

機關應建立並維持適當的程序，如監督目標之達成程度適合的工具、法令規章之符合性、績效量測以供後續矯正與預防措施的分析等，以定期監督與量測風險管理績效。

2. 不符合、矯正及預防措施

機關應建立並維持適當的程序以界定之權責，以便處理與調查，確認採取之矯正與預防的有效性。

3. 稽核

機關應建立並維持一個稽核方案與適當的程序，俾能定期執行風險管理系統之工作。

（五）管理階層審查（Act）

機關的高階主管應依其自行決定之風險管理系統，獲得必要的資訊以進行評估，以確認其持續適用性及有效性，審查過程與結果應予文件化。管理階層審查應依據風險管理系統之稽核結果、情勢的變化及持續改善的承諾，提出修改之可能需求。

貳、政府的內部控制

行政院爲提升政府施政效能、依法行政及展現肅貪之決心，及針對審計部查核總決算之缺失注意事項，緣起於2011.2.1函頒「健全內部控制實施方案」，並陸續頒布內部控制之相關規定。並責成主管機關內部控制專案小組，就重大案件提出檢討報告及追蹤其策進作爲，重視基層業務部門治本的源頭教育訓練，以有效簡化後續審核端之控管補救作業。應針對高風險及低控制成本項目，優先著手期以發揮經濟效益原則，而涉及職能分工與實體操作等關鍵控制重點，應避免遺漏。

一、內部控制之演進

內部控制係一種過程，受人員、環境的影響，但重點在合理確保組織目標之達成、降低財產的損失。故自從有帳務之處理，即有內部牽制、內部審核、內部稽核、公司治理、風險管理、內部控制等管控監督之流程。

內部控制之演進，摘錄2011年行政院強化政府內部控制設計篇及張信一之內部審核與內部控制簡報：

「內部控制」最早出現在1936年美國會計師協會發布的「會計師對財務報表的審查」，定義爲：企業內部爲保護資產的安全及帳簿紀錄的正確，所採用的各種手段和方法。有關內部控制的原理原則之發展，自1949年至2005年約50年的演進史，概以1992年美國國會「崔德威委員會」（Treadway Commission）發布COSO報告-「內部控制－整合性架構」爲分水嶺，以下謹依時間順序，說明國外的發展演進及現行相關規定。

COSO委員會（全美反舞弊性財務報告委員會發起組織，Committee of Sponsoring Organizations of the Treadway Commission，縮寫COSO），係美國專

門研究內部控制議題的民間組織，由美國會計學會（AAA）、美國會計師公會（AICPA）、美國管理會計學會（IMA）、國際內部稽核協會（IIA）、美國財務主管協會5個機構贊助成立。

（一）國外內部控制之演進

不同形式之內部控制存在於各群體活動，18世紀末已有內部稽核制度、20世紀初已有內部牽制制度、20世紀40年代初期成立內部稽核協會，促進了內部控制理論的發展。

1. 美國審計程序委員會（CAP）

美國審計程序委員會（CAP）於1949年最早提出「內部控制」，所採取的方法與措施是為達成保障資產安全、確保會計資訊的正確性及可靠性、促進營運效率、確保員工遵循既定的管理政策等目標。

2. 1950年首次將內部控制之要求，載入美國預算及會計程序法案中。

3. 美國審計準則公報（SAP）

美國審計準則公報（SAP）於1958年第29號，把企業內部控制分為會計控制及管理控制兩類，會計控制為授權制度、記錄、營運及資產保管之分工、對資產的實體控制、內部稽核等。管理控制著重於促進營運效率及遵循管理政策之控制。

1963年第33號，依然把內部控制劃分為會計控制與管理控制二種，重點在釐清會計師於財務報表審計時須評估內部控制範圍，若「會計控制」與財務報表之間有「直接而重要」的關係，則必須要加以研究評估；而「管理控制」與財務報表之間有「間接的關係」或部份「重要關係」時，應予一併評估。

1988年第55號，考慮財務報表審計，認為內部控制結構組成要素：控制環境、會計制度、控制程序。

4. 美國會計師公會（AICPA）

美國會計師公會（AICPA）於1972年第54號，外部審計人員執行財務報表審計，其主要重點為會計控制；內部稽核人員則對會計控制及管理控制均應同等重視。

5. 美國財務經理人協會

美國財務經理人協會於1981年從企業觀點提出內部控制之定義，區分爲會計控制和管理控制，管理控制較會計控制之範圍爲廣，是管理階層的責任，特性爲用以降低錯誤與舞弊的方法，導引達成組織目標的積極活動、促進組織的員工在政策及約束下達成目標。

6. 1992年，英國公司治理原則委員會爲改善企業內部控制環境，提出第一個公司治理原則。

7. 美國COSO委員會

(1) 1992年，美國COSO委員會提出「內部控制—整合性架構」報告，並於1994年提出補充報告（合稱COSO報告），認爲：內部控制係爲合理確保達成企業目標之一種管理過程，包括營運的效果及效率、可靠的財務報導、遵循相關法令；同時也定義了內部控制的組成要素，包括控制環境、風險評估、控制活動、資訊與溝通、監督。

(2) 2004年，COSO提出「企業風險管理—整合性架構」報告，簡稱COSO-ERM架構，關注焦點更爲廣泛和深入，認爲內部控制之組成要素，包括內部環境、目標設定、事項辨認、風險評估、風險回應、控制活動、資訊與溝通、監督。

由美國COSO委員會，在2004年提出的企業風險管理-ERM架構，將1992年以控制爲基礎的架構，調整爲2004年以風險爲基礎新架構，含蘊範圍更完整及彈性。

美國COSO委員會提出企業風險管理-ERM架構（COSO, 2004），以4類目標（策略性目標、營運性目標、報導性目標、遵循性目標）、8種組成要素（控制環境、目標設定、事件辨識、風險評估、風險回應、控制作業、資訊與溝通、監督）及4種企業單位層級（子公司、事業單位、部門、企業整體層級）等三個構面，建立企業風險管理模型，詳如下圖。

(3) 2006年COSO提出：財務報導的內部控制—較小型公開發行公司指

引。

(4) 2009年COSO提出：內部控制監督指引。

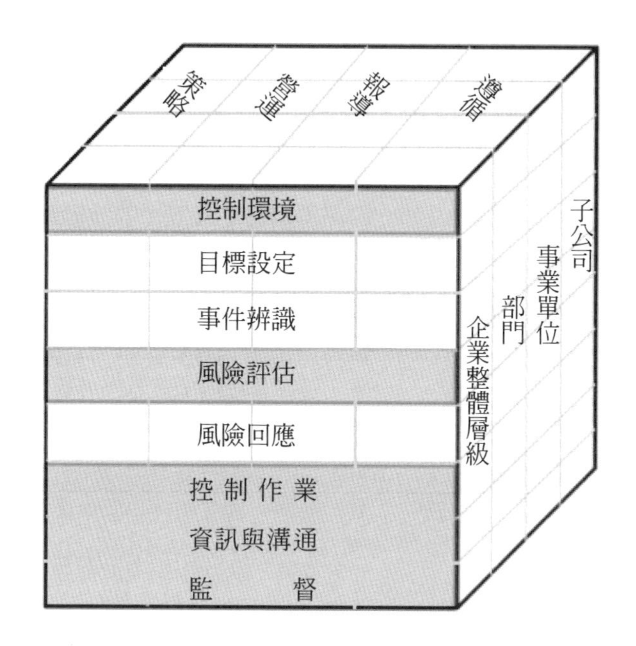

圖5-2-8　美國COSO委員會企業風險管理整體架構（COSO, 2004）

資料來源：周國華，2008

（二）國內內部控制之演進

行政院訂定各種法令規範，都爲了明確的規定供機關實施。爲減少貪污造成業務損失，提升效率，於2011年2月1日「健全內部控制實施方案」中，研訂內部控制制度共通性作業範例之權責機關；2011年4月19日「內部控制制度共通性作業範例製作原則」中，建立內部控制制度自行檢查表格式；2011年7月4日「內部控制制度設計原則」的主要內容及設計步驟，詳如附件-政府內部控制觀念架構；2011年7月4日「內部控制制度設計範例」訂定XX機關內部控制制度範例等；行政院主計總處於2012年6月7日行政院院授主綜規字第

1010600246號函修正內部控制制度設計原則。

表5-2-2　內部控制相關設計規範

規範	屬性	重點
健全內部控制實施方案	爲行政院推動內部控制之上位原則性規範	1.強化內部控制機制爲行政院當前重要政策，行政院經參考COSO委員會所提「內部控制－整體架構」及國際最高審計機關組織（INTOSAI）對於內部控制的定義等，並兼顧政府機關特性，於「健全內部控制實施方案」提出政府內部控制之4項目標。 2.該方案同時要求各機關組成內部控制推動單位，辦理內部控制宣導訓練，檢討現有內部控制作業，設計有效內部控制制度等多項具體作法，並採逐級分工方式，推動政府內部控制各項工作。
內部控制制度共通性作業範例製作原則	供各權責機關研訂內部控制制度共通性作業範例	1.訂定目的：使各權責機關研訂作業明確及一致。 2.適用範圍：健全內部控制實施方案所列各權責機關。 3.設計範圍：包括出納與財產管理、政風、主計、人事、公共建設計畫編審、行政管考與社會發展計畫編審、科技發展計畫編審及政府採購等共通性業務項目。
內部控制制度設計原則	規範內部控制制度之主要內容及設計步驟	1.訂定目的：供各機關設計內部控制制度。 2.適用範圍：行政院所屬各機關（構）、學校。 3.設計範圍：涵蓋各項業務，包括個別性業務及共通性業務項目。
政府內部控制觀念架構	建立內部控制整體架構，爲強化內部控制制度之基礎	1.訂定目的：建立適合我國政府機關之內部控制整體架構，供各機關了解內部控制定義，並以該架構爲基礎，設計內部控制制度。 2.訂定參據：參酌我國審計準則第48號公報及公開發行公司內部控制法令規定暨先進國家規制等。
內部控制制度設計範例	以資訊安全管理業務爲例，說明設計步驟及結果	1.訂定目的：協助各機關設計內部控制制度。 2.適用範圍：行政院所屬各機關（構）、學校。 3.設計範圍：資訊安全管理業務項下之資訊安全事件通報作業。

資料來源：整理自行政院，2012。

二、內部控制制度設計原則

摘錄自行政院2012年修正發布之「內部控制制度設計原則」附件-政府內部控制觀念架構，爲主要內容及設計步驟及觀念架構，如下圖（圖5-2-9）：

（一）內部控制制度設計步驟

1. 確認目標

各機關透過內部各單位以整體層級目標爲基礎，來訂定作業層級目標，並應每年定期或不定期檢視整體與作業層級目標之一致性。

2. 風險評估

各機關得參考「行政院所屬各機關風險管理與危機處理作業手冊」之方法，辨識目標不能達成之因素及影響程度，並參考以往經驗或現行作業缺失，透過量化或非量化方式進行風險評量，應綜合考量風險評估結果及風險容忍度，並採取適當回應措施以降低該風險等級。

3. 選定業務項目

各機關設計內部控制制度之業務項目時，應涵蓋並審視內部各單位之業務重要性及風險性，其中有關出納與財產管理、政風、主計、人事、公共建設計畫編審、行政管考、資訊安全與社會發展計畫編審、科技發展計畫編審及政府採購等共通性業務項目，得參採中央所訂共通性作業範例辦理。

4. 設計控制作業

各機關應針對選定之業務項目，由內部各單位對其承辦作業流程，設計控制重點，包括核准、驗證、調節、覆核、定期盤點、記錄核對、職能分工、實體控制及計畫、預算或前期績效之分析比較等程序，並應修正已發生內部控制設計缺失之控制重點。

5. 建立評估機制

各機關內部各單位主管應例行監督及時評估內部控制制度之有效性。應落實自行評估整體層級與作業層級執行之有效性。應稽核評估統合或運用行政管考、人事考核、政風查核、政府採購稽核、事務管理工作檢核、內部審核及資安稽核等稽核評估職能，協助審視內部控制制度設計及執行之有效性。

（二）政府內部控制觀念架構

內部控制爲整合機關內部各種控管及評核措施之管理過程，包括控制環境、風險評估、控制作業、資訊與溝通及監督等五項要素，並由機關全體人員共同參與，藉以合理促使達成四項目標：提升施政效能、遵循法令規定、保障資產安全、提供可靠資訊。

內部控制制度應考量下列五項組成要素，並由機關各單位有關人員負責設計、執行及維持：

1. 控制環境

控制環境是內部控制制度組成要素之基礎，塑造機關文化及人員對內部控制認知之綜合因素，包括公務職業操守與倫理價值觀念之建立及維持、首長與高階主管對推動及落實內部控制制度之重視以及支持、機關組織架構及授權之適當明確、人力資源之妥適管理、專業能力之提升。

2. 風險評估

機關辨識攸關之施政風險、分析該風險之發生可能性與影響程度，及評量對風險容忍度之過程，據以決定採取控制作業或回應相關風險等方式，包括風險辨識、分析、評量。

3. 控制作業

爲了合理促使機關達成目標、降低風險，且有助於落實執行機關決策，所訂定之控制規範及程序，包括整體層級控制、作業層級控制。

4. 資訊與溝通

適時有效編製內部產生或外部取得有關財務及非財務資訊之有效資訊，以供決策及監督之用，便於傳達予相關人員履行職責執行任務。

溝通是處理內部控制重要的要素，除了內部人員的溝通須告知角色、責任及垂直或跨單位的充分傳達外，尚須注重外部溝通必須提供迅即有效資訊於適當時機、場合公開，以釋民惑，並回應及處理外界的意見與追蹤。

5. 監督

機關評估內部控制制度設計及執行成效之過程，由內部各項業務承辦單位主管人員，例行監督執行作業，並從事整體及作業層級自行評估控制作業之有效性，統合或運用相關稽核評估職能，客觀檢視內部控制制度設計及執行是否有效，藉以適時修正改善內部控制制度。

四項目標：
- 提升施政效能
- 遵循法令規定
- 保障資產安全
- 提供可靠資訊

五項要素：
1.控制環境：機關文化、內部控制認知
2.風險評估：辨識、分析與評量風險
3.控制作業：控制規範及程序
4.資訊與溝通：資訊編製、蒐集與傳達
5.監督：評估內部控制制度有效性

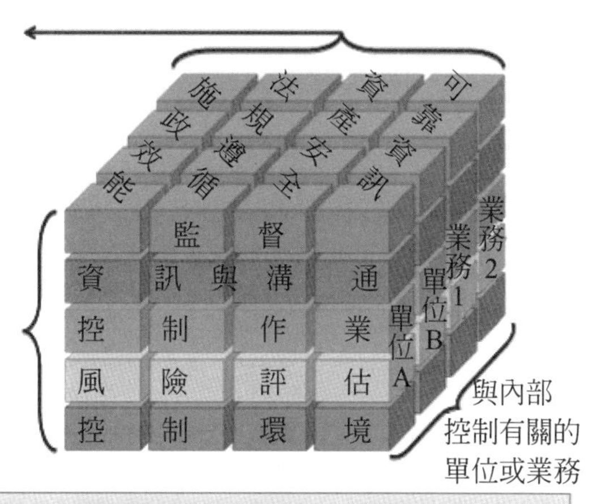

～政府內部控制整體架構～
機關各單位及業務，經整合五項組成要素，合理促使達成四項目標

圖5-2-9　政府內部控制觀念架構圖
資料來源：行政院，2012

參、政府風險管理與內部控制的比較

行政院當前重要政策爲強化內部控制機制，政府內部控制觀念架構奠基於1992年COSO內部控制-整體架構；現行係參考美國COSO委員會提出企業風險管理-ERM架構（COSO, 2004），以4類目標、8種組成要素及4種企業單位層級等三個構面建立企業風險管理模型，而在組成要素中有控制環境、目標設

定、事項辨認、風險評估、風險回應、控制作業、資訊與溝通、監督等，可知內部控制作業係屬風險管理模型之一；並參考國際最高審計機關組織（INTOSAI）對於內部控制的定義等，並兼顧政府機關特性，訂定「健全內部控制實施方案」作為推動內部控制之上位原則性規範。該方案要求各機關組成內部控制推動小組，並採分工方式，檢視現有內部控制，須朝向有效等具體作法，及辦理內部教育訓練等各項工作。

風險管理其涵蓋的範圍比內部控制廣泛，且著重風險觀念，內部控制包含在風險管理之內，是不可或缺的一部分，如圖5-2-10。

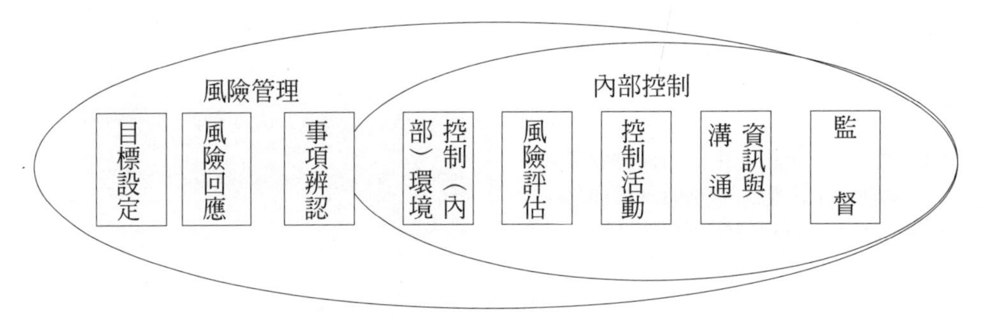

圖5-2-10　內部控制與風險管理之關係—2004年COSO「企業風險管理—整合架構」
資料來源：行政院，2012

風險管理與內部控制架構中，以國際風險標準ISO31000:2009風險管理的流程有：1.確認環境狀況；2.風險評估；3.風險處理；4.監測與審查；5.溝通與諮詢；而行政院2012年修正發布之「內部控制制度設計原則」附件-政府內部控制觀念架構之內部控制五項要素與設計步驟關係1.控制環境；2.風險評估：(1)風險辨識；(2)風險分析；(3)風險評量；3.控制作業；4.資訊與溝通；5.監督。

管理，涵蓋三構面

管理 ＝ 規劃 + 執行 + 控制

目標設定(屬純規劃)

控制環境(屬內部控制)

風險評估(含事項辨認)(屬內部控制)

風險回應－業務活動(屬純執行)

風險回應－控制作業(屬內部控制)

資訊與溝通(屬內部控制)

風險回應－監督(屬內部控制)

風險回應－改正活動(屬純執行)

內部控制，包括對規劃的控制及對執行的控制

內部控制 ＝ 管理 - 純規劃 - 純執行

圖5-2-11　內部控制為管理過程的一部分

資料來源：行政院，2012

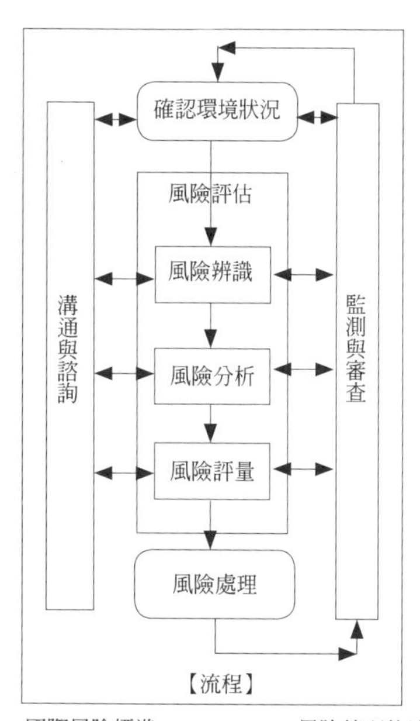

國際風險標準ISO31000:2009風險管理的流程（行政院研究發展考核委員會，2007）

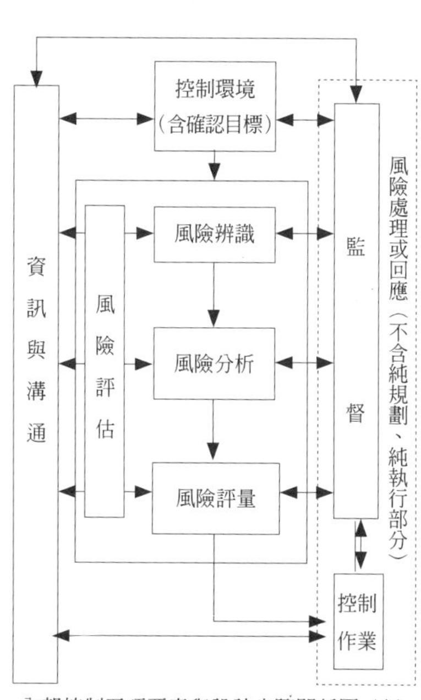

內部控制五項要素與設計步驟關係圖（行政院，2012）

圖5-2-12　風險管理與內部控制架構比較圖

資料來源：本研究綜合整理

肆、小結

風險管理已是現今的顯學，各機關為健全內部管控機制、提昇財務運用效能且能夠適應世代的需求，都應落實風險管理機制，檢討舊有的習慣與弊病，進行內部檢討及加強員工的危機溝通的訓練及危機的沙盤推演。觀念的改革從心做起，「昨日種種譬如昨日死 今日種種譬如今日生」，有了蛻變與改革才能營造更切合內部管控需求。

而業務的進行應擬定標準作業程序、檢查表，對於所辨識之風險項目擬訂對策因應，確認相關措施的有效性，並進行必要的調整，定期檢視與調整機關風險圖像，以落實內部控制。

第三節　結論

小至個體，大至宇宙，都無時無刻處在風險中，災難不可避免是因為個體在無知不覺中創造了風險。任何人、時機、地點、場所、區域都要隨時隨地面臨不同種類、日新月異的風險，如科技的猖獗、經濟的波濤洶湧、社會人心不安與價值錯亂、政治動盪不安、政府的無能顢憨、管理的政策誤敗等不同層次的風險。而所有的風險都來自個體的價值意識，都源自人為肆無忌憚的作為，引至了地球的怒吼、高溫效應季節的失序、冰山的融化、土石流的暴發等等。

現今各組織針對風險管理與內部控制等預防、治本種種的策略都在進行亡羊補牢的工作，因為天體運行自有其軌跡載體的步道，故風險管理的養成教育必須深植人心，落實於生活中來正本清源並累積社會資本存量。故應該要透過教育宣導的方式來啓動民衆生態的環保、尊重生命、節能減炭、衆生平等的概念，擁有關愛地球、世界的胸懷，力行求眞、求善、求美的空間，則風險即將降低、人民生命財產得以維護、世界即將和樂，載體得以生養休息，畢竟時時準備好損失必減少。

往昔所造諸惡業、皆由無始貪瞋癡、從身語意之所生、須耗費更大的精神體力來修補。

第六章　倫理與節制

天下雜誌2003 年教育特刊287期特別著重未來人才是以品格來決勝負，「教育是一個無法逃避的道德事業」而美國教育界發表的「品格教育宣言」指出，「品格教育絕不只是一種教育界的新流行趨勢，它是良好教育的最基本要素」。而為了了解國內品格教育的總體狀態，《天下雜誌》進行國中小學的老師、家長的調查，結果顯示，八成以上認為台灣社會的品格愈來愈壞；七成以上認為中小學生的品格教育遠不及十年前（周慧菁，2003）。

1989年聯合國教科文組織召開「面向二十一世紀研討會」，特別指出，道德、倫理、價值觀的挑戰，會是二十一世紀人類面臨的首要挑戰。故全球教育諮議會點出新教育的特色「新世紀的教育，讓學生變好，比讓學生變聰明來得重要得多」。五百年前的宗教革命馬丁路德「一個國家的興盛，不在於國庫的殷實、城堡的堅固或是公共設施的華麗，而在於公民的文明素養，也就是人民所受的教育、人民的遠見卓識和品格的高下。」在美國正大力推動包括道德教育、公民教育、人格成長三大領域之品格教育（character education），「我們不僅要教孩子如何讀寫，更要有勇氣教他們分辨對錯」；英國從2002年開始，首次把公民教育（citizenship education）放在中學裡實施，來促進學生心靈、道德以及社會與文化的發展。日本的教育改革報告書中指出：「能否培養出道德情操和創造力，都足以承擔起二十一世紀的日本年輕一代，將決定未來的命運，當務之急是要加強學校的道德教育」。新加坡前總理李光耀說：「如果倫理和道德價值觀的水準低落，新加坡就會日益走下坡。因此，我們是否能維持穩定和保持優勢，關鍵不在經濟發展方面，而是在於社會的道德結構」（周慧菁，2003）。

故世界各國爲了醫治倫理和道德價值觀的墮落問題，已開具多樣化的政策方案，一致的共識認爲個體的道德淪喪而致群魔飛舞、貪得無厭的境況如何來自律，群體的人際互動，倫理規範蕩然無存的處境如何來他律，認知價值錯亂的世代，如何來提高品德教育的重整而獲得改善，這亦形成全球化共同需要面對風險與衝突的倫理節制，倫理雖是因人、時、地、事之特殊差異性而稍許不同，但仍需喚醒普天之下之多數共同規範，唯有在以民爲本、本之以德下，社會才能得到根本之友善與美好。

第一節　道德和倫理及法律的差異

1974年諾貝爾經濟學獎得主海耶克（F. A. Hayek）認爲機制可分爲「長成的」和「做成的」兩種，前者是人在日常生活中自然培養而形成的，如風俗習慣、倫理道德、市場機制等，後者則是「設計出來的」，如法律規章等。2012年諾貝爾經濟學獎羅斯（Alvin E. Roth）、夏普立（LIoyd S. Shaple y）因「穩定分配理論及市場設計實踐」而獲獎，屬於「機制設計理論」領域學者，也可說是設計規矩、規範、準則等而供使用者遵守，而機制設計是當今的顯學。準此，隨著時代的演變，「做成的」和「有形的」之法律規章機制愈來愈多，「長成的」和「無形的」之倫理道德卻式微了，而「機制設計」應該屬於「做成的」和「有形的」，其與當今現實世界水乳交融，密不可分（摘自吳惠林2012）。

社會規範是由社會成員認可及共同遵守與共享的行爲標準，可以是明文或不明文的規條，大致爲風俗習慣、道德倫理、宗教信仰以及法律等。個體若跳脫社會規範，則會遭受有形、無形的懲罰，而社會規範的存在是爲了要維持社會秩序而產生。在歷史脈絡上，是先有習俗，然後才有道德倫理，最後從倫理分離出法律。社會規範基本的四種類型，依序爲風俗習慣即人類生活中最早產生的行爲和舉止，因長期累積的生活經驗而形成慣例，也是最容易隨著時代而變遷或與其它文化接觸後，會有所更動的形式；道德倫理，「道德」則是指人內在的良知評量，是非善惡的判斷標準，「倫理」指人們待人接物時應該要遵守的規範，如中國人所說的「五倫」以及現代社會所強調的「第六倫」等等；宗教信仰扮演心靈慰藉、獎善懲惡的角色，亦具有穩定社會秩序的力量；法律是政府利用公權力制定法令規定，來影響著社會中個體之生活起居，違反規定者會受到國家強制力的制裁或懲處（摘錄修改自社會規範，2012）。

表6-1-1 道德和倫理及法律的差異性

性質	道德	倫理	法律
產生形式	「長成的」和「無形的」，自製-個體認知確信不知覺形成。	「長成的」和「無形的」，他製-群體規範確信不知覺形成。	「做成的」和「有形的」，客製-由國家制定、公佈及施行。
影響	個體層面之精神與行爲的規範。	群體層面之人際關係的圓滿。	限制個體在群體間的活動範疇。
實施	個人德行的實踐	社會關係所應遵循的規範。	強制個體遵照多數訂定的規範。
關係	個人	人與自然萬物	人與法令規章
判斷	價值判斷	認知判斷（含價值判斷、事實判斷）。	人際判斷
作用	支配個體內在的良心道德。	支配個體與群體互動的氛圍。	約束人們外在行爲。
觀念	強調義務，明示個體「應爲」的界限。	強調義務，明示個體在群體中「應爲」的界限。	強調權利與義務，保障多數人的權利，並明確規定個體應遵守之義務。
制裁力	制裁之主體爲個人良心，不具強制性。	制裁之主體爲社會的輿論，不具強制性。	制裁之主體爲國家，具有強制性的懲處。
約制	自律、主觀	他律、客觀	法律、客觀

資料來源：本研究綜合整理

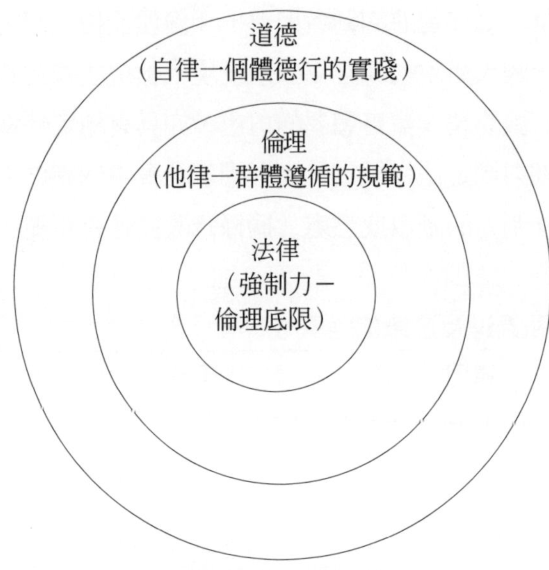

圖6-1-1　道德和倫理及法律的聯結圖
資料來源：本研究綜合整理

第二節　道德

此節重點，內化於心之道德規範其普羅大衆的認知價值、行爲習慣、民俗文化如何來界定道德的發展、定義、形成原因、教育及各方與筆者以所創PAM整合參考架構及SDM社會發展矩陣來論述道德的類型，予以道德的不同面向爬梳歸整俾利了解。

壹、道德的發展

道德的演變過程是隨著人類的發展而差異，不同的生活方式形成道德體系的多元性，每個社會的文化背景差異懸殊，道德規範的形成，分爲內在系統與外在環境的推動。首先爲個體人性本善之需求，因爲每個人與生俱來，有判斷是非曲直的能力，更希望朝向良善的價值觀趨近，東方社會的道德規範以重視父慈子孝、兄友弟恭之孝悌爲主，西方社會的道德體系，較偏重於個人主義、自我的成就實現；再來宗教力量的影響，各門派的宗教其教義不脫「普渡眾生」、「惜物愛民」、「民胞物與」之觀念，具有撫慰人心、慈善爲懷的安定力量，且道德體系大都訂定於教義內涵內，如佛經、聖經、可蘭經等，其教規可視爲一切道德律則的基礎；繼而資源的匱乏致社會生活的需求不安定，片面的個體無法弭平利益衝突的衍生，造成社會動盪不安，須訂定集體的道德規範，達致社會秩序的安居樂業、循規蹈矩。而傳統社會與現代社會的道德觀亦不同，傳統社會中遵從長者的權威及領導，家庭是穩固社會秩序的基礎，節制個體的情感與欲望，共謀群體的團結與共產。而現代社會中「只要我喜歡，有什麼不可以」正在纏繞青少年的價值觀，更影響社會秩序穩定的最大變數。

但由於教育的普及、經濟的提昇、民智的開化、E化的世代、交通的便暢等，造成社會形態的變異，更影響其道德制式的糾葛，而改變個人道德的認知價值，演繹爲流量的質變，更形成存量的差短。

貳、道德的定義

孔子說：「志於道，據於德，依於仁，游於藝」〈述而〉，統攝「道」與「德」。歸納儒家所說「道」，可以分爲四個意義：即道路、言說、能生的根源、變化的規律等，儒家的「德」字，循道而做而有所得（德），蘊諸個體修養上，是行道有得可以蓄勢待發，形諸於外在人際關係與人相處合道，可以成美成善。「道」與「德」的關係，「道」涵括天地萬物，必須以德「體道有得」行道之實，篤踐親證，才可了悟。在儒家思想中，「尊道貴德」的觀念早已成爲中國人的價值核心。

對於個體所欲「體道有得」的德行動機爲何？德行（Virtue）的眞義，各派學說不一，儒家的「德行」之意義，可從《論語》中窺見如「君子之德風；

小人之德草」（顏淵）；「以德報怨」（憲問）；「爲政以德」（爲政）等。

構成德行的兩個關鍵是「向善的意志力」及「行爲的習慣」。從儒家來看，所謂「德行」分爲道德義及倫理義二種：首先，「道德義」的德行是指個體本身有實現人性本善之特性，主要是指仁、義、禮、智、廉、恥等德目」，（《孟子》「公孫丑上」）以「惻隱之心，仁之端也；羞惡之心，義之端也；辭讓之心，禮之端也；是非之心，智之端也。」四種善心爲仁義禮智四端，心善之端即是人之德性；其次，「倫理義」的德行是指人際關係間之互動可建立與實現良善美好關係，（《孟子》「滕文公上」）以「父子有親、君臣有義、夫婦有別、長幼有序，朋友有信。」五種人倫關係，強調由家庭倫理擴至社會倫理的根本和依據，（《孟子》離婁上）「天下之本在國，國之本在家」。從本體之所現，更而延展朋友、君臣的倫理關係，已成爲儒家德行倫理思想優位順序之重要篇章。

西方哲學對德行的看法，蘇格拉底的「知識即德行」；聖多瑪斯的「德行是人理性的一種好的性質，由於它這個性質，人才能有正直的生活而不妄用理性。」；亞里士多德的「人的德行是他性格的一種情況，它使人成爲好人，同時使人善盡自己的本份。」亞里士多德把德行分爲「理性德行」（Intellectual Virtues）與「倫理德行」（Moral Virtues）兩大類。理性德行是使人易於了解眞理的習慣，包括理解、知識和智慧；倫理德行是使人易於行善的習慣。自亞氏之後，西方哲學家一向把倫理德行分爲明智（Prudence）、公義（Justice）、勇敢（Fortitude）和節制（Temperance）四種，稱爲四樞德（Cardinal Virtues），成爲西方傳統認爲最主要的德行（德目）。結論：德行是完成道德善行的一種動作習慣（劉煥雲，2009）。

參、道德的規範

中國道德從上古發展而來，傳說中堯、舜、禹、周公等都是道德的楷模。

孔子（前551-前479），整理《六經》，到漢朝傳爲《五經》，其中便包含了大量的道德思想。孔子發展的學說，被稱爲儒家學說，以後儒家又將《五經》發展爲《十三經》，這些儒家經典學說，成爲中國道德的主要思想來源。道德一詞，在漢語中可追溯到先秦思想家老子（前571年左右～前470年左右）所著的《道德經》，《道經》是謂以身心精進在體悟道之所傳、《德經》是謂修自身心意；說：「道生之，德畜之，物形之，勢成之。是以萬物莫不尊道而貴德。道之尊，德之貴，夫莫之命而常自然。」其中「道」指自然運行與人世共通的眞理；而「德」是指人世的德性、品行、王道。但，德的本意實爲遵循道的規律來自身發展變化的事物。在當時道與德是兩個概念，並無道德一詞。「道德」二字連用始於荀子《勸學》篇：「故學至乎禮而止矣，夫是之謂道德之極」（道德，2013）。

中國傳統道德基本概念有三達德：智、仁、勇；四維：禮、義、廉、恥；四字：忠、孝、節、義；五常：仁、義、禮、智、信；八德：忠孝、仁愛、信義、和平。

中西歷史皆同，必有以約束、聯系人群之柄者。而吾族之興，與他族競於功利不同，非以武功，非以宗教，非以法律，亦非以物質，獨兢兢然持禮儀名教以致力於人倫日用，恒以教育覺悟權貴之昏庸，亙數千年而未替。吾人治史必極其源流而熟衡其利弊得失（史原第一、史化第十一）。人之有階級、等差，各國均不能免。他族之言平等，多本於天賦人權之說。吾國之言平等，則基於人性皆善之說。以禮之階級爲表，而修身之平等爲裹，不論階級、等差，人之平等惟在道德，故階級制度不足於限人，庶或免階級爭鬥之亂。雖王公士大夫之子孫，不能屬於禮義，則歸之庶人；雖庶人之子孫，積文學正身行能屬於禮義，則又歸之卿士大夫（史化第十一）（王家範，2006）。

綜上，人性的德品要遵照天地萬物自然運轉的宇宙規理，而進展且存於人心不受身份地位所框架，可知國家能夠長治久安、穩定社會之力量是道德。

肆、道德的類型—各方觀點

道德是個人內化之良知理性而透過外顯狀況暴露於現前，且應符合公衆所期待的世俗準則，若違背了，則周邊人群以公認的社會道德來輿論撻伐，故形成壓力而限縮本身的行爲。

《論語憲問第四》子曰：「有德者，必有言。有言者，不必有德。仁者，必有勇。勇者，不必有仁。」；孔子說：「有德行的人，一定有好言辭。但是話講得很好聽的人，不一定有德行。一個仁人志士必定很勇敢，但是勇敢的人不一定有仁德。」

《論語公冶長第五》子曰：「始吾於人也，聽其言而信其行。今吾於人也，聽其言而觀其行。」孔子又說：「以前我對人，聽了他的話，就相信他的行爲。如今我對人，聽了他所說的話，還要看看他所做的事對不對！」

但無字化、口耳相傳、曲高和寡之道德，因天時、地利、人和而標準不一，經過嚴苛的洗禮，訴諸文字形成強制性的法律條款，另外以宗教道義來道德勸說，多管齊下形成社會群體的道德文化氣息。

爲探討道德的類型，此部分以社會、文化、法律、宗教的各方觀點作說明。

一、社會的觀點

道德源自人類社會發展過程中的自覺，是判斷個體舉手投足間是否合乎普遍的標準認知，是調節維持社會秩序的社會規範。但因社會發展階段差異亦容易形成道德錯亂、認知衝突、價值貧賤等觀念體系質疑之社會串聯活動。

二、文化的觀點

從文化中可具體看出一個社會倫理道德觀念的演繹過程，道德，道遍萬物，貫穿一切，無不在道中，是宇宙不變的本體。語言文字、風俗習慣、思維方式、歷史文化等皆在道中。道德是傳統文化的精髓、民族的靈魂，道德體系自成的準則與規範，影響個體的食.衣.住.行.育.樂等行為模式，是社會賴以安定、諧和的基礎。

三、法律的觀點

純以道德規範維持社會綱常，已不足維持宇宙的正常運轉，故治理國家，要「以德以法」，道德和法律互為補充。

摘錄自生民（2003），約之以法更應導之以德，例如內蒙古某醫師感染了非典型肺炎，強行離開隔離病區，給社會造成了恐慌並造成多人被感染，以涉嫌妨害傳染病防治和危險方法危害公共安全兩項罪名逮捕。「徒法不足自行」，社會處于非常時期，對公民行為「約之以法」非常重要，正是法律正義之所在，但也只是社會管理的方面。更應當「導之以德」，因為法治調整人的外部行為，德治調整人的內心世界，兩者相輔相成，可以從根本上鞏固社會的穩定，良好的公民道德才能發揮其積極的作用，更體現為公民對于公共責任的承擔意識。故普遍的公德意識可以對公民的行為形成事前的約束，而法律通常只能是一種事後的追究。

四、宗教的觀點

馬克思主義認為宗教與道德都是社會意識形態的形式，同屬上層建築的範疇。宗教是以幻想的超人間的形式，來表現現實世界中支配人們日常生活的異己力量。道德是調整人們的行為，以適應一定社會體系中的人際關係的規範。離開社會經濟關係這個基礎，宗教和道德就都失去其存在的客觀根據（中央統戰部網站）。

巴哈伊信仰從宗教的觀點出發，強調人天生賦有良善本性。孔子的道德體系需要一種外部力量，而宗教的道德，源自每個人對萬能者的本能的崇敬。隨著信仰者對自身信仰的加強，這種道德觀念也相應地增強。因而，稱之為「宗教的道德」。它和世俗道德觀的主要差異在於，它是由信仰者的內在力量維繫的，不會因外部條件的改變而被輕易削弱或摧毀，以及奠定個人與社會間正義的最牢靠基礎（孫理波）。

伍、道德的類型—PAM.SDM

面臨經濟的蕭條、社會的失序、道德的墮落、價值的錯亂、政府的貪污腐敗、管理的顓制、政策的錯誤等，不時衝擊著人民的道德潛能，無邊界的疆域致人員的轉移而擴充了視野的深度、廣度，不同世代的價值重疊，致形成發展階段的交錯、矛盾、掙扎。各地的文化竄流形成在地化的銳變、事務的更新，堆砌形成苟日新又日新的局面，故道德重整，品格教育的提振是全球各國戮力以赴的前景方向。

在傳統、現代、後現代社會中，縱使德目相同之道德，並沒有優劣之分，其內涵只因社會變遷而異。

以筆者所創PAM整合參考架構及SDM社會發展矩陣來論述。

一、傳統道德以自律為本

傳統社會以農漁業爲主，日出而做日落而息，以滿足三餐溫飽即可。民衆以道德規範約定成俗的習慣爲先，道德體系較注重群體的價值。在經濟上，一言九鼎代替任何文據的佐證資料，講究信用誠心爲原則；社會面以家庭結構凝聚力爲主，首重領袖權威、宗法家教的力量，呈現穩定和諧的現象；政治面以家族動員長者指揮爲選舉的考量重點；政策面的執行，上令下效無權置喙，民衆服從度高。道德無形中的自律規範，影響著當時文化體系及生活常規，亦是傳統社會中信賴保護互動依存之重要元素。

二、現代道德以品格為上

現代社會以工商業爲主，道德體系以個體的價值爲主，講究專業、品質、標準、規範，以度爲量，道德良知其次，制式規定更勝於人道關懷。在經濟面以賺錢爲目的，黑心食品猖獗，煙滅自我良心的遣責；社會的多元震撼了個體的固有認知，混淆新舊常識的底限；政治的動員已經無法改變民衆的黨派意識；在政府的政策推動與執行上，民衆可透過溝通互動來影響或左右。此社會強調不侵害他人之人權基本權益，彼此尊重、誠懇負責、歧異寬容、價值觀分享，則有助維持社會的進步和諧。

三、後現代道德博愛物與

後現代社會以服務業爲主，包容、尊重、他利共享之道德認知，設身處地同理心爲他人謀求福利，其發展階段已經由量變產生質變，市場經濟的供需法則、自制的社會多元化、超然中立的政治議題動員、政府管理員視民如親、納採民意之顧客導向，社會正義的促成，憂天下之憂而憂之博愛物與的德行，已晉升此階段的最高指導原則。

陸、道德的教育

國民教育法第1條規定：「國民教育依憲法第158條之規定，以培養成德、智、體、群、美五育均衡發展之國民爲宗旨。」（國民教育法，2011）；教育基本法第2條亦提出：「教育之目的以培養人民健全人格、強健體魄及思考、判斷與創造能力，並促進其對基本人權之尊重、生態環境之保護及對不同國家、族群、性別、宗教、文化之了解與關懷，使其成爲具有國家意識與國際視野之現代化國民。爲實現前項教育目的，國家、教育機構、教師、父母應負協助之責任。」第3條「教育之實施，應本有教無類、因材施教之原則，以人文精神及科學方法，尊重人性價値，致力開發個人潛能，培養群性，協助個人追求自我實現。」（教育基本法，2011），可知，教育以德育爲領頭羊。

而教育部推動品德教育不遺餘力，以「品德」、「品質」、「品味」作爲建立品德教育核心價値之基礎，品德教育係政府長期重要施政目標，教育部除已於2004年12月16日訂頒「品德教育促進方案」，以5年爲期積極推動，爲延續深化、普及化品德教育，更持續徵詢各界意見，並於2009年12月4日函頒修正之「品德教育促進方案」，以「多元教學方法、學校落實推動、教師典範學習，品德向下扎根；師生成長、家長參與、民間合作，品德全民普及」爲重點，透過相關實施策略，由教育部、各縣市及各級學校共同執行計畫，並結合學術單位、民間團體、家長團體及媒體網路資源積極推動品德教育；同時，並鼓勵縣市政府及學校，依據本方案理念及地方或學校特色與需求，加強各單位橫向整合與聯繫，以引導親職與社會教育的正向發展，使品德教育由學校教育擴展到家庭教育與社會教育，讓我們的社會更朝良善發展（教育部，2012）。

教育部品德教育促進方案亦指出教育的目的，在引導個體潛能發揮與增進德智體群美五育健全發展，並促使社會整體和諧與進步。品德教育自古以來向爲教育基礎工程，其內涵包括公私領域中的道德認知、情感、意志與行爲等多重面向，亦可謂一種引導學習者朝向知善、樂善與行善的歷程與結果。實施原則爲創新品質、民主過程、全面參與、統整融合、分享激勵等（品德教育資源網，2009）。

以實際的行動中落實品德的養成，因習慣是隨手可得，激發個人的道德勇氣，「教育」是啓動的重要原素，見樹即見林，《韓非子·說林上》「聖人見微以知萌，見端以知末，故見象箸而怖，知天下不足也。」看到各國品德教育的扎根工程，就能知道其實質和未來發展趨勢是可拭目以待的。

柒、小結

摘錄自維基百科-老子（書），老子的價值觀由「無」、「道」、「德」三者所構成。認爲「無」，「天下萬物生於有，有生於無。」認爲「道」是宇宙本體，獨立長存並生於天地萬物之先，不止息且不斷循環執行，賦予萬物生機而使各遂其生，是玄妙深奧的不可觸摸、莫可名狀，常人難以理解、形容及用言語來描述。「德」人為自然萬物之一，先修自身心意，遵守自然法則來體悟宇宙萬物之運轉天理。

社會理想的存在形態是如何來符合宇宙奧妙蘊理，及符合老子之道的「一般套通性」、「恆常普適性」，約之以法的強制規範與宗教的道德勸說，都只能治標無法治本。惟有「導之以德」之成效，從內化至外生其存量之厚植，較不易被客觀環境所遷移，是民族融合溝通凝聚之圖騰、是民權擴張往內彈射之纜繩、是民生知足康樂安定安心之能量。

第三節　倫理

倫理道德的觀念乃是儒家思想中最核心價值，典籍有《論語》、《道德經》、《弟子規》、《孟子》、《荀子》、《中庸》、《大學》等。必先了解儒家「道」、「德」，及二者之關係，進而了解「道德」、「倫理」的意義及內涵。

壹、倫理的發展

摘錄自王福祥，三綱五常：兼論中國古人的倫理依據和精神依靠。孔子在中國歷史上建構起完整的道德倫理規範體系，以知、仁、勇為根本提出了禮、孝、忠、恭、寬、信、敏、惠、溫、良、儉、讓等德目。之後的孟子以仁、義、禮、智為母德，擴展為「五倫十教」，即君惠臣忠、父慈子孝、兄友弟恭、夫義婦順、朋友有信。再來法家管仲則提出「四維七體」，「四維」是禮、義、廉、恥；「七體」為「孝悌慈惠、恭敬忠信、中正比宜、整齊樽詘、纖嗇省用、敦蠓純固、和協輯睦」等德目。後人綜合為「六德」（知、仁、聖、義、中、和）、「六行」（孝、友、睦、淵、任、恤）、「四維」（禮、義、廉、恥），「八德」（忠、孝、仁、愛、信、義、和、平）。在中國幾千年的文化歷史中，一直以上述德目綱要爲行爲表現，董仲舒繼而提出的「三綱」爲君臣、父子和夫婦三種社會關係的準繩（君爲臣綱、父爲子綱、夫爲妻綱）、「五常」（仁、義、禮、智、信），經漢武帝大力提倡後，便成爲了古代專制主義社會倫理規範不可動搖的金科玉律。

五倫強調父子有親、君臣有義、夫婦有別、長幼有序、朋友有信，故是以家庭倫理爲主軸，再擴大到社會倫理，以及與朋友間的相處之道。在現代社會中，爲使人際接觸有行爲規範可言，故增加第六倫「群己關係」。

貳、倫理的定義

倫理，就是人與人以及人與自然的關係和處理這些關係的規則。如：「天地君親師」爲五天倫；又如：君臣、父子、兄弟、夫妻、朋友爲五人倫。忠、孝、悌、忍、信爲處理人倫的規則。從學術角度來看，人們往往把倫理看作是對道德標準的尋求（百度百科-倫理）。

倫理是指在處理人與人，人與社會相互關係時應遵循的道理和準則。它不僅包含著對人與人、人與社會和人與自然之間關係處理中的行爲規範，也蘊涵著依照一定原則來規範行爲的深刻道理，是指做人的道理,包括人的情感、意志、人生觀和價値觀等方面（互動百科-倫理）。

所謂倫理，「倫」爲類，義也。「理」則爲分也，爲文理、事理，亦爲性也（羅竹風，1997）。倫理兩字之中文本義可引申解釋爲一切有紋路、有脈絡可循的條理，是透過行爲對或錯的判斷，來解析道德的目的、行爲的動機及行爲模式的善惡等，是研究人與人的關係、人與社會、個體全人格情操的問題（朱愛群，1993；陳坤發，2001）。

倫理之意義，根據韋氏大辭典的意義，是指要符合道德標準或者是某一專業行業的行爲標準。以下蒐集國內外學者之定義如下：

表6-3-1　學者對倫理的定義

國內外學者	定義
許士軍（1991）	基本上代表一種基於道德所做的有關「對」與「錯」的判斷，構成對於人們行為的規範。
陳德禹（1992）	倫理是指人類社會中，用以規範個體或團體的行為道德規範。
余坤東、徐木蘭（1993）	倫理決策的規範係探討一件事情的「是」與「非」、「該」與「不該」。
吳秉恩（1994）	倫理是指人際之間符合某種道德標準的行為法則。
葉匡時、周德光（1995）	倫理的性質，並非經濟或政治上的利害，亦非藝術上的美醜，亦和知識上的眞僞無關，而是道德上的對錯。而當不同的倫理規約發生衝突，即有「適用差序」，本身亦視為一種倫理。
林瑞嘉（2000）	社會的道德規範，以做為人類指導行為的標準，倫理觀念的存在，對於人類行為具有指導作用。
吳永猛（2004）	倫理是人與人之間的行為規範
簡廷伊（2007）	倫理是建立人與人之間良好關係的正確行為規範，快樂愉悅的倫理是心靈良知的社會價值觀，也是生命自發互動的公平與正義的根本。因此，正當的倫理觀念，可以形成合宜的價值觀念，對人類行為具有指導作用，也包括企業及直銷事業行為在內。
Frankeua（1963）	一個社會的道德規範系統，賦與人們在動機上及行為上，是非善惡判斷的基準。
Taylor（1975）	探討道德之本質與基礎，包括道德判斷、標準及行為準則等各個方面。
Barry（1979）	倫理決定人類行為之良窳，涵蓋相關的行動與價值觀。
Beauchamp&Bowie（1983）	探究善惡與是非，因而決定行為的正當性。
Steidlmeier（1987）	倫理本質上是正面的，富創造力的，以尋求人類自我實現之眞、善、美。
Marcus（1993）	系統化的探詢人類行為，其目的在發現管理人類行為應有的規則，和人類生活中值得尋求的善與價值。

資料來源：本研究綜合整理

筆者對倫理的定義，倫理是以道德爲基礎，導引著個體在群體人際互動、自然環境、社會條件中之價値認知與行爲規範。

綜上，倫理並不等於道德且不具強制性，是「法律」與「道德」之間之聯繫繩，逾越時則以法律懲罰，最基本單位爲個人，強調個體的自律與德行修養，爲了維持環境系統中長治久安及恆久普遍存在之眞善美，此道德規範、行爲準則，由社會成員的共識而來，給予倫理決策針對事務有「是」與「非」、「對」與「錯」的規範與善惡的判斷基準。

參、倫理的價值

根深蒂固影響社會穩定發展之儒家文化中，以倫理思想最爲重要，爲社會現象塑造許多文化心理淵源以修身爲根本，強調維繫社會秩序與民族穩定的基礎是個人道德的修爲。

倫理是由於人類理性自利的自發性社會集體行爲且爲多數所同意的自然演化過程，其維持內在拘束力，包括個人與社會內化倫理規範之深度及外在制約力，包括輿論之壓力、共識之幅射與違背者抗壓之程度。

倫理主要是解決社會的公共事務爲先，規範著個人主義氾濫的界限、抑制主觀衝突的孳生並且降低影響他利之行爲不確定性。倫理的價値是人與生俱來及後天努力獲得的，包括三大部分，1.符合多數個體之核心價値；2.社會秩序的維繫機制；3.增進人類行爲的公共價値。亦能夠達致蔣中正生前語錄「民主、倫理、科學」，以及「生活的目的在於增進全體人類之生活」、「生命的意義在於創造宇宙繼起之生命」等眞、善、美的境地。

肆、倫理的類型—各方觀點

中國的傳統思想倫理有舉足輕重之地位，「倫理」的關係是有條理和原則標準的社會關係，衍生之「倫理學」觀點各專家學者論述族繁不一，但倫理學普遍可分爲三類：描述倫理學（Descriptive Ethics）、規範倫理學（Normative Ethics）、後設倫理學（Meta-Ethics，或稱爲分析倫理學Analytical Ethics），茲列表簡述如表6-3-2。

表6-3-2　倫理學的類型

項目	描述倫理學	規範倫理學	後設倫理學
性質	廣義的倫理學	狹義的倫理學	近世紀的倫理學
重點	對於各種人的行爲，不論個人或群體，都不作價値的評斷，也不建立原則和判準，旨是歸那諸種現象，作出描述。	著意在討論人的道德行爲本質，並研究道德行爲的基礎及內容，同時也想要對行爲起一定的指導作用。	後設倫理學不關心道德行爲的本質或道德規範爲何，他們著重於對於倫理語詞和道德判斷作語言分析，判定語句的意義和邏輯關係。 例：「說謊是錯的」、「助人是善的」，「錯的」或「善的」指的是什麼？而這二句道德判斷和事實判斷（「這隻狗是白的」）一樣可以具有眞假値嗎？
類型	人類學、心理學、社會學	目的論（teleology）利己主義和效益主義。 義務論（deontology）代表德國哲學家康德（Kant）的道德理論	認知主義（cognitivism）和非認知主義（noncognitivism）

資料來源：整理自李匡郎、李賢中、李志成，2001

倫理是個體於社會生活中符合群體公認的行爲標準，激起最熱烈的迴響且較符合社會大衆的理解、想像和學習的是規範倫理學，而倫理學理論的三大基礎爲義務論、效益論、德行論（表6-3-3）。義務論亦是責任論，基本目標在摒除私欲去履行之行爲的動機是責任或義務做爲倫理判斷的基礎；效益論不考慮動機與手段，僅考慮行爲後的結果，視效益是否符合多數人最大快樂値之期許；德行論是從事更深植於心之品德培訓，重視良好習慣的養成教育。

表6-3-3 倫理理論的基礎

項目	義務論	效益論	德行論
重點	係指義務、責任。義務論以責任作爲倫理判斷的基礎認爲決定行爲的正確與否，在於行爲本身的正當性和行爲的動機，不重視行爲的結果。	效益論堅持效益原則及結果原則，認爲主體的行爲與方式只要能促進幸福快樂的行爲，都是善的結果。	強調應以理想的人格典範作爲道德核心，主張如果行爲出發點具有美德，即屬好的行爲，而不管是否合乎行爲義務。
學派	主要代表人物爲康德（Knat）和洛斯（Ross）。 1.康德的責任論，每個人有責任隨時以善意志之道德價值的行爲來身體力行。 2.洛斯的直覺論，以直覺做爲道德價值的判斷根本。	主要代表人物是英國哲學家邊沁（Bentham）和米爾（Mill）。 1.邊沁的功利思想，快樂應有高低之別，知識的快樂應高於肉體的快樂，主張道德和立法都以增進最大公約數民眾的幸福爲最大效益原則。 四種制裁所引起： (1)道德或民眾的制裁 (2)政治的制裁 (3)宗教的制裁 (4)自然的制裁 2.米爾的功利思想，主張快樂應有層次之別，精神上的快樂應高於肉體或物質上的快樂。 在邊沁的四大制裁外，又加上良心的制裁	主要代表人物是亞里斯多德（Aristotle）和麥肯泰爾（MacIntyre）。 1.亞里斯多德，塑造個體之優良的德行是經由學習的氣質傾向形成習慣的養成。 2.麥肯泰爾，德行透過「實作」的手段實現其內在善，並可成功執行社會角色的品質保證。

資料來源：本研究綜合整理

倫理就簡易之分類，可分一般倫理學與應用倫理學。「一般倫理學」，著重於個人表現日常生活的規範，例如孝順、誠信、負責等等；而「應用倫理學」將一般道德應用到專業領域上的倫理，應用倫理學又可區分爲生命倫理學、環境倫理學、企業倫理學、醫病倫理學、專業倫理學等。

蕭前副總統在政治大學「企業倫理講座」演說中：倫理分為個人倫理與組織倫理。孔孟學說強調的是個人倫理，談的是個人行為處世準則，如修身、齊家、治國、平天下等。組織倫理則強調組織在訂定宗旨、目標，以及營運方式、獎懲制度時的原則與態度。企業倫理規範企業中員工、客戶、社區、社會、環境的責任與供應商等的對應態度及原則（中國時報，2012/10/13）。

「公務倫理」（public administration ethics），亦稱為「行政倫理」或「公務道德」，以及「服務倫理」（public service ethics）或「服務道德」，其在行政系統中也逕稱為「公德」，相當於往日之「官箴」（繆全吉等1990：陳清秀2009）。

公務倫理之要素，不但包括傳統官僚層級組織所注重之「忠誠」、「紀律」、「服從」、「效率」、「課責」、「專業化」等「從上倫理」，還包括公務人員個人內在及行為層面所應注重之「倫理意識」、「道德感」、「責任」、「正當行為」以及「裁量基準」等，是以，公務倫理之意涵，除了包括積極追求社會公道與正義實踐之「主觀責任」外，亦包括符合工作職務規範之「客觀責任」，前者係指公務人員應重視專業倫理道德，強調行政作為能重視平等、公平、公正、正義，忠誠、負責等原則；後者係指公務人員應遵循倫理相關法律，對其所揭示之忠誠、迴避、利益衝突、請託關說、贈與、應酬等價值內涵予以重視與遵行（周世珍2001；陳清秀2009）

綜上，倫理型態不一而足，但法律訂定、組織氛圍的不同，日積月累新舊文化的激盪下自會久習成慣、約定成俗成為不同的倫理類型。

伍、倫理的類型—PAM.SDM

以筆者所創PAM參考架構，而條件面、本質面及現象面和存量、流量等都是由個體認知判斷所衍生與完成，天地萬物以人為本，個體的道德認知形成群體的倫理類型，以下針對個體的判斷倫理及群體的互動倫理述之。

一、判斷倫理

由公民教育之外學內化之個體判斷倫理，經個體釐清與確認，運用於公共及群體彼此公評辯證的判斷。在道德與智慧方面，則應包括了以良知彌補自利理性的不足，並由智慧支撐之道德來從事公共辯證，建立民衆與專家彼此間的尊重，培養組織內外的忠誠互信，形成認知動員以及採取導引菁英搭配菁英之領導等，則社會多元與人際判斷之移轉考驗趨於理性，使產生有效性之公共事務策略。故圓融之判斷倫理會產生成熟的公民治理，是邁向公民社會的起步石。

二、互動倫理

以東方傳統犧牲小我（個體），完成大我（群體）的宗族觀點，個體的價值湮沒於宗廟長老的威脅輿論下，不容有過多的小我觀點或意見。但文化的遞嬗及教育的普及和民意的張顯，已不允許菁英領導之專斷獨行，且西方自由主義的觀點交流，群體由個體聚合產生，而個體獨立思考及創意見解的看法，亦應以高度重視和納採。故在多元批判要求下，所產生的矛盾衝突、政策辯論與溝通協調等互動倫理，是實現解決公共事務管理之普遍基本課題。

陸、倫理的教育

倫理規範是維繫各專業層面能夠執兩用中、運用有度之成文或不成文之舵把，啓動了教育，將專業團體之倫理規範之宗旨、價值、精神，供團員互動行事符合公利之尺牘。

佛依林屈（T.j.Froehlich）認爲「自我」、「組織」與「環境」三者是專業倫理的構成要素，彼此間有互動的關係，代表倫理問題的三個面向，形成一個三角模式。自我：倫理問題中的道德主體。組織：由個體所組成的團體，組織的自主性與自我的自主性常形成某種程度的緊張。環境：指環繞某一倫理問題之相關道德規範。包括一般與特殊兩種道德標準。（劉興鑑，2012年）

再依行政院主計處編纂之，《職業標準分類》裡對「專業人員」的職業名稱及定義：「從事科學理論研究，應用科學知識以解決經濟、社會、工業、農業、環境等方面問題，以及從事理化科學、生命科學、環境科學、工程、設計、資訊及通訊、法律、醫學、宗教、商業、新聞、文學、教學、社會服務及藝術表演等專業活動之人員。本類人員對所從事之業務均須具有專門之知識，通常需受高等教育或專業訓練，或經專業考試及格者。」（行政院主計處，2010年）。

從倫理的意義，公共倫理乃是指涉及個體與群體或環境等應有的態度之行爲準則。而對公共倫理的教育，如經濟層面，社會中之校園、工作及生命之倫理，政治之議場倫理，政府層面之行政倫理等都必須急驟給予重視與灌輸，簡述如下：經濟倫理供需雙方在進行經濟活動時所應遵守的規範，近年來以懲戒來明示生產者的社會責任，且消費者權益保護法之實施亦「以客爲尊」較偏重於消費者之立場及需求；校園倫理是維繫校園秩序的基礎，爲個體彼此之間互動應遵循的規範，是教育功能發揮之潤滑劑；工作倫理乃是指個人在工作時，應具備的基本態度及職業道德；生命倫理其指對生命的意義與價值所抱持的基本態度；政治之議場倫理依照「立法委員行爲法」第二章倫理規範，立法委員代表人民依法行使立法權，應恪遵憲法，效忠國家，增進全體人民之最高福祉，應努力貫徹值得國民信賴之政治倫理，從事政治活動，應符合國民期待，公正議事，善盡職責，不損及公共利益，不追求私利；行政倫理，又稱公務倫理，係公務員爲維持行爲的正當關應遵循的職業倫理規範。

綜上，人性的複雜、社會的多元、文化的交流等等，都造成個體彼此之間的糾葛，各領域的倫理規範是維持社會秩序之隱形力量、是提昇穩定發展之推手、是凝聚成員感情的聚沙台。

柒、倫理的解決

孔子說：「導之以政，齊之以刑，民免而無恥；導之以德，齊之以禮，有恥且格。」

孔子認爲：用政令規章來管理民衆之事，以刑罰來處分不守規範之人，則民衆想盡辦法避開處罰但並無羞恥心；應以道德仁義來導引百姓，以禮儀規範來教導他們激起本身羞恥心的自覺，則才能回歸到眞善美的境界。

溝通倫理在歐洲當作道德實踐理論的主張，自然是在因應後資本社會所帶來的多元處境，無論是道德多元性或是文化多元性，都一再使得人們無法採用一種統攝某種實質道德的條目，當作倫理行止的歸依處，也使得康德式的道德哲學（先驗的正道範疇）失去準頭，而設想出溝通倫理的第二序倫理法則。對中國傳統的行事倫理來說，基本上也是統攝性的倫理，雖然不似儒家以文本思維的方式，將倫理法則爬梳得條理分明，但是在「對事件磨功夫」所領悟出來的「通達」，卻含著一個傳統社會實質倫理的內涵，無論是「持虛保盈」的虛圓（汪睿祥，1996），或陽／陰默認中的尺寸拿捏（鄒川雄，1995），再顯現當時的社會處境，很難將這些實質的倫理應用到多元文化社會。

捌、小結

儒學大致可分爲以禮爲基礎的倫理規範和以仁爲基礎的德性原則這兩個層面。在孔子仁體禮用的儒學體系中，「仁」爲人格完成的德性理想，「禮」則爲涵養德性的倫理秩序，二者構成了一個君子型的倫理道德體系（高力克）。

在開放思惟下之後現代社會之黑心食品充斥之經濟面及核心價值錯亂之社會面及意識形態撕裂之政治面與貪瀆腐敗之政府面，更使滿口仁義道德淪爲公利昂然之蒙昧染劑，倫理在社會發展階段中產生重大的衝擊。

中華民族道德傳統的主幹是儒家倫理思想，其所倡導的以禮爲用、以仁爲本、以義爲上、以和爲貴的理念已滲透並適用於跨領域之各階段及空間，故現代公民的角度仍然需要建立適宜的道德基礎及各種的倫理規範期使社會秩序的安寧和樂。

第四節　倫理節制

倫理節制之重點在於溫.良.恭.儉.讓之道德常規質化爲日常生活行爲之深度，抑或需要社會規範之宗教、法律等符合正義公理之他律教義條理來制裁，故民心的瞬息萬變、文化的時空移轉、世代的人口搬移等已無標準的量衡來統一解釋敘述做評估判斷，公道自在人心，故人際互動中個人如何運用德行涵養之道德良知，輔以專業學識之填補來適時解決群體倫理規範之最好展現力度，是大家應戮力學習之課題。

此節之重點，簡述節制、倫理節制的定義、倫理節制的類型（各方觀點）從宗法制度、社會化、宗教教儀、法律制約等觀點，及筆者從PAM及SDM來解析倫理節制的類型。

壹、節制的定義

倫理具有宗教的功能是無庸置疑，公德對西方而言是自由、民主、博愛和服務，對東方而言是理智、節制、勇敢和公正。節制，指守分寸，能適可而止；不至於逾越或過份。人們使用金錢、支配時間、都要能不浪費，恰到好處。做事則知道『行乎不得不行，止乎不得不止』（當繼續、則繼續；當暫停，則暫停）。一個人即將天人交戰之時，得失取捨之間，如能夠心地澄明，知所進退，是極大的修養工夫。但節制不單是知識份子談修養，實也是先民傳承下來的優美的教養，或者可以說是善良的生活習慣（光明佛經網，倫理生活化第四卷）。

天主教聖經舊約《德訓篇》18章30節「不要順從你的欲情，要抑制你的欲望。」，新約聖經中聖保祿宗徒說：「要有節制地，虔誠地在今世生活。」品格教育之節制定義認為應摒棄私慾，正當行事，明智地約束自己，一種自我控制的能力；蘇格拉底說：「節制是人生最大的美德」。並隱含約束管控本身言語舉止，為人處世能合乎中庸執兩用中之道。

故節制乃指人常以理智去節制自己在感覺快樂方面的追求，尤其是食與色方面的追求。節制的副德有端莊、貞潔、儉樸、節飲等。與節制相反的毛病有饕餮、酗酒、淫亂、輕浮、舖張（王臣瑞，1980年）。

筆者對於節制的定義是以意志控制自己的情緒或行動來摒棄私人的慾望並符合公德正義的行事。

貳、倫理節制的定義

早在2500年前，《論語顏淵篇》孔子：「己所不欲，勿施於人」。意指節制自己不想要的東西，切勿強加給別人。說明個人德性的修養能夠推己及人、將心比心、設身處地顧慮到週遭的人時地事，此乃儒家文化淵源流長精華之精髓在於仁愛思想切實體現。

筆者對倫理節制的定義，在以道德為基礎的倫理規範，個體以意志導引並控制私慾並符合公德正義行事之價值認知與行為藝術。

參、倫理節制的類型─各方觀點

一、宗法制度

摘錄並整理自陳筱芳「孝德起源及其與宗法、政治的關係」，儒家的五德重點在家族。孝，主要是子女對父母特有的道德，孝的動機是滿足家人的情感需要，孝德所欲調節的是社會所有家庭秩序的倫理關係。儒家對孝的改造使對象擴大化，孝德與宗法、政治因而發生了聯系。孝的社會功能和文化意義也隨著對象的增加，擴大在親子道德、家庭道德、宗族道德、社會倫理及政治倫理。而宗法制的核心是嫡長子繼承制和由之形成的大小宗統屬關係，依據血緣親疏來確定同宗子孫的尊卑關係，使族人維護親情以宗法，力圖規範的小宗家庭與大宗家庭之間之關係。故宗法制度對於維繫道德倫理的基本規範，賦有家族制裁的動力及不容抹煞之功勞。

二、社會制度

社會化是一種內化過程（internalization）：外部（集體）的規範、價值內化成個人的心理／行為結構，即一般所稱的人格（personality）。弗洛姆（Eric Fromm）的解釋：社會人格將外在的需要內化，並驅策人的精力，使它用在一個指定的經濟和社會制度的作用上（Fromm，1941年）。

社會化是個體必須修飾在社會結構中所扮演的角色，以符合群體多數期待之價值規範，並型塑本體之認知準則。透過震盪內化成人格之特質的過程，來調融多元個人主義之道德理念。故社會化之影響力足以節制違反倫理之公評監督之力量，並把持社會秩序穩定的重要性。

三、宗教教儀

摘錄並整理自維基百科-宗教，宗教的崇拜行為、禮儀規範屬於宗教的外在因素。體現出宗教教義的實踐，也反映出宗教傳統的改革及其社會文化背景。教義是基於宗教的理論體系，而教儀則根據社會實踐的活動，教儀是規範化、程式化、機構化及制度化的，其內容包括祈禱、祭獻、聖事、禮儀、修行及倫理規範。於是教義及教儀皆在所處的文化氛圍中，產生一種人們公認的社會慣例。宗教間的對話不只是自我生存、宣揚正道的需要，也是一部道德準則，更強調經驗、感性、直覺和倫理的因素以調整人類自身行為。

四、法律制約

摘錄並整理自維基百科-社會規範，違反人們共同認可及遵守的行爲道德標準所制定之法律，往往需要經過法定程序賦予強制力，才可執行且會與時俱進。由於社會規範是社會成員所共享的同意，可以明文或不明文的規條，但部分社會規範慢慢會被訂爲法律（如保持清潔），而法律會以各種方式影響著每個人的日常生活與整個社會。這種社會規範與風俗習慣、倫理道德、宗教信仰不同，違反法律會受到國家公權力的制裁以及懲處。

肆、倫理節制的類型—PAM.SDM

PAM所對應SDM之不同階段涵括個體認知面，群體行爲面及承載著個體與群體的載體條件面及彼此流量間互動激盪而產生的現象面。

在社會發展階段中，因應時代背景不同的條件面、本質面、現象面之傳統、現代、後現代社會中，社會變遷型態而產生出差異性之倫理節制規範。

一、傳統社會以宗親約束

傳統社會以初級產業（農業）爲主，著重層級意識之群體內聚並呈現穩定和諧的社會。

傳統社會中彰顯群體抑制個體，而爲了顧全社會的大利，強調個人應節制自我需求的情感與欲望及意見表達空間，並利用道德勸慰及宗法的力量輔助制裁，來提升群體的凝聚團結與公共價值。

二、現代社會以法制為限

現代社會以次級產業（製造業）爲主，著重規範、標準與品質、專業等強調變化發展開放競爭的社會。

現代社會是多方價值觀的社會，個體有更多自主性來獨立思考並理性論辯，但在社會互動中，可寬容整合歧異而形成多數之共識，「節制」的理念在此社會中殊能可貴的「自我反省精神」，可提升不同群體間的理性文化，共謀群體利益的晉階。更可以原始的「主我」來激盪創造社會結構的遞延，更可因社會化的過程，另塑符合社會規範的「客我」，二者彼此互動調融爲互信、互惠、互諒之多領域的社會。

三、後現代社會群體關懷

後現代社會以第三產業（服務業、研發、教育等）爲主，著重後物質主義的價値理念，塡補精神層次的動力勝於外在環境的追求，強調因應的理性及適切的人道關懷之社會。

後現代社會中三餐溫飽不成問題，進而以倫理節制的本體價値積極參與關心公共事務，但由個體進而群體之人際互動需有內修及外塑的牽引，內修以道德倫理爲依據之格物致知、誠意正心、修身、齊家（家庭、群體）、治國（社區、區域）、平天下（國家、國際）爲修持，強調自我反省力勤實踐道德倫理規範；外塑以體制、承諾、監督爲節制依據，在公共論壇中多元批判個體得以道德智慧的基礎，來進行理性論辯與倫理協和的態度，來自我約制及有監督的體制，彼此尊重來互惠信任，則爲美判斷乃是尋求兼顧個體與群體之共識，而臻至以民爲本之情懷。

伍、小結

環境系統的外在誘因如影隨形陪侍如側，「我喜歡沒什麼不可以」的前提是不違背社會善良風俗，尊重普羅的道德倫理社會規範，節制的意志理念是發乎心、止乎禮。而中國傳統五倫爲基礎之人際規範，仍針對個體層級意識分際，而以群體爲主之公共事務管理，眞正焦點在於任何個體與群體間的互動之道亦即群體倫理，以群己節制之力量來解決公共議題，希達到協和中所意涵之大同境界。

第五節　結論

摘錄自人間福報《社論》品格教育系列節制篇，節制是人生最大的美德。科技日新月異，醫師建議沉迷於網路者，罹患憂鬱症的風險較高，故應適可而止。適可而止就是節制，不知節制的人就像騎馬沒有韁繩，無法控制速度與方向。要修煉節制的品格，可從日常生活小事的習慣開始鍛鍊意志，明智地約束自己的意志、情緒，抵抗任何違反好品格的衝動，則能避免犯罪，對於學業、事業、健康及生活都有大助益。學習摒棄貪念私慾，勿放縱，勿任性，經營樸實純潔的生活，是人生最大的美德。

倫理的要義在傳統社會重宗法、現代社會重法制、後現代社會重關懷，而在新舊交替核心價值錯亂的世代，對於傳統的倫理規範，應傳遞更新、去蕪存菁，來因應個人主義的竄起、人際互動的糾葛、瞬息萬變的時空移轉、無國際疆界的人口搬移、歷史文化的重新改寫等。

在民主多元參與開放的環境下，公民社會之根基在於道德基礎之養成及倫理的節制，形成公共事務議題的典範，其機制需擷取、創新、詮釋儒家道德倫理規範之思想模式，來彈性因應不同社會發展階段的認知衝突，並融入西方體制承諾與監督，進而形成個體知所遵循安身立命、群體理性論辯之關懷情感。經濟方面重信義輕利益，社會方面重大愛輕小愛，政治方面重民意輕己意，政府方面重廉能輕腐敗。祈使儒家「老者安之、少者懷之」的境界在全球化之文化混亂激盪下是一盞明燈，穩定駛向天下爲公、世界大同之境地。

第七章　台灣課題案例分析

由於社會價值的多元化與公眾問題的普及化，民主參與的理念與做法逐漸落實在公共政策上，重大政策的決策過程已從少數官員或技術幕僚決定，轉變爲必須參考多方攸關利益團體的看法意見後，才能做最後的決策（黃國良，1994）。

本章將以2012年台灣所發生的三起事件，分別爲證所稅政策、台灣進口美牛問題以及油電雙漲等個案作簡單介紹，進行案例分析。

第一節　證所稅政策

資本利得稅大致上分兩種爲證券交易所得稅及土地增值稅，報章雜誌媒體輿論評斷認爲台灣目前稅制未開徵資本利得稅是，導致貧富差距擴大及所得分配不均之元兇，目前炮火主攻課徵股票收益爲主的證所稅。

壹、證所稅之衝突與風險分析

台灣歷屆的財政部長欲實施證所稅，但都鎩羽而歸。1974年李國鼎先行嘗試課徵於一年後因稽徵困難便取消；1989年郭婉容再次徵收，而造成台股連續19個交易日無量跌停後，因人頭戶盛行及稽徵技術有難度，在一年後用修法提高證交稅替代證所稅；1995年立法院再次通過證所稅案，卻仍因股市暴跌的壓力及既得利益者的反撲，而最終爲證所稅踩煞車。而林全亦有實施對未上櫃股票的最低稅負制度，但這較不符國際認知的資本利得稅。

政府啓動財政改革列車！財政部財政健全小組昨天（2012.03.28）首次開會，十六位委員票選「未來半年優先改革」的稅改議題，結果資本利得長期坐享免稅的不公平現象，成爲所有委員心中最該改革的榜首，一面倒成爲首要議題。針對資本利得課稅，財政部指出，內容涵蓋證券及土地交易所得，未來研擬討論的子題，包括所得稅法中證券及土地免稅條款、最低稅負制、土地稅法與證券交易稅條例等法律（賴昭穎，2012-03-29）。

2012年3月劉憶如推動復徵證所稅，期符合簡政便民及公平正義量能課稅原則下，以課徵成本不能高過實際課稅的推動。但爭議了兩個多月及股市狂跌了一千多點，最後以辭職收場，由新任財政部長張盛和，自立法院財政委員會通過了高度妥協的版本，才得以落幕。

一、衝突的起因

（一）衝突之處爭議之點

證所稅備受多方當事人衝突及爭議之處，有免稅額的上限、外資免課稅、課徵時機點、課徵的方法與成本、證交稅抵證所稅、證券交易稅連動等問題。

（二）多元觀念無法整合

證所稅制定過程牽扯到多元利害關係群體與多元價值的利益，其缺乏共通性準則，認知落差巨大，以致無法心平氣和整合共識版本。如黨派紛爭及股戶利率和專家學者執著等，因爲角色扮演不同，對議題的行爲和見解也隨之改變。

（三）政策推動難以持久

證所稅課徵演變近40年，明示以公平正義、量能課稅、均衡財富等改革旗號，但暗地裡爲了充足國庫稅收，引發社會抵抗力道紛至沓來，大戶抽手股市無量下跌，致經濟蕭條、金融市場崩潰，政務官因而辭官。民衆的預期與政府承受不住紛紛擾擾的壓力，終歸回原點更弦易轍，故衝突不止。

二、衝突的管理

（一）企圖整合各方觀點

面對證所稅的課徵，反對者以稽徵時機不對，技術困難並影響股市發展等，召開公聽會來批判行政院措施；贊成者以社會正義不公與增強貧富差距等，召開記者會來批評反對者立場偏頗；而立法院各黨立委企圖整合各方見解而提出各種版本。

（二）各方版本溝通協調

課徵證所稅的各方版本：國民黨提出取消免稅額、證交稅抵證所稅、法人採用所得稅制、自然人選擇所得稅制或試算制及依據股市的點數決定增加證交稅的稅率；民進黨及林全提出強調就源課稅、課徵不超過證券交易千分之一的證所稅，取消免稅額和外資免稅；劉憶如指出目前在OECD（經濟合作與發展組織）國家，幾乎都有證所稅重點是建立制度；公平稅改聯盟召集人王榮璋亦強調：證所稅扣除額度與稅率的公平性，以及建立制度的重要性。

（二）認知動員導引菁英

環境及政治因高複雜度中，牽涉到領域學門目標主觀價值之多元性，因此產生不同的理解與判斷而紛雜歧異，唯有經由開放的多元教育、增加對公共事務的關心、建立歸屬感形成認知動員及導引菁英型態，才有助於在多元社會中進行衝突管理。

三、風險的起因

（一）環境異常風險加劇

各種風險由於自然環境及社會條件的快速變遷而加劇難料，都產生緊急事件與危機處理，致影響施政品質及動搖國本，包括經濟風暴、科技研發、人口素質、教育程度、全球化股市變化衍生之風險。

（二）利多放空股市謠言

投資人智識未開及資訊落差，再加上股市利多放空的謠言惑言憾衆，形成對國家政策的不認同，以及對市場經濟的不確定的股市危機，更影響到制定公共政策及創造公共價值的觀感。

四、風險的管理

（一）階段不同對應差異

同樣的證所稅議題，在不同的社會發展階段即產生各種過程和動態，故對應有所差異。1988年復徵證所稅（傳統社會）時，在萬能政府的寡頭決策下，以穩定和諧、內視凝聚的社會條件所趨，因而財政部長仍繼續擔任。2012年再次復徵時（現代社會），開放的環境充滿各種資訊數據，而最重要是多方當事人的意見表述，雖然應以重視績效及技術專業來管理公共事務，但仍因不敵輿論所趨，致財政部長掛冠求去而畫下休止符。

（二）有效風險管理機制

證所稅議題應探索民意與股市動態，建立有效性預防管理機制，並適時檢討修正管理機制來配合機關政策規劃，以確保妥適性；應儘速與多方當事人溝通協調，期降低風險發生及損害衝擊度，以緊急應變迅速復原來解決危機展開新局。

五、風險的溝通

（一）溝通協商雙向對話

證所稅議題雖是多方信念價值觀及需求利害關係而有所差異，但在風險管理過程中，應竭力和當事人建置溝通與協商機制、極力決策者單相的政令宣導。故初期發展階段，建立完備計畫有其實質必要性，更能建立機關危機管理的信心。

（二）執政團隊基本共識

證所稅政策失敗之因由，除了政策本身的良窳與執行者的對外協調溝通能力外，尚有整個執政團隊對政策的基本共識因過於個人主義各自表述，則溝通協商機制形成虛構及團隊威信受到質疑，故體制內的政策擬定時，其團隊的基本共識團結一致，才是致勝之最高法門。

六、倫理的節制

（一）民之所欲常在我心

社會的多元化不只展現在結構面更擴及到意識層面，而單一的專業知識已無法滿足人民的需求和複雜的議題。公共管理者以「民之所欲，常在我心」的理念，結合政治意識、實務動態及管理法規等轉化為政策施行方針，期建構零距離的公共政策而創造符合民意的公共價值。

（二）正確的社會價值觀

證所稅爭議是各界為了政策的走向而爭執，勞工及中產階級的形成和茁壯，促使民眾對社會議題的參與感日漸增加。從追求物質滿足和安全轉向強調歸屬感及自我成長尊嚴，故導引有所得就課稅的量能課稅之正確的社會價值觀，為刻不容緩的課題，其中以公民文化的教育尤為重要。

貳、小結

台灣社會在經過三、四十年經濟快速的成長，社會無論在「質」或「量」

上皆產生重大的變遷，而綜觀這些變遷的步調和軌跡可以「富裕化」、「多元化」及「社會力」來說明（蕭新煌，1989）。而社會文化中公民的素養無法和經濟奇蹟、齊步同進，而教育民眾對公共議題認同是最重要的關鍵。公共管理者必須在瞬息萬變的決策環境內，作出不違反倫理體制，且符合民意的決策和判斷，是需要極大的智慧及勇氣。

顯然的，在證所稅的課題上，政府和人民之間存在著極大的落差，使得證所稅的課徵，因複雜性的議題，具有多決策參與者、多目標、多元價值化的特性，而造成決策標的和價值差異，而導致公共決策嚴重延誤及社會成本急遽增加。

故在民眾積極參與公共事務階段，應加強公民教育來提升決策品質降低風險，培養衝突管理和風險管理意識和文化，將混亂與分歧的社會，導正爲理性的多元社會，除了藉助西方現代社會的體制、承諾與監督概念（余遜達、陳旭東，2000），以及東方傳統社會的倫理、道德規範之外，有系統地剖析並掌握具意識型態的重大紛爭事件，所潛藏的衝突本質，是多元社會中公共管理者，必須關注和研究的課題。

第二節　台灣進口美牛政策

2012年最火紅的公共議題是美牛議題。美國牛肉進口爭議的眞正核心關鍵，不僅只停留在食品安全的層次，更擴及至國際貿易協商與國家防衛安全的層面。而在社會各方的爭論中有浮現出重點嗎？但在落幕之時，立法院急速修法通過卻是以戲劇性的逆轉，似乎早前的激烈爭論都不存在。

壹、台灣進口美牛之衝突與風險分析

美牛議題發酵過程中，許多專有名詞也在各方爭論之中逐漸明朗，諸如瘦

肉精[1]、萊克多巴胺[2]、三管五卡、十六字箴言與TIFA等。

台灣社會中早已存在含萊克多巴胺（俗稱培林）瘦肉精的美國進口牛肉。回顧美牛議題的爭論之源，從2003年底美國發生狂牛症[3]便開始全面禁止美牛輸台；2005年3月在美國壓力之下，經協商開放美牛輸台；2005年6月再次全面禁止美牛輸台政策且增加台灣肉品瘦肉精含量零檢出之規定；2006年1月政策再一次改變爲有條件開放美牛且限不帶骨30個月以下而此時瘦肉精含量依然爲不得檢出；2009年10月新政府擴大開放美國牛肉輸台，同時實施三管五卡稽核方式，力保含瘦肉精之美牛無法輸台；2012年4月台灣食品衛生管理法修正案送審，擬制定牛肉含萊克多巴胺瘦肉精的安全容許殘留量爲10ppb[4]。

一、衝突的起因

（一）數據圓說罔顧健康

美牛議題中的最大爭議引爆點，自2003年底美國發生狂牛症後，須食用多少量之萊克多巴胺會對人體健康造成危害？政府數據說詞與各方專家共識分歧，而以民眾健康當籌碼而各執一詞致難達共識，而民眾的疑慮並沒有在政府保證下消除，反而產生愈演愈烈的趨勢。

（二）強國威權政策快轉

美牛議題其歷史過程，從2003年至2012年，經歷美國的政經壓力協商破

1　瘦肉精或瘦體素，是對數種主要用來增進家畜增長瘦肉的動物用藥。常見種類如下：萊克多巴胺、科爾特羅、齊帕特羅、塞曼特羅、沙丁胺醇、妥布特羅、特布他林、克倫特羅。

2　各國萊克多巴胺(培林)安全容許量，中國與歐盟禁用；美國：國內殘量30ppb，出口至歐盟：禁用；日本進口殘量10ppb，國內：禁用；澳大利亞豬肉殘量5ppm，牛肉殘量：禁用；紐西蘭進口：殘量10ppb，國內：禁用；加拿大－殘量：40ppb；臺灣－牛肉殘量：10ppb，豬肉：禁用。

3　牛腦海綿狀病變（BSE），俗稱狂牛症，是一種傳染性海綿狀腦病。該病的主要特徵是牛腦發生海綿狀病變，並伴隨大腦功能退化，臨床表現爲神經錯亂、運動失調、痴呆和死亡。被認爲可以通過食用帶有狂牛症的牛腦或其結締組織傳播。

4　ppb是一種濃度單位，一億分之一克。肉品中萊克多巴胺含量10 ppb，表示一百萬公斤重的肉品中，含有1克的萊克多巴胺。

局，全面禁止美牛輸台及放鬆或條件輸入等演變，其政策的轉變都可嗅出爲強國侵凌，以民生家計、餐飲飽食之牛肉爲政治交換之工具。

二、衝突的管理

（一）明訂規範稽核檢驗

美牛政策持續變化，政府明訂規範稽核檢驗，力保含瘦肉精之美牛不輸台，而自2009年10月擴大開放並同時實施三管五卡稽核方式。三管即爲管源頭、管邊境、管市場，五卡則是核對證明文件、明確標示產品信息、嚴密開箱檢查、食品安全檢驗、信息即時查明等，遵守美牛十六字箴言爲安全容許、牛豬分離、強制標示、排除內臟。

（二）專家學者政策行銷

爲了弭平社會大衆對於瘦肉精及牛腦海綿狀病變之了解應對，管理階層與食品衛生管理專家，以專業資訊說之以理、辯之以據、交叉詰論並政策行銷，期以知己知彼免於恐懼慌亂中。

三、風險的起因

（一）健康風險持續潛藏

社會上本就隱含諸多健康風險，但美牛的焦點與爭議，從一開始的狂牛症轉移至萊克多巴胺的安全殘留量，都是客觀上，本來就存在。而後續風險浮上檯面，被社會大衆所察覺導致利害雙方衝突，便蘊育而生。

（二）政治道德轉圜餘地

美國牛肉含有萊克多巴胺絕非近期之事，但2009年實施嚴格的三管五卡後，一樣能夠輸運來台而讓消費者食用。國際談判中，因沒落的政治道德及利益糾葛，致犧牲消費者的健康認知爲前提，導致政策轉圜，爲符合國際環境的異軍突起，甚至引發出更多風險與衝突。

四、風險的管理

（一）強化台美經貿關係

2012年6月，行政院與立法院無法達成共識，關於美牛的食品衛生管理法修正案遭擱置延宕。期間，美方數度發表聲明，明白指出沒有美牛就沒有TIFA，而美國貿易代表柯克（2012/6/3）與我經濟部長施顏祥在俄羅斯會談時表示：「非常希望強化台美經貿關係，盼近期美牛萊克多巴胺案的正面發展，可恢復雙方於台美貿易暨投資架構協定（TIFA）架構下的高階官員諮商」（王光慈，2012/6/4）。

（二）殘留標準國際認定

2012年7月初聯合國國際食品法典委員會（CAC）經表決訂出萊克多巴胺安全容許殘留量為10ppb，致強烈反對美牛輸台的聲浪便愈趨微弱，至2012年7月底立法院三讀通過食品衛生管理法修正案，讓含有萊克多巴胺的瘦肉精美牛歷經7年後而重新合法開放輸台。

五、風險的溝通

（一）溝通協調雙向反饋

風險管理的最佳邊際效益是降至零風險，也就是所需效益高於成本之最大化。溝通協調方式是雙向反饋，繼續和當事人調和，以取得共識並化解歧見與衝突，像美牛案中，政府一再重申沒有預設立場，但又發表專家會議單向傳輸訊息，認為萊克多巴胺是無害的，便造成民眾的質疑。

（二）裁判職責各方專業

美牛議題，政府未做好風險溝通之工作，便倉促決策，而引發社會食品安全疑慮致強力撻伐。公共管理者之角色，應衡量各方專業與價值意見，並歷經協調與溝通的過程後，堅持超然裁判的職責而選擇最適宜的方案，並充分說明決策之理由，應積極爲自我政策辯護，亦維持政府公信力，同時也能增進全民福祉。

六、倫理的節制

（一）群體共識制約力量

社會群體共識會影響個體外在行爲表現，凝聚成一種無形的制約力量，並時時刻刻都影響著個體的認知觀念及行爲模式，且決定了整體社會與國家的發展方向。如，社會群體共識是追求經濟發展時，則自由市場形成主導一切的物質主義社會；當群體共識重視人權與環境正義時，則會轉變爲注重精神文化的後物質主義社會。

（二）倫理觀念文化移轉

倫理觀念是東方社會的文化資本，進而凝聚出優質的社會群體道德共識，並在文化移轉過程中汰蕪存菁，續弦共同打造的各種無形制約力量。傳統的中國倫理觀念善用宣揚後，重塑長治久安的道德觀，便能推向更美好的方向，致達成國家社會的持續發展。

貳、小結

綜觀美牛案長久以來的發展歷程，其爭議點集中在狂牛症與萊克多巴胺的使用。但眞正威脅是現有檢驗查核機制，無法防堵不肖廠商及政府之串聯，致食品安全備受威脅。台灣目前最迫切需求的應是：攸關全民食品安全體系的潛藏威脅之漏洞修補與系統重建。政府現時改進的重點是：改變整體食品安全體制系統之法規管制或是合宜檢驗頻率，才能擺脫問題食品驚爆的潛伏風險。

政府應啓動公民教育期呈現理性公民治理，爲了打造公民而政府更應做好長期抗戰的基本準備，應持續強化全方位的教育，才能有足夠數量的公民，確保民主法治與政府機制。政府在決策之時，更應加強多方溝通的治標辦法，則發展中產階級全民經濟，方能促使民衆行有餘力，積極投身公共議題，並拓展民間公共參與及監督的力道。

全民經濟與公民教育之治本之法，短期內難以奏效，但持之以恆必能提升整體社會條件而奠定優質基礎，致引領社會邁向更好的方向與可持續的發展。

第三節　油電雙漲政策

地球暖化，傳統能源日趨枯竭，造成國際能源如石油、煤炭或天然氣等價格持續上揚，而台灣99.4%的能源仰賴進口，但政府的油電措施，基於政策之考量，非以商業競爭盈利之目的爲其目標，重點以「供給穩定、健全市場、配合國家發展之需」爲首要。因此，長期低價福利及凍漲政策，已造成台電、中油累積鉅額的虧損，致無法讓油電價格合理化，回歸正常市場經濟的機制，最後還是得由全民的稅金來彌補。.

壹、油電雙漲之衝突與風險分析

總統府與行政院在中油與台電長期虧損下，於2012年3月16日提出了「油電價調整方案」。

電價部份，經濟部台電認爲如不調整價格，則虧損將更加嚴重。故初步規劃分2波調漲，各類用電平均調幅2成到2成5，其後於2012年6月10日進行第一階段調漲40%電價。於2012年4月11日舉辦「電力及天然氣價格諮詢會」，而4月12日公布電價調漲方案並於公告一個月後，從5月15日零時起實施，民生用電漲幅大約11.5%。台電於2012年精簡人力約350人，並取消員工用電優惠。

油價部分，經濟部宣布油價於2012年4月2日零時起調漲，而無鉛汽油以及柴油每公升都上漲3元以上，其漲幅高達1成。

一、衝突的起因

適逢台灣經濟狀況不佳而調整費用，將使得民眾生活所需的成本增加，故民怨沸騰。

（一）政策倉促缺乏溝通

經濟部針對民生經濟的重大事件，缺乏完整的政策溝通論述，無透明及公民參與的官僚決策模式，即「由上而下」調漲電價，致政策倉促民意毫無置喙之地。

（二）決策決定時機不宜

政府選擇調漲電費的時期爲民眾夏季用電最高的時段，使得民眾經濟負擔增大致引發民怨，因夏季電費與非夏季電費（通常爲10月開始）的電價存在約20%左右的價差，故決策決定時機沒切合民意。

（三）國營事業績效待估

國營事業虧損應檢討評估營運績效不彰的情況，而非採取由全民買單的油電雙漲作爲，則完全罔顧人民經濟利益以官僚權責自居，則內部控管都無法精進的。

（四）政府配套措施欠缺

急就章宣告調漲，但相關經濟情勢的配套措施或實行方案均付厥如，致造成民眾心理預期的通貨膨脹壓力。將漲價掛上改革之名，卻無改革之實，其政治意識型態考量多於經濟系統之發展所需。

二、衝突的管理

（一）台電中油經營改善

經濟部於2012年4月9日籌組成立「台電及中油公司經營改善小組」全面檢討經營效率、採購制度、人事制度及民營化進程等課題，並歷經多次會議於6月29日提出檢討報告，使改革聲浪得以平息油電雙漲所引發的民怨，致確保民衆的公平正義。

（二）台電提升採購績效

台電靈活運用定期契約買方數量彈性選擇權，來提升燃料採購績效，並減少燃煤及材料庫存量，亦將詳實評估後減少或緩辦投資計畫。

（三）中油嚴格人事制度

中油嚴格控管用人費用之人事制度方面及持續督促檢討調降福利金提撥比率、員工優惠福利品並辦理員工專案精簡與人力更新及比照民間具彈性之採購效率。

三、風險的起因

（一）低價油電與再生能源

遠落後於其他工業國家之油電價格，造成民衆對此公共財的濫用及再生性能源研製和使用效率的建置，因爲巨大的成本差距，阻礙民間投入能源科技的意願。

（二）民衆觀感與豐富薪資

台灣社會面對失業率上升的停滯型通膨衝擊，而民衆的薪資收入逾多年未漲，其痛苦指數再向上攀昇時，又面臨國營事業經營績效欠佳，而員工卻享有豐富薪資、獎金及特定優惠福利等，民衆觀感難以筆墨形容其不平衡心態，湧泉於世。

（三）民間汽電與共生能源

民間汽電共生的能源使用效率最高可以達到70%，而台電最先進的火力發電廠，能源使用效率也不過37%，台電卻每年要花錢向民間購電，台電對工業用電近五年來的補貼（2007~2011），就超過2340億元，這才是台電虧損的主要來源（潘翰聲，2012）。

（四）平行機關監督機制

國營會、能源會、中油、台電均爲隸屬經濟部的平行機關，平行機關又如何監督平行機關？另外「油電經營改革小組」的成員多半是其過去的經營者或官員，現改以專家出席，分明是官官相護、換湯不換藥，而「電價調價諮詢小組」亦無法反映社會民意（林佳龍，2012）。

四、風險的管理

（一）合理成本以價制量

爲了因應經濟發展，獎勵投資之需求並合理反應成本，以價制量的措施有其必要，台灣工業用電佔大數，但由於電價的偏低，讓高耗能產業不思節能措施和長期補貼已造成油電虧損，導致全民買單之窘局。

（二）共生能源精進研發

有鑑於火力發電廠的經濟效率不佳及使用成本可觀，故應另起爐灶，轉型新興綠能、減碳的投資產業，有利於長期產業結構調整與能源使用效率，期可達致節約能源至永續發展，如發展風力發電、潮汐發電及太陽能發電等。

五、風險的溝通

（一）民意反彈積極作為

民意強烈反彈，迫使政府對油電雙漲政策及台電中油營運效能，進行調整評估。計有馬總統僅於4月2日在臉書上po文企圖滅火、2012年5月1日馬總統邀集相關部門拍板新的電價合理化方案，並宣布改採三階段調漲電價及住宅、小商家每月用電量在330度以下將不調漲；6月10日起所有的電價依照經濟部之前公布的方案打四折調漲；12月10日再調40％；剩下的20％則要等台電拿出人民能接受的改革成效後，再決定實施日期。

（二）暫緩電價調漲計畫

行政院長陳沖於2012年9月17日考量經濟環境及民生狀況，宣布暫緩第2波電價調漲計畫，並等到2013年10月1日再處理。希望台電能夠利用1年期間，好好建立合理化的電價制度，以及浮動電價機制。

六、倫理的節制

（一）穩定外在約束力量

在油電雙漲環境中，已面臨油電價格市場失靈、政府政策失能與顧客需求失真的窘態。公共事務政策決定權，已非單一方可決定，尚需要一個穩定並經常的外在約束力量來同時連結，以及改善個體與群體人際判斷中的互動關係，並能夠達到共識。

（二）傳播教育辯證約制

在全球能源耗盡時，運用多方當事人溝通平台，以充分客觀之數據並導之於理、說之於情地教育民眾-使用者應付合理價值，達以價控量之公平正義之認知，並能本諸良知道德來辯證，強調個體行爲的動機，並在群體規範中能約制私利、共謀他利之油電雙漲策略，期提高國家競爭力。

貳、小結

一個健全的自由民主社會，公民不能只重視權利而忽視應有的義務，如何使民主社會公民將民主的倫理觀念，內化成個人的世界觀和價值判斷的標準及重建倫理道德秩序，才能解消當前台灣社會，因誤用個人自由所形成的敵意和怨氣，就必須透過公民教育，以深化民主的素養（林火旺，1996）。

公共事務的管理方式，整合運用西方現代社會的體制、承諾與監督概念及東方傳統社會的倫理、道德規範，則無疑才是治理兼具治標與治本之道。

民眾上透過教化施以公共事務教育而培養獨立思考且理性論辨之能力，以期軟實力的提昇。決策上應該正視民意且必須克服與專業之間的落差，是理想政策的多方考量；政府上公共管理者須將議題或政策資訊說明清楚；在政策體制上建立公共論壇溝通平台，而且讓多方當事人可以參與公共決策的討論，匯聚形成共同關切的價值，已成為政府施政的必經程序。

第八章　大陸課題案例分析

在全權主義的統治之下，私人生活受到干預與宰制、公民權利被肆意侵犯、政府替代市場及經濟自由遭到扼殺，公共權力則完全被單一政黨私有和壟斷。所有的這一切，決定了中國改革的故事有其內在歷史脈絡：把私人領域還給個人、把市場領域還給經濟、把自治領域還給社會、把公共權力還給人民（蕭濱，2002）。

大陸課題將以近年來登載於報章雜誌上沸沸揚揚之四個案例，分別為富士康事件、廣東烏崁村事件、紫金礦業污水洩漏事件與紅十字會危機等來酌予論述。

第一節　富士康科技集團危機事件

郭台銘是企業界名人，於1974年在臺灣創立鴻海科技集團，以前瞻性的眼光，自創電子代工服務領域的機光電垂直整合『eCMMS』商業模式並贏得競爭先機。集團從事於高新科技企業如電腦、數位內容、通訊、消費電子、通路等6C產業。於1988年在中國大陸深圳地區建廠以來，創立富士康科技集團，多年來持續提升研發工程技術和服務能力。其子公司和派駐機構延伸發展至世界各地，而形成國際化版圖，在大陸創建了八大主力科技工業園區。其全球佈局策略為「兩地研發、三區設計製造、全球組裝交貨」是最大的電子產業專業製造商。

壹、富士康科技集團危機事件之衝突與風險分析

摘錄自2012／李長軍／王飛／時代經貿，富士康之危機事件頻出現報章媒體。2010年1月23日19歲的員工在華南培訓處的宿舍墜樓死亡；2010年11月5日深圳14起跳樓事件；2011年9月在山東煙臺疑因機具操作不當而發生火災；2012年1月在湖北武漢關閉Xbox360生產線逾百名員工揚言不加薪就集體跳樓，起因爲不滿工作調動和薪金低，以及廠方推翻離職賠償承諾；2012年6月在四川成障縣西南集體公寓宿舍，近千名員工擾亂，起因爲保安前往調查失竊案件；2012年9月在山西太原廠員工40人受傷，因與保安發生衝突導致；2012年10月5日在河南鄭州廠質檢員與工人發生衝突，起因爲iPhone 5品質要求提高而引致罷工。

富士康一連串之事件引起社會各界及全球的關注，坊間不禁要問：富士康員工到底怎麼了？其內部管理出了何問題？

一、衝突的起因

（一）森嚴企業管理理念

富士康的等級制度森嚴，管理者掌握進度期程，利用種種高壓手段以達到目標數完成。運用工廠的監視器，使長期處於一種強化緊張的高強度工作狀態，員工已經變成工作機器。在無以人爲本的企業管理理念與文化工作氛圍下，毫無自尊人道可言，是企業管理的一大失誤。

（二）保安權限侵犯人權

富士康的保安系統擁有詢問及搜查員工等防線管控的權力，因權限拿捏不當，故保安頻頻與員工發生肢體衝撞，孳生員工的怨懟及不滿。

（三）超載員工負荷訂單

富士康營運策略處於產業鏈的頂端，代表國際競爭力的巨頭，中國勞工其

工資成本低廉促使產品的熱銷和驚人的利潤，並吸引滾滾而來的訂單，其超額貨物之達陣須工人賣命而得到的成效。

（四）國家執法尚未落實

中國的政策規定，爲了輔助城鄉經濟發展，故招商引資並給予某種程度之協助，富士康利用《勞動合同法》規定的不完善而長期扣抵員工工資，致數年之間對員工權益的侵占，而國家相關執法者亦未眞正嚴格履行職責。

二、衝突的管理

富士康應對員工自殺事件作爲，衝突的管理策略。

（一）政府介入協調紛擾

在廠方勞資暴動，失掉溝通的誠意與信賴保護的理念，而肇建更深之衝突演繹，因而形成社會不安，民心浮躁，致政府派軍警進駐廠內協調處理。

（二）維特效應道德勸說

深恐社會年輕人受媒體報導跳樓事件之影響而產生「維特效應」（Werther effect，自殺模仿），郭台銘親往了解並致歉，以道德勸說宣導資方立場，破除因死亡保險理賠而換取全家溫飽之傳聞。

（三）友善媒體獎賞舉報

對於媒體的報導，富士康希望其深入了解後再登版面，然後對外公布，極力避免以訛傳訛的謠傳，致損害商譽及社會成本。該公司開放媒體入園區參觀生產車間、宿舍等，並爲了事先預防重於事後的處理而獎賞危急的舉報者。

（四）心理諮詢情緒關懷

富士康主動關懷員工，爲了幫助求助者解除鑽牛角尖，排除不了之心理問題。因此增加心理醫師及諮詢師進駐園區，並以專業知識諮詢的技術與方法，來化解勞工盲點及困惑。

三、風險的起因

（一）目標管理績效考核

富士康實際組織結構是金字塔式的科層制，可分爲三層：中高級管理者、中層幹部、底層員工，嚴格的目標管理績效考核，逼使底層員工以任務目標，作爲績效考核和薪酬計算的標準。

（二）工作環境條件不佳

富士康是全球最大的電子業製造商，對生產線業務以專業分工的方式來分解及細化。每個員工日以繼夜，必須不斷地重複機械式的動作，來造就了高效率及績效，其日積月累的疲憊，侵蝕著每位戮力從事者。工作環境條件不佳，只剩達到目標績效之行屍走肉者，但人文沙漠的造成，已缺少信仰與精神層面的建設。

（三）權利義務申訴管道

富士康追求高利潤而忽略人道關懷及申訴管道，勞工處於岌岌可危與不安定的心情恐怖中，對於權利與義務的受損及管理者和保安權限，若不公平對待時，毫無申訴管道可保障。

四、風險的管理

（一）經濟結構轉型升級

富士康事件驗證了從勞動密集型，轉變爲創新型國家的必然經濟轉型之歷程。而且當前世界經濟正處於結構大調整時期，每一國家都希望通過轉型升級，實現可持續的發展。故應記取教訓累積經驗，才能完成自身的經濟結構轉型和升級。

（二）保護勞方正當權益

政府管理者爲法律授權代表國家對勞動法的遵守情況，實行監察的部門，有義務及責任實際監管及約束資方的管理情況，並令其修改不當策略，以保護勞動者符合人權的正當權益。

五、風險的溝通

（一）經濟轉型廉價勞工

中國大陸成爲世界工廠，有值得誇耀的競爭力是廉價勞動力。普遍化的社會問題存於各處，而富士康事件只是經濟轉型過程中的冰山一角，已稍加改善勞動法，不能只犧牲勞動者的正當權益來滿足資方的要求，希望能與西方國家的差距縮短、勞資對等。

（二）勞動權益保護機制

大陸現行勞動法規定工會是企業的一個附屬部門，但工會應該是工人階級的組織，是勞動者權益和利益的維護者，故改變工會是工廠行政系統一個附庸組織，應超脫資方可掌舵的範圍外，才能有效實現勞動者權益保護機制之集體協商維權。

（三）公共成本社會問題

政府的相關法律規範應制定完善課責，企業應負起社會公民責任，避免強勢企業在經濟改革的積累財富過程中，破壞公共利益而茲生種種危害勞工生命財產安全的社會問題。

（四）經濟發展環保生態

經濟發展與環保生態是可併案處理的，政府亦需要體制規範和良藥苦口督促企業，在經濟發展，衝刺市場績效時，兼顧環境生態的維護、弱勢群體的扶助、社區活化的參與、員工基本權益的保障等，鼓勵企業擔負起必須相對應公共性的社會責任。

六、倫理的節制

（一）社會企業責任

所謂『社會企業責任』依維基百科指出：企業的營運方式達到或超越道德、法律及公眾要求的標準，而進行商業活動時，亦應考慮到對各相關利益者造成的影響。企業社會責任的概念是基於商業運作，必須符合持續發展的想法，企業除了考慮自身的財政和經營狀況外，也要加入其對社會和自然環境所造成的影響考慮，市場要求貿易和社會責任掛鉤，無論從法律還是從社會道德要求上，公司都必須承擔起對等的社會責任。

（二）符合人性管理

富士康應以人性管理的方式，給予員工基本尊重，工作權的保障及向心力的強度，都是高額績效的籌碼。其身、心、靈妥適輔導排解、良好的溝通管道、完善的申訴制度與合理的薪資結構等，都是締造全球最大電子產業科技製造服務業的不二法門。

貳、小結

中國政府在GDP的驅使下，經濟增速已淩駕在勞動者權益之上，逐漸造成了社會各種結構性矛盾及激化，如農業基礎逐漸薄弱、製造產業大而不強、服務產業發展緩慢，品質管理匱乏確實、道德良心低落萎靡等。企業雖以營利爲目的，但社會責任是當今不可迴避且應盡的義務，做好內部管理溝通與照顧關懷員工，並有良好勞資關係才始有成功的企業。

富士康之問題非僅是內部管理，就公共事務管理整合參考架構來探討，其群體現象面的角色及行爲層次，牽涉到中國內部經濟、社會、政治、政府、及政策與管理面，均值深入探究。任何機關或企業均應有居安思危的危機意識，宜建立一套完整的『風險管理與危機處理』作業規範，隨時檢視、檢討、評量分析，同時建立監督與審查機制，以做好風險管理及因應突發危機之處理。

第二節　廣東烏坎事件

2011年9月的烏坎村事件，歷經集會遊行和對峙、反抗及協商、對話、和解的曲折過程，於2012年3月27日廣東汕尾陸豐市烏坎村新一屆村委會正式掛牌成立。儘管中國兩會期間，中共中央政治局委員、廣東省委書記汪洋稱烏坎的民主選舉「沒有任何創新」，但是烏坎事件所顯示趨向民主公決之群體性事件，政府軟硬兼施的處置策略，仍然值得認眞探究和思考。

壹、廣東烏坎事件之衝突與風險分析

摘錄自駱正言／章海燕／陳協平／韓宗生（2012）。烏坎村位於廣東陸豐市東海鎭之漁村，問題的關鍵在於薛昌佔據村支書41年，長期獨裁導致村委會腐敗變質並監守自盜及賣地的措施。村民發現土地越來越少，村級組織租售村內土地而農民未見收益，因而起抗爭。抗議矛頭指向以薛昌爲首的村委員會，抗議的直接目標是否定2011年2月村委會換屆選舉的合法性，稱其違反了《中華人民共和國村民委員會組織法》。

一、衝突的起因

（一）土地利益私吞

村民認爲2009年3200多畝土地被村委會交給地產商，而徵地時政府沒有對

民衆作賠償，懷疑村官私吞巨額土地賠償金。

（二）選舉權利喪失

在普通村民幾乎沒有從事選舉工作及見過選票下，而烏坎村黨支部書記薛昌和村委會主任陳舜意卻能在位41年。

（三）群衆運動失控

2011年9月21日聚集5000人爲質詢徵地事件的眞相，集體上訪陸豐市政府，但因失控釀成村民與警方的暴力衝突。

二、衝突的管理

（一）政府軟硬兼施

2011年9月23日烏坎村民推選出13位代表組成臨時代表理事會，並向政府提出「清土地債、清土地、民選村委班子」三個要求，但沒結果。2011年12月11日臨時代表理事會副會長薛錦波，因被抓後死於獄中，激起民怨並爆發衝突，致軍警封村、斷水、斷電、斷糧等方式。2012年3月政府以380萬元「救助金」安撫薛錦波家人。

（二）廣東省委介入

2011年12月20日廣東省委派副書記朱明國成立工作組進駐陸豐市，並直接處理烏坎村請願事件；21日省委工作組，出面與村民達成和解方案並承認自治的烏坎村臨時理事會是合法組織，同時釋放被捕村民和村代表遺體。

（三）公布徵信民衆

2012年9月11日村裡公布欄張貼烏坎村已收回土地的公示，列出名義下收回的土地並公告周知村民。

三、風險的起因

（一）土地分配不公問題

爲了改革開放，產生土地開發需求大增，但縣鄉財政因分稅制而薄弱，只能透過土地出讓或銀行土地抵押貸款來改善，致產生土地分配不公的問題。

（二）選舉黑箱作業問題

歷年來選罷法的機制並無貫徹，及未依全國和廣東村委會選舉相關辦法來執行。

（三）村官貪污腐敗問題

貪官長期掌權且延伸家族支持勢力龐大，並培養黑社會力量恐嚇村民予取予求，故缺乏監督力量。

四、風險的管理

（一）土地承包制

溫家寶總理多次強調，要完善土地承包制以保障農民的承包權益，群體性事件根源在依據農村土地承保包法等相關規定執行，以落實農民土地保障。

（二）選舉民主制

溫家寶指出村民自治是村民委員會組織法規定的，村委會直選要有公開、公正、透明的程式，沒有程式的民主就沒有實質的民主。故落實依法行政，烏坎的民主選舉是按《村民委員會組織法》和《廣東省村民委員會選舉辦法》產生。

（三）貪污法治制

村官貪污腐敗問題，囿於民衆敢怒不敢言，以致權益受損侵害人本，故應利用層級監督來防治。

（四）政策行銷制

政策的施被擴展於民衆而政府應行銷廣結善緣，以誠意與行動來化解民怨。

五、風險的溝通

（一）良性互動階段

2011年12月20日由中紀委委員、廣東省委副書記朱明國帶隊的工作組進駐陸豐，並與村民會面良性溝通，彼此釋放善意，會陸續釋放被捕青年村民及薛錦波遺體，並承認村民臨時代表理事會的合法身份。隨即村民取消21日的集體上訪和遊行，並自行拆除村口所有路障，自此烏坎事件走向良性溝通互動。

（二）還權於民階段

於2011年12月28至2012年3月4日時間內，廣東省工作組在烏坎村召開群衆通報會，對烏坎村第五屆村委會換屆選舉，作出整體無效認定，召開黨員大會宣佈村黨總支成立，經無記名投票，推選產生11人組成的選舉委員會，同時又選出109名村民代表，再產生村委會主任和副主任各1名，黨總支書記林祖鑾高票當選爲村委會主任。

六、倫理的節制

（一）感性阻礙民主

中國幾千年來家族意識濃厚，因傳統情感的文化意涵已左右到經濟、社會、政治、政府、管理等各層面策略之動向，人治大於法治造就了一個以親情倫理爲支撐的感性社會，但阻礙民主法治社會的進階。因爲村民對選舉及公共事務漠不關心，致薛昌能夠擔任40多年的村支書並肆意賣掉多數土地而自肥。

（二）教育培涵人權

故要透過教育等方式來加強村民的民主法治素養及喚醒公民意識，培訓民眾具有當家作主的權利及能力，以獨立個體理性思維來維護社會的公平正義，才能爲村民辦實事及爲群眾謀利益。而自由的習慣、風俗透過體制、監督則在「大益是爲大、小利不爲小」之相互影響下共生共榮。

貳、小結

《尚書·泰誓中》有言：「天視自我民視，天聽自我民聽。」是人民想什麼，執政者就應該做什麼。現代社會中，小到一個村落而大到一個國家，民主最集中的表現就是選舉、罷免、參政、議政，但由誰來治理？如何治理？都應由村民自決。

人治的社會中，已無法滿足多元化的經濟發展、社會轉型、政治詭譎等複雜化的問題，面對新形勢需要對民眾弘揚法治精神及強化體制觀念，形成尊重法律權威和依法解決糾紛的社會風氣，而只有建立一個健全法治的制度，才能給予人民應有的保障。

廣州烏坎事件的解決，讓我們看到村民自治意識的覺醒及自主權利的維護。如何建立一個完善的民主法治體系？管理部門以民主管理方式，才能實現決策和理想，而村民妥善行使自己的監督權，才能有效督促村委會爲村民辦實事，並減少腐敗問題之發生。

第三節　紫金礦業的污水洩漏事件

位於福建省上杭縣的紫金礦業，是中國最大黃金和第二大銅生產企業。工廠監測人員於2010年7月3日，發現污水池的水位異常下降且有廢水流入閩西的汀江，造成流域局部污染及魚類死亡之嫌，並至7月12日以天災之持續強降雨的原因，發佈此環境污染重大事故。然而上杭縣政府於7月15日，以人禍原因發佈此新聞係由於企業污水池防滲膜破裂，導致污水大量滲漏後溢流至汀江，而引發的重大突發環境事件。

壹、紫金礦業污水洩漏事件之衝突與風險分析

摘錄自孫曉偉／王京歌（2011），紫金礦業是一家以黃金及其它有色金屬礦產資源勘查和開發爲主的大型礦業集團。2008年2月因存在不良環境記錄，而成爲首批「綠色證券」政策中10家未能通過或暫緩通過的企業之一。因此險些未能登陸A股市場，其爲了減少環保成本而造成全國性污染事件，其傷害是淵源流長。

一、衝突的起因

（一）跨界河段污染超標

2010年7月18日，廣東省環保廳向福建省環保廳發出特急函件，指出近日來，福建省棉花灘水庫出水與廣東省大埔青溪電站水體混合後，銅含量明顯增加，已超出漁業水質標準，對兩省跨界河段產生明顯影響，導致境內河段漁業養殖面臨較大風險。

（二）飲用水源慢性中毒

飲用水源遭受了銅的污染民衆若長期飲用，在人體內很難代謝而具有累積效應會造成慢性中毒，故都在市面上買水喝。

二、衝突的管理

（一）政府介入以正視聽

根據福建省環保廳發佈的《污染事件汀江水質監測結果》，此次事故滲漏廢水主要爲酸性廢水（主要含銅、硫酸根離子），沒有劇毒物質。

（二）嚴飭整頓環保問題

2010年5月底，在國家環保部公佈的《通報批評公司及其未按期完成整改的環保問題》通報的11家上市公司中，紫金礦業旗下多達7家企業未能按期完成整改環保問題。

三、風險的起因

（一）經濟起飛生態浩劫

中國爲了經濟迅速起飛，以工業化進程來改革開放及全球能見度，但所造成環境問題頻傳。根據中國環境公報的統計，從1998-2008年共發生污染事故15688次而平均每年發生1426多起，如2005年松花江污染事件及廣東北江鎘污染事件；2006年岳陽砷中毒事件、甘肅徽縣血鉛超標事件和湘江鎘污染事件；2007年太湖藍藻事件；2009年湖南武岡、陝西鳳翔兒童血鉛超標事件及紫金礦業污水池滲漏致福建汀江污染事故等。

（二）污染事件蠶食健康

國家環保部表示，中國正進入環境污染事故的多發期，污染事故給人們的健康及生態環境與社會安全，帶來了嚴重的傷害。

四、風險的管理

爲了避免環境風險的加劇，在管理上另有規劃。

（一）環境績效問責官員

在地方政府官員年度政績考核上，增加環境績效的評分權重，在環境保護上實行問責制且列入治理結構升遷的安排期，發揮各界團體的監督作用。

（二）管理機構垂直監測

可以設立直屬中央之環境保護管理機構，實行垂直監測，以減少地方政府針對環保業務稽核之包袱。

（三）環境規則資訊公開

訂定法規的強制性並能具體有效可操作之環境保護規則，同時淺顯易懂的宣導環境資訊，問責於企業以積極態度處理廢料並顧及社會道德及揚顯環境污染資訊。

（四）企業源頭社會責任

加強政府與企業在環境管理之社會責任，並有效的督促企業從源頭上治理污染。

五、風險的溝通

（一）公共服務經濟績效

由於中國獨特的行政分權和財政分權的制度設計，重大改革有行政性分權和財政包乾制，以及中央政府實施的領導幹部選拔和晉升標準。地方政府政策目標重經濟績效、輕公共服務，故應改變以環境管制決定官員的官運之狀態。

（二）環評配套嚴格實施

企業的環評配套重視環境保護措施，有助於面對衝突之溝通，以衡估在推動經濟發展的過程為優先考量，並完成生態之永續經營。

六、倫理的節制

恩格斯《自然辯證法》，我們不要過分陶醉於人類對自然界的勝利，因爲都會獲得報復；恩格斯深刻地揭示了在資本主義初期人類生產忽視對環境的保護，而造成對環境的影響和破壞，隨後環境對人類進行了無情的制約和報復（劉勝良，2010）。

政府與企業在經濟績效與環境博弈下形成利益共同體而出現資本挾持環境的現象，而構建生態倫理的建設，已經達致和諧社會的要件，但經濟發展中，金山銀山絕對不如環境生態中綠水青山的永恆。

貳、小結

民衆是浩劫中爲最重要的利害當事人。其對環境保護權利意識模糊，參與熱情不夠與漠不關心等，致事態更形擴大。鼓勵公衆參與環境保護的工作，需構建鍥而不捨之環保團體、培訓環保小尖兵與實施環保生態概念之養成。

政府的科技開發政策、融資政策、稅收政策、產業政策、技術政策、行業標準、知識產權政策等，都會對企業的技術創新和知識產權管理造成直接影響，企業在制定知識產權戰略時，必須予以考慮。同時，企業也要充分利用政府的相關政策，來促進企業的技術創新和知識產權管理，如申請政府對技術創新的資助、請有關部門提供有關技術和市場訊息（宋偉）。

政府職責更形重要，健全的環保法規體系、查緝與罰鍰、要求透明化的環境資訊、建設環境保護便民制度與加重環保概念之教育宣導。企業不要盲目追求金錢利益，應重視環境和諧的體現，並推動製造業節能減碳技術輔導與社會道德的安在。尋求資源之延伸及能量的蓄積並培養健康，可持續社會生態，才能使經濟發展與節能減碳並駕齊驅。

第四節　郭美美引發紅十字會危機事件

中國紅十字會郭美美事件捲起千層雪的漣漪討論，合理懷疑善心人士的捐款在其仁義道德與良知之拉扯下發生偏頗。關於慈善組織的負面消息，輿論口舌之壓力，推毀了真實的謊言。且因此牽一髮而動全身，造成中國慈善機構公信力的崩坍，致捐款者自主能力應運而生。

壹、郭美美引發紅十字會危機之衝突與風險分析

摘錄中國紅十字會-維基百科，中國紅十字會是中華人民共和國的國家紅十字會，成立於1904年3月10日，由國務院領導與聯繫其下屬各地區及行業分會，從事人道主義的社會救助團體。其職責有備災救災、衛生救護、衛生關懷及人道救助、紅十字宣傳和籌資、紅十字青少年、國際合作、台港澳事務等，其資金來源係由組織和個人的捐款。

中國紅十字會歷年來所發生種種危機事件，如盧灣區紅會高額餐飲費及大肚女孩捐款延遲等等，但以2011年6月20日20歲少女郭美美於新浪微博炫耀住大別墅及開名車的豪奢生活。因其不合邏輯之處甚多，如年齡、學經歷、財富身份等，引起網友的關注而激起巨大且深遠蝴蝶效應之波譎雲詭，隨後全民以具體行動展現出道德瑕疵的不信任感，致全國慈善組織接受捐款的數額降低。

一、衝突的起因

(一) 財富炫耀不符實際

郭美美事件觸發了公眾長期以來對慈善組織積累的質疑，任職於接受慈善捐款單位且財富豪奢與年級等第差之千里不符實際經歷給予民眾無所適從之想像空間而呈現出公眾降低對慈善組織信任程度。

（二）慈善組織信任危機

因郭美美事件民衆的捐款都引起愼思反差行爲而公信力的流失產生全民信任危機致各地紅十字會相繼遭遇捐款數額進帳銳減的窘境，波及影響至全國其他慈善事業如中國紅十字會、商業系統紅十字會、中華少年兒童慈善救助基金會等機構。

二、衝突的管理

（一）承諾公開資訊透明

小康雜誌發佈《2011中國人信用大調查》，超六成（65.7%）受訪者認爲近十年來中國社會誠信度整體下滑，近九成受訪者因郭美美事件降低了對中國慈善組織的信任度（段若蘭，2011）。面對公衆的撻伐，中國紅十字會撇清與郭美美的關係並承諾公開資訊透明，徵信於捐款者等措施。

（二）社會捐款統計數據

自郭美美事件發生後，從民政部及捐助信息中心統計數據顯示，因民衆對於款項使用產生價值認知衝突，公衆通過慈善組織進行的捐贈及全國社會捐款都大幅降低。

三、風險的起因

（一）政策官僚氣息濃厚

中國的政府部門仍存在著高壓強權冷視公衆合法權利的態度，認爲以官制民是解決抗議及阻礙時最佳良方，尙缺尊重民意及互動對話之對等觀念，致嚴重影響以民爲本之民主社會精髓。

（二）資訊不夠透明準確

資訊是與民衆互動交流，表達善意專業之最佳管道，除了應具體客觀外，更須重視準確性、及時性、易得性與完整性，避免採取愚民政策，以帳外帳方式來漠視民衆知的權力與能力。

（三）慈善事業洗錢工具

慈善事業的成立是否一本初衷，延續關懷仁愛之經營理念。但多數民衆認爲慈善是幌子，其人脈和洗錢才是眞正的目的，已形成僞善的工具。此印象深植人心之感覺，亦觸動雙向互利之動見觀瞻。

四、風險的管理

（一）直接捐贈方式

爲防止第三部門的膨脹及挪用捐款，慈善組織建立捐助人與求助人、點對點的平台，由捐贈財物的管理機構變成諮詢機構，形成直接捐贈方式，強化人際間的良性互動，此爲中國慈善事業未來的新方向。

（二）完善治理結構

完善治理結構的建制，在慈善組織部份，須具透明準確和高度管理效率及有嚴格內部管控機制。另外透過政府的法規監督、第三部門的評鑑、媒體的監督及公衆評論，來重拾民衆對慈善界的觀賞。

五、風險的溝通

（一）網路資訊傳遞快速

長期以來，民衆對官辦慈善機構的懷疑，透過微博網路的搜索資訊、評判言語及串聯行動等，發揮了極大的作用。而官方的即時應對、溝通對招及改革要項，亦透過網路將資訊快速傳遞而促使雙方對接交流，亦是一種另類的溝通方式。

（二）資訊落差同理對待

衝突事件的愈演愈烈，是因爲政府與民眾產生了資訊落差，而彼此的對立心態，致無法以同理心來對待；再來，民眾搜尋公部門潛藏或公開的事件，以消極偏激的眼光來擴大解讀；而政府的政策管理亦無法漠視與民眾溝通的重要區塊，故應樹立承諾誠信及監督體制以正民心。

六、倫理的節制

（一）政府職能輔導規範

社會團體的業務主管單位是政府部門，故其收支保管及人事財務都應探討其職掌規範及彈性運用等。慈善組織政策之產出，雖不以盈利爲目的，但最基本要符合社會公平正義。故政府職能居於不可或缺之地位，須善加督導規範以提振其公信力。

（二）透過對話決策參與

Denhardt and Denhardt （2000）於《公共行政評論》（Public Administration Review）發表一篇〈新公共服務：服務而非掌舵〉（The New Public Service：Serving Rather than Steering），文中指出公民、社群與市民社會的理論學者、組織的人類學者，以及後現代的公共行政學者已經協助建立一個趨勢進而到新公共服務。基此，公共事務管理教育的規劃與發展，勢必需與新公共管理的潮流相結合，其中自需包含官僚的預見性、策略性、組織再造、企業型政府、結果取向、全面品質管制、顧客取向等之發展等議題，市場企業的最大目標是獲利，但站在政府公共管理的立場，很多的政策、公共財、公共服務所創造的公共價值是無形及無限大的，故應再加上「新公共服務」理念，公民之間透過對話、決策參與、觀點分享、功能分工、導引菁英及認知動員等互動（汪明生，2013）。

貳、小結

所謂政府公信力，是指政府在執行公權力普遍服務而履行其職責的過程，受到社會公衆對其一切行爲反映出來的綜合及客觀評價行爲。

民衆與管理者應共同擬訂政治性協議，確實反映公共渴望或公共利益，在政治性協議中盡量納入道德主張，避免個人利益凌駕團體利益、不理性的社會後遺症、危機處理能力不足等，種種弊病都必須仰賴民衆與民意代表以及管理者的政治智慧及道德良心（汪明生等譯，2011b &汪明生，2013a）。

而教育的普及和經濟的起飛及社會的多元，政府所面臨的挑戰日新月異，而如何達到避免慈善事業的沽名釣譽、折煞捐款民衆的良善美意及對貧困者的急時行暖，讓社會資源的分配符合公平正義，因而形成眞善美的社會秩序，都是政府與慈善團體，必須戮力克服的課題。

參考文獻

一、中文

ETtoday新聞雲（2013年08月24日）。提不出天然酵母證明！胖達人廣告不實重罰18萬／ETtoday生活新聞／生活中心／綜合報導，於2014年2月28日取自http://www.ettoday.net/news/20130824/261105.htm。

MBA智庫百科。仲裁。2014年7月15日取自http://wiki.mbalib.com/zh-tw/。此最後修訂2012年5月30日。

MBA智庫百科。衝突管理理論。（©2006-2012 MBA Library, All rights reserved.）2012年7月15日取自wiki.mbalib.com/zh-tw/。最後2012年04月12日。

人間福報（2011年4月30日）。《社論》品格教育系列節制篇——節制是人生最大的美德（十六之五），焦點A2，2013年10月2日取自http://www.merit-times.com.tw/NewsPage.aspx?unid=224816。

丁煌（2004年6月）。利益分析：研究政策執行問題的基本方法論原則，廣東行政學院學報第16卷第3期。湖北武漢大學政治與公共管理學院，2014年4月14日取自http://202.114.108.237/Download/20101020112508_532934317127.pdf。

大埔事件一維基百科，自由的百科全書。2014年2月28日取自http://zh.wikipedia.org/wiki/%E5%A4%A7%E5%9F%94%E4%BA%8B%E4%BB%B6。最後修訂於2014年2月21日。

于樹偉（2007年11月20日）。ISO 31000風險管理架構及要點，行政院研究發展考核委員會96年整合性風險管理專業研習班教材。

孔德，1830-1842《實證主義哲學》（the positive philosophy），轉引自《the theories of society，foundations of modern sociological theory》，the free press of glencoe, inc，1961，1339頁，1340頁，1335頁。

互動百科一倫理。於2013年9月1日取自http://www.baike.com/wiki/%E4%BC%A6%E7%90%86。

王臣瑞（1980年）。《倫理學》，臺北：臺灣學生書局。

王家範（2006）。柳詒徵與《國史要義》（下），出版社：未知和訊讀書，刊於《史林》2006年第6期，於2013年8月10日取自http://data.book.hexun.com.tw/chapter-112-2-19.shtml。

王京歌（2011）。試論我國環境資訊公開制度的實施—紫金礦業污水池洩露事件思考《遼寧行政學院學報》，（第13卷第8期）。

王飛（2012年5月）。淺議後經濟危機時代企業的社會責任《法制與經濟》（總第311期）。

王光慈（2012年6月4日）。美牛表決關鍵時刻美促TIFA復談，聯合報／A1版／要聞。

王思涵（2013年8月19日）。大埔案抗爭持續延燒兩萬民眾上凱道佔領內政部促修土徵法。遠見雜誌，於2014年2月28日取自http://www.gvm.com.tw/webonly_content_929.html。

王福祥。三綱五常：兼論中國古人的倫理依據和精神依靠，於2013年9月1日取自http://ouyangxisheng.diandian.com/post/2011-01-03/10284430。

中國國民黨（2006年09月06日）。新聞稿：治貪用重典防腐化立修法－國民黨當前首要的努力目標。http://www.kmt.org.tw/page.aspx?id=32&aid=1364。

中央廣播電台（2013年6月29日）。苗栗大埔徵收劉政鴻：我扛責，引據：中央社，於2014年2月28日取自http://news.rti.org.tw/index_newsContent.aspx?nid=433455。

中央統戰部網站。宗教與道德是什麼關係？中國共產黨新聞，於2013年8月10取自http://cpc.people.com.cn/GB/64107/65708/66067/66080/4468802.html。

中國紅十字會—維基百科，自由的百科全書，於2013年8月10日取自http://zh.wikipedia.org/wiki/%E4%B8%AD%E5%9B%BD%E7%BA%A2%E5%8D%81%E5%AD%97%E4%BC%9A，最後修訂於2013年5月11日。

中國時報（2012年10月13日）。《社論》提升企業倫理有助於國家競爭力，A26／時論廣場。

民意論壇（2010年4月20日）。地政及不動產學界建言土地徵收公共利益誰衡量，2010年04月20日聯合報/A17版／民意論壇。

世界衛生組織—維基百科，自由的百科全書http://zh.wikipedia.org/wiki/。最後修訂於2014年2月24日。

立法院（2006年6月27日）。立法院第6屆第3會期第1次臨時會第3次會議記錄。

古步鋼、曾慶昌、簡徐芬（2012年1月5日）。澳洲政府績效管理及風險管理考察報告。

古重仁。從後現代主義談九年一貫之藝術與人文，於2014年1月18日取自http://

www.aerc.nhcue.edu.tw/journal/iournal1/page3-12/index-2.htm。
生民（2003年05月09日）。約之以法更應導之以德，新華網，稿件來源：南方都市報，於2014年03月18日取自http://big5.xinhuanet.com/gate/big5/news.xinhuanet.com/comments/2003-05/09/content_863539.htm。
行政院（2012年2月22日）。強化政府內部控制設計篇，行政院內部控制推動及督導小組幕僚單位，強化政府內部控制教材範例，2012年9月25日取自http://www.dgbas.gov.tw/public/Attachment/22239194271.ppt#1396,1，投影片1。
行政院國家科學委員會（2013年7月24日）。國科會澄清稿，於2014年2月28日取自http://web1.nsc.gov.tw/ct.aspx?xItem=17103&ctNode=1637&mp=1。
行政院主計處（2010年5月）。中華民國職業標準分類（第6次修訂）。
行政院主計總處（2012）。內部控制制度設計原則，中華民國101年6月7日行政院院授主綜規字第1010600246號函修正。
行政院研究發展考核委員會（2007）。談ISO 31000風險管理標準之發展（上）（下）。來源：Committee Draft of ISO 31000。
行政院研究發展考核委員會（2009）。風險管理及危機處理作業手冊，於2012年9月25日取自http://sec.nuk.edu.tw/updown/news/931916152171.pdf。
光明佛經網。倫理生活化第四卷（2012年07月07日）。於2013年9月28日取自http://www.jingshu.org/article-13052-1.html。
朱愛群（1993）。行政倫理的省思，警學叢刊第24卷，第1期，頁53。
百度百科─倫理，於2013年9月1日取自http://baike.baidu.com/view/266635.htm。
老子（書）─維基百科，自由的百科全書，於2013年8月10日取自，http://zh.wikipedia.org/wiki/%E8%80%81%E5%AD%90_（%E6%9B%B8）。最後修訂於2013年6月27日。
汪明生、朱斌妤等著（1999）。衝突管理。臺北：五南圖書出版股份有限公司。
汪明生等譯（2008）。Ronald Ingelhart et al. (1990), Culture Shift in Advanced Inductrial Society, Princeton University Press, Princeton. New Jersey. 譯名：先進工業社會的文化移轉，未出版。
汪明生（2010）。公共事務研究方法第二版。臺北：五南圖書出版股份有限公司。
汪明生、胡象明（2010）。公共管理實用分析方法，北京：中國人民大學出版社。
汪明生（2011）。互動管理與公民治理。臺北：智勝文化事業有限公司。
汪明生等譯（2011a）。Mark H. Moore（1995）著Creating Public Value-Strategic

Management in Government。譯名：創造公共價值－政府的策略管理，未出版。

汪明生等譯（2011b）。Frederickson, H. George (2005). Public Administration with an Attitude。譯名：公共事務的態度，未出版。

汪明生（2013a）。公共價值與跨域治理。臺北：智勝文化事業有限公司。

汪明生（2013b）。判斷決策與公共事務。臺北：智勝文化事業有限公司。

汪睿祥（1996）。傳統中國人用「計」的應事理法，台灣大學社會學研究所博士論文131。

李匡郎、李賢中、李志成（2001）。哲學概論，國立空中大學，ISBN957-661-465-1。

李青芬、李雅婷、趙慕芬（編譯）（2002）。Stephen P. Robbins著。組織行為學（第13版）（Organizational Behavior）。臺北市：華泰文化，422。

李淑聰（2008）。PAM之跨域分析－兩岸直航對澎湖政府面的影響。國立中山大學公共事務管理研究所碩士論文。

李長軍（2012）。從富士康「血汗工廠」事件看我國勞工權益保護機制的缺陷《金融經濟》。

吳綱立（1998）。規劃思潮與公共利益概念的演變—建構一個新的規劃與典範來尋找公共利益，人與地179／180期，臺北：新學林圖書出版股份有限公司。

吳振宇（2009）。PAM之跨域分析－澎湖與大陸「海西區」區域合作下民眾需求與政府政策整合之研究。國立中山大學公共事務管理研究所碩士論文。

吳為恭、歐素美、陳彥廷、林嘉琪（2013年11月1日）。罰大統18.5億賠償用，自由電子報／頭版新聞，於2014年3月3日取自http://www.libertytimes.com.tw/2013/new/nov/1/today-t1.htm。

吳思宜（2008）。臺灣紅衫軍運動之政經分析，臺灣大學政治學研究所學位碩士論文。

吳永猛（2004年06月01日）。企業倫理，出版社：空大。

吳秉恩（1994）。企業倫理教育的本質、內涵與實踐。第六屆全國管理教育研討會，桃園縣。

吳惠林（2012年10月17日）。《學者觀點》又見「機制設計」者得諾貝爾獎，工商時報，A6／政經八百，中華經濟研究院研究員。

吳百祿（1996）。衝突管理。載於蔡培村（主編），學校經營與管理（頁313-

343）。高雄市：麗文文化。

余坤東、徐木蘭（1993）。「企業倫理研究文獻之分類及回顧」，中國社會學刊，17：233-253。

余遜達、陳旭東譯（2000）。Elinor Ostrom原著，「公共事務的治理之道—集體行動制度之演進」（Governing the Commons: The evolution of Institutions for Collective Action），上海：三聯出版社。

何星亮（2011年09月26日）。孫中山的「互助」思想與當代社會，2014年2月16日取自http://big5.qstheory.cn/wz/xues/201109/t20110926_112742.htm。

何子銘（2008）。以健康信念模式探討風險知覺影響婦女執行乳房攝影篩檢之行為研究，銘傳大學風險管理與保險學系碩士在職專班碩士論文。

宋明哲（2008）。現代風險管理，臺北：五南圖書出版股份有限公司。

宋偉。中美中小企業知識產權管理比較，出版社：中國科學技術大學出版社，2014年4月14取自http://www.mcsteel.cn/renwensheke/minfa/OS5IOE3.html。

高義展（1998）。國民小學學校教師會組織功能影響型態與學校效能關係之研究。國立高雄師範大學教育研究所碩士論文。

高力克。五四倫理革命與儒家德性傳統2013年9月28日取自http://www.aisixiang.com/data/18297.html。

周世珍（2001）。公務人員保障制度之理論與實際。國立臺北大學法學學系博士學位論文，未出版，臺北。

周學信（2003）。後現代主義與台灣社會，魏玉琴譯，於2014年1月18日取自http://life.fhl.net/Culture/postm.htm。

周慧菁（2003/11/15）。品格－新世紀的第一堂課。天下雜誌2003年教育特刊287期—品格決勝負—未來人才的秘密。臺北市：天下雜誌。

周國華（2008）。企業資訊系統風險與控制～電腦舞弊、COSO、COBIT及PKI架構探討～會計資訊系統課程講義。

林火旺（1996）。當前政治倫理的重建—失序與調適。「哲學雜誌」，18，30-57。

林建甫、周信佑（2012）。物價問題在炒作及預期心理。「國政評論」財金（評）101-127號。

林佳龍（2012）。油電漲10%以上，預算就刪10%以上。2012年4月10日公聽會資料。2012年10月12日取自http://www.ly.gov.tw/03_leg/0301_main/public/pub-

licView.action?id=5692&lgno=00028&stage=8&atcid=5692
林瑞嘉（2000）。服務業行銷人員企業倫理觀與工作滿足之相關研究一以多層次傳銷業與人壽保險業爲例〉，靜宜大學企業管理研究所碩士論文，未出版。
林倖妃、謝明玲、鄧凱元（2013年10月30）。混油詐欺 食管五洞現形記，天下雜誌第534期／財經時事。http://www.cw.com.tw/article/article.action?id=5053330&page=1。
帕森斯（T. Parsons）（1966）。《社會：進化觀與比較觀》。
政治中心（2006年10月22日）。倒扁／最新策略：施明德入校園、推反貪腐法、罷免綠委，於2014年1月18日取自http://legacy.nownews.com/2006/10/22/301-2006324.htm。
范正祥、李信宏、彭健禮、謝文華（2010年7月23日）。政院拍板／大埔劃地還農農民堅持原地，自由電子報，於2014年2月28日取自http://www.libertytimes.com.tw/2010/new/jul/23/today-t1.htm。
侯秀琴（2009）。譯中國大趨勢一八大支柱撐起經濟強權（CHINA, S Megatrends: The 8 Pillars of a New Society），約翰奈思比（John Naisbitt）、桃樂絲奈思比（Doris Naisbitt.）著，臺北：天下遠見，2009。
孫柏瑛等譯（2005年10月1日）（Richard C.Box）1998年著，公民治理：引領21世紀的美國社區，出版社：中國人民大學出版社。
孫曉偉（2011）。從污染事故頻發透視地方政府環境規制行爲一基於公共選擇理論視角的分析，《長白學刊》第4期（總第160期）。
孫理波。道德、法律和宗教：三種正義觀之比較，於2013年8月10取自http://bahai-academic.hk/file.php?file=sunlibo_daode_falv_zongjiao。
宗教一維基百科，自由的百科全書。2013年10月8日取自http://zh.wikipedia.org/wiki/%E5%AE%97%E6%95%99。最後修訂於2013年9月16日。
許士軍（1991）。企業倫理與企業發展一兼論引進外籍勞工之倫理觀點。當前產業發展面臨的人力問題及因應之道研討會，台南市，南台工專。
新浪讀書（2013）。商人重利輕別離：走西口的人婚姻難幸福，2013年11月12日取自新浪網http://books.sina.com/bg/funny/lifestyle/20130606/193444993.html。
風險管理一維基百科，自由的百科全書。2012年7月20日取自http://zh.wikipedia.org/wiki/%E9%A2%A8%E9%9A%AA。最後修訂於2012年5月7日。
彭金玉、趙家民（2009）。企業風險管理的指引一ISO 31000（風險管理系統），環境與管理研究第十卷第一期（2009）P19-P31。
時代經貿（2012年10月）。富士康衝突的背後折射中國經濟轉型之痛（上旬刊）（總第255期）。
社會規範—維基百科，自由的百科全書。2013年10月8日取自http://zh.wikipedia.org/wiki/%E7%A4%BE%E6%9C%83%E8%A6%8F%E7%AF%84。最後修訂於2013年3月30日。
段若蘭（2011年08月03日）。2011中國人信用大調查：農民和農民工最講誠信，於2013年8月10日取自天津網http://www.chinadaily.com.cn/dfpd/2011-08/03/content_13043269.htm。
教育部（2012年10月08日）。101年度品德教育特色學校觀摩及表揚大會，2012年12月16日取自http://www.edu.tw/news.aspx?news_sn=5764。
教育基本法（2011）。全國法規資料庫，2012年12月16日取自http://law.moj.gov.tw/LawClass/LawAll.aspx?PCode=H0020045。
陳德禹（1992）。從當前環境談勞雇倫理，勞工行政，47：27-31
陳威良（2007）。反貪腐倒扁運動議題倡議之研究，國立臺灣師範大學大眾傳播研究所碩士論文。
陳家怜（2008）。衝突型態與專案經理來源對專案績效之影響—某金控資訊部之實地個案研究，銘傳大學資訊管理學系碩士在職專班碩士論文。
陳清秀（2009）。廉能政府與公務倫理之探討文官制度季刊第一期，民98年1月，頁115-137。
陳坤發（2001）。公務人員行政倫理認知研究—地方行政菁英調查分析，東海大學公共事務碩士在職專班碩士論文。
陳碧珍（2006）。群體共識判斷中社會影響網絡之研究—資訊整合理論之應用，高雄市：國立中山大學企業管理研究所博士論文。
陳筱芳（2012年06月15日）。孝德起源及其與宗法、政治的關係，新華網2013年10月7日http://big5.xinhuanet.com/gate/big5/www.gs.xinhuanet.com/wcqy/2012-06/15/c_112223448.htm。
陳協平（2012）。我國法治建設進程中的問題及其出路—由烏坎村事件引發的思考《山西農業大學學報（社會科學版）》（第11卷第11期）。
陳韻琳。後現代的提問，於2014年1月18日取自http://life.fhl.net/gospel_psycho/book3/cri202.htm。

曹定人（1993）。環境管理與溝通，環境決策與管理（一），頁622-636。高雄：復文書局。

曹景行，陸延等譯（1986）。Gerard I. Nierenberg (1979), The Art of Negotiation，上海翻譯出版公司，譯名：談判的藝術。

麥克維爾《社會》（1961）。轉引自《the theories of society, foundations of modern sociological theory》，the free press of glencoe, inc，1368頁，1369頁。

馮銘偉（2008）。專案工程風險資料庫管理系統之研發，國立台灣科技大學營建工程研究所碩士學位元論文。

張金鑑（1957）。行政學典範，中國書局，頁294。

張德銳（1995）。淺談學校衝突管理。教師天地，第64期。

張漢宜（2010年03月）。開會不拖拉！該帶進去會議室的4原則，天下雜誌443期。

張寧（2004）。社會判斷理論之集體決策程式對互動管理成果之驗證—兼論政策分析中集體決策方法之比較。高雄市：國立中山大學公共事務管理研究所博士論文。

張信一（2011年4月13日）。內部審核與內部控制簡報。

張振鶴、丁原英輯（1982）。《清末民變年表》，《近代史資料》第3～4期。

張曉群（2004年5月16日）。對傳統社會和現代社會的四種分析角度，2013年12月9日取自http://www.aisixiang.com/data/2940.html。

馬立誠、淩志軍（1998）。交鋒—當代中國三次思想解放實錄，臺北：天下文化。

品德教育資源網（2009）。教育部品德教育促進方案，98年12月4日台訓（一）字第0980210327A號函修訂，2012年12月16日取自http://ce.naer.edu.tw/policy.php。

結社自由—維基百科，自由的百科全書，2013年11月16日取自http://zh.wikipedia.org/wiki/%E7%B5%90%E7%A4%BE%E8%87%AA%E7%94%B1。最後修訂於2013年3月26日。

葉俞亨。面對《中國大趨勢》：『親共』還是『踹共』的新思維，考試院國家文官培訓所，2013年1月10取自http://www.nacs.gov.tw/05_lifelong/award/100/10015.pdf。

葉匡時、周德光（1995）。企業倫理之形成與維持：回顧探究，台大管理論叢，第6卷第1期。頁1-24。

黃丙喜、馮志能、林立仁（2011年04月15日）。快樂職場EASY學，出版社：商周出版語言：繁體中文 ISBN：9789861206660。
黃國良（1994）。仲介策略與地方建設環境紛爭處理之研究—認知衝突與利益衝突的角度。高雄市：國立中山大學企業管理研究所博士論文。
章汝奭（譯）（1988）。馬什，P. D. V. Marsh著。合同談判手冊（Contract Negotiation Handbook）。上海翻譯出版公司。（原著出版於1971）。
章海燕（2012）。完善村民自治問題研究—以廣東烏坎事件爲例，《山西農業大學學報（社會科學版）》（第11卷第9期）。
道德—維基百科，自由的百科全書—，於2013年8月10日取自。http://zh.wikipedia.org/wiki/%E9%81%93%E5%BE%B7。最後修訂於2013年6月27日。
隋杜卿（2007年4月11日）。蔣經國總統與解嚴。憲政（評）096-048號，財團法人國家政策研究基金會，國政研究報告，2013年12月24日取自http://www.npf.org.tw/printfriendly/1927。
聶建中（2012）。「油電雙漲」、爲國或爲民。「國政評論」財金（評）101-078號。
駱正言（2012年10月）。從烏坎事件看村民自決權的保護《經濟與法制》。
韓宗生（2012）。群體性事件與農民組織化問題研究：以烏坎事件爲例，《山東省農業管理幹部學院學報》（第29卷第4期）。
楊湧泉（2005）。中國十大商幫探秘，企業管理出版社。
蔡子遊（2001年08月09日）。後現代社會的形成，於2014年1月18日取自http://home.educities.edu.tw/tsuiyh/go/post01011.html。
簡慧貞與阮國棟（1993）。風險溝通在環境管理上的應用，環境決策與管理（一），頁603-621。高雄：復文書局。
簡廷伊（2007）。直銷事業人員行銷倫理與組織承諾觀點之研究，高雄師範大學成人教育研究所，未出版。
蘋果日報（2013年08月20日）。焦點評論：大埔撼政權官員還在推（范蕫貞孅、陳明燦、賴宗裕、顏愛靜）內政部土徵審議小組4位委員的公開信，2014年3月1日取自http://www.appledaily.com.tw/appledaily/article/forum/20130820/35234172/。
國民教育法（2011）。全國法規資料庫，2012年12月16日取自http://law.moj.gov.tw/LawClass/LawContent.aspx?PCODE=H0070001。
渠東（譯）（2000）。Émile Durkheim塗爾幹著，社會分工論（De la division du

travail social），北京：三聯書店（原著1893）。
繆全吉、彭錦鵬、顧慕晴、蔡良文（1990）。人事行政（修正再版）。臺北：國立空中大學。
鄭弘嶽（2003）。組織內衝突與衝突管理研究之回顧與前瞻，應用心理研究，第20期，2003冬，53-82頁。
賴昭穎（2012年03月29日）。資本利得課稅列稅改最優先，劉憶如也投了1票財政健全小組16委員票選改革榜首財部將留意放空，聯合報／A1版／要聞。
劉勝良（2010）。馬克思恩格斯的生態倫理思想探析，安徽農業科學，2010，38（22）：12227-12229。
劉煥雲（2009）。儒家倫理思想與現代社會和諧之實踐—國際儒學大會第五屆儒學國際學術研討會論文，2012年12月15日取自http://international.confuciusglobal.com/index.php?
劉興鑑（2012年3月5日）。萬能科技大學通識教育中心，職場達人學習手冊。
劉麗雲（2011）。食品衛生與安全，秀威出版。1 January 2011，ISBN 978-986-221-614-9。
劉陳昭玲（2008）。PAM 之跨域分析—兩岸直航對澎湖社會面的影響。國立中山大學公共事務管理研究所碩士論文。
劉河（2013）。毛主席論如何鞏固發展中國社會主義，來源：新浪博客，2014年1月11日取自http://redchinacn.net/portal.php?mod=view&aid=14312。
隨意窩Xuite日誌（2006年06月06日）。後現代理論學派的教育社會學思想，於2014年1月18日取自http://blog.xuite.net/huni/blog6/6717820/track。
鄒川雄（1995）。拿捏分寸與陽奉陰違：一個傳統中國社會行事邏輯的初步探索。台灣大學社會學研究所博士論文387。
鄒景雯（2013年09月02日）。徐世榮：土徵程式不正義即無實質正義。自由電子報。《星期專訪》。
潘翰聲（2012）。「碳減稅：圖利人民的油電雙漲」。2012年10月12日取自http://panhan3.pixnet.net/blog/post/37358064-
蕭新煌（1989）。變遷中台灣社會的中產階級。巨流圖書公司。
蕭濱。2002年12月號，改革的停滯與自由主義的兩種調子，二十一世紀雙月刊總第七十四期，廣州中山大學政治科學系教授，2014年4月14日取自http://www.cuhk.edu.hk/ics/21c/issue/articles/074_0210047.pdf。

羅竹風。1997《漢語大詞典》，第1卷。臺北：東華。

二、英文

Allen, F. W. (1989). The government as lighthouse: A summary of federal risk communication programs. In V. T. Covello, D. B. McCallum, & M. T. Pavlova(Eds.), Effective Risk Communication. New York: Plenum Press, p.55.

Black(ed), C. 1976. Comparative Modernization: a Reader. The Free Press.

Barry, R. (1979), Can We Prevent Questionable Foreign Payment, Business Horizons, 22(3), 1-14

Beauchamp, T.L. & Bowie, N.E. (1983), Ethical Theory and Business 2nd ed, New Jersey: Prentice Hall Inc..

Billie J. H., Caron. C., & Peter, M. S.(1990). Industry Risk Communication Manual: Improving Dialogue With Communities.

Bradbury, T. N., & Fincham, F. D. (1991). A contextual model for advancing the study of marital interaction. In G. J. O. Fletcher & F. D. Fincham (Eds.), Cognition on close relationships (pp. 127-174). Hillsdale, NJ: Erlbaum.

Bradbury, T. N.; Fincham, F. D. (1991), Clinical and Social Perspectives on Close Relationships, In C. R. Snyder; D. R. Forsyth (Eds.), Handbook of Social and Clinical Psychology: The Health Perspective, 309-326, New York: Pergamon Press.

Box, Richard C., 1998, Citizen Governance: Leading American Communities into the 21st Century, Thousand Oaks, California: Sage Publications, Inc.

Coser, L. A. The Functions of Social Conflict. NY: Free Press., 1956.

Covello, V. T., Slovic, P., & von Winterfeldt, D.(1987). Risk Communication: A Review of the Literature. Washington D.C.: National Science Foundation。

Cahn.D.D(1990).Intimates is conflict:A communication perspective.Hillsdale N .J:L awrence Erlbaum.

COSO. (2004). Enterprise Risk Management - Integrated Framework: AICPA.

Daggett, C. I. (1989). The role of risk communication in environmental gridlock. In V. T. Covello, D. B. McCallum, & M. T. Pavlova(Eds.), Effective Risk Communication. New York: Plenum Press.

Dake, K. and Wildavsky, A.(1991).Individual differences in risk perception and risk-taking preferences. In:Garrick, B.J.and Gekler, W.C.ed. The analysis, com-munication, and perception of risk.New York:Plenum Press.pp.15-24.

Fromm，1941年《逃避自由》Escape from Freedom (AKA The Fear of Freedom), (1941)，臺北：志文出版社。

Frankeua, W.K. (1963), Ethics, Englewood Cliffs, N. J, : Prentice Hall。

Fisher, A.(1991). Risk Communication Challenge. Risk Analysis, 11, 173-179.

Gareth Morgan, 1986，Images of organization Gareth Morgan原著，戴文年1995譯，《組織意象》，五南圖書出版股份有限公司。

George L. Head. (1995), "Essentials of Risk Control", Insurance Institute of America。

Hance, B., Chess, C., & Sandman, p.(1988). Improving Dialog with Communication: A Shoo Guide for Government Risk Communication (Development of Environmental Protection) New Jersey: Trenton.

Hadden, S. G. (1989). Institutional barriers to risk communication. Risk Analysis, 9, 301-308.

Hood, C. et al, (1992), Risk management. The Royal Society Report, Risk:analysis, perception and management. Lond on, 1992. pp.135-201.

Hellriegel, D., Slocum, J. W. and Woodman, R. , Organizational Behavior. 10 eds., 2003, South-Western College Pub.

H.George Frederickson(2005)，Public Administration With an Attitude。

Kasperson, R. E.(1986). Six propositions on public participation and their relevance For risk communication. Risk Analysis, 6, 275-281

Keeney, R. L., & von Winterfeldt, D.(1986). Improving risk communication. Risk Analysis, 6, 417-424.

Kasperson, R. E. & Palmlund. I. (1989). Evaluating risk communication. In V. T. Covello, D. B. McCallum, & M. T. Pavlova(Eds.), Effective Risk Communication. New York: Plenum Press.

Mason, J. O. (1989). The federal role in risk communication and public education. In V. T. Covello, D. B. McCallum & M. T. Pavlova(Eds.), Effective Risk Communication. New York: Plenum Press.

Marcus, A. A. (1993), Business and Sociely-Ethics, Government, and the World Economy, Irwin.

Pondy, L. R. (1967) "Organizational Conflict Concepts and Models," Administrative Science Quarterly, 12(2), pp. 296-320.

Rummel, R. "Dimensions of Conflict Behavior within Nations," Journal of Conflict Resolution, 10, 1966, pp.65-73.

Raiffa, H. (1968). Decision Analysis: Introductory Lecture on Choice under Uncertainty, MY: Addison-Wesiey.

Rahim, M. A. (1986). Managing conflict in organizations. New York: Praeger.

Ronald Ingelhart et al. (1990), Culture Shift in Advanced Inductrial Society, Princeton University Press, Princeton. New Jersey.

Renn, O. (1992), Concepts of risk:a classification. In:Krimsky, S.and Golding, D.ed.Social theories of risk. Westport:Praeger.Pp.53-58.

Robbins, S. P. Organizational Behavior. Upper Saddle River. NJ：Prentice Hall International, Inc., 1998.

Taylor, P. W. (1975), Principle of Ethics: An Introduction, Encino, CA: Dickenson Publishing Company, Inc.

Thomas, K. W. (1976). Conflict and conflict management. In M. D. Dunnette (Ed.), Handbook of industrial and organizational psychology. Chicago: Rand McNally, 88.

Thamhain, H. J. and Wilemon, D. L. "Leadership, Conflict and Program Management Effectiveness," Sloan Management Review, 1977, pp. 69-89.

Wall, Jr., J. A. & Callister. (1995). Conflict and its management. Journal of Management, 21, 515-558.

國家圖書館出版品預行編目資料

倫理與衝突／汪明生，李淑聰著．——初版．
——臺北市：五南，2014.09
面；公分
ISBN 978-957-11-7803-5（平裝）
1.衝突管理 2.倫理學
541.62 103017052

1PAG

倫理與衝突

作　者— 汪明生（55） 李淑聰
發 行 人— 楊榮川
總 編 輯— 王翠華
執行主編— 劉靜芬
出 版 者— 五南圖書出版股份有限公司
地　址：106台北市大安區和平東路二段339號4樓
電　話：(02)2705-5066　傳　真：(02)2706-6100
網　址：http://www.wunan.com.tw
電子郵件：wunan@wunan.com.tw
劃撥帳號：01068953
戶　名：五南圖書出版股份有限公司
台中市駐區辦公室/台中市中區中山路6號
電　話：(04)2223-0891　傳　真：(04)2223-3549
高雄市駐區辦公室/高雄市新興區中山一路290號
電　話：(07)2358-702　傳　真：(07)2350-236
法律顧問　林勝安律師事務所　林勝安律師
出版日期　2014年9月初版一刷
定　價　新臺幣450元

凝煉知識品味閱讀